플랫폼 승자의 법칙

디지털 전환시대 경영 레볼루션 전략

플랫폼 승자의 법칙

홍기영 지음

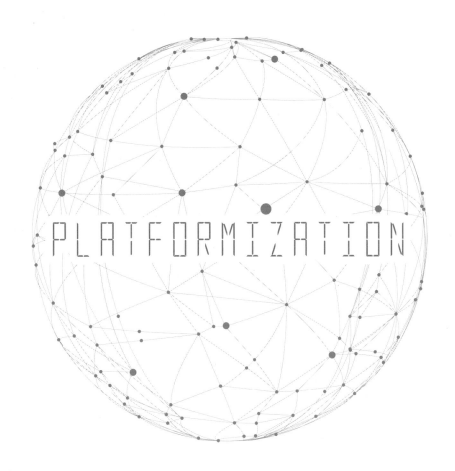

PLATFORMIZATION

매일경제신문사

> 66
>
> 사고의 존재는 연인의 존재와 비슷하다.
> 사랑하는 사람이 절대 냉정하지 않으리라 생각하지만,
> '헤어진 사람은 세월이 지나감에 따라
> 차츰 잊게 된다'는 속담 그대로다.
> 아무리 훌륭한 사고도 적어두지 않으면
> 완전히 잊힐 위험이 있고,
> 아무리 사랑하는 사람도 결혼하지 않으면
> 언젠가 떠날지 모른다.
>
> 99

아르투르 쇼펜하우어 《삶의 지혜를 위한 잠언》 (1851)

4차 산업혁명 시대, 플랫폼(platform)이란 화두가 기업 현장과 학계에서 대세로 부상했다. 2000년 이후 플랫폼 비즈니스 모델이라는 신종 병기로 무장한 많은 기업이 탄생했다. 플랫폼 기업은 생산자와 소비자를 연결하고 새로운 혁신으로 전에는 존재하지 않던 핵심가치를 창출한다. 산업계에서 앱스토어 모델의 등장, SNS 확산, 공유경제의 부상, 구독경제의 성장, 플랫폼 생태계의 구축 등 일련의 과정은 디지털 전략으로 한발 앞서가는 플랫폼 기업의 전방위적 발전상을 보여준다.

승부의 세계에서는 1등만이 살아남는다. 플랫폼 비즈니스 모델을 채택한 스타트업들이 양적 성장에 성공해 시장을 석권하고 거대 기업으로 성장하는 놀라운 스토리를 쓴다. 미국의 아마존·구글·페이스북, 중국의 알리바바, 그리고 한국의 카카오·네이버·배달의민족 등이 대표적인 케이스다. 창의적인 전략을 수립하고 생산자와 소비자, 협력자를 끌어들여 혁신적인 상호작용을 일으키고 새로운 가치를 창출함으로써 플랫폼 생태계를 키워나가는 일은 꿈만 같은 일이다. 기존 기업의 몰락과 함께 대다수 스타트업은 꽃을 제대로 피우지 못한채 생존에 실패, 소멸하고 만다.

게다가 2020년 코로나19 사태는 전 세계의 모든 경제 활동을 정지시켰다. 인류가 겪은 팬데믹(전염병 대유행) 가운데 최악의 재앙에 국가와 기업은 막대한 충격을 겪었다. 코로나19가 세계를 휩쓸면서 기존 패러다임이 무너졌다. 내수·수출·고용 등 경제 전반에 '퍼펙트 스톰'이 몰아닥쳤다. 수요와 공급 양면에서 충격이 동시에 발생했다. 감염병 대확산은 생산과 소비 패턴에 큰 영향을 미쳤다. 국민 경제의 모든 것을 통째로 바꿔놓고 말았다.

코로나19 이후 세 가지 트렌드가 세계 경제를 지배한다. 첫째, 우리 삶 구석구석에 디지털 전환(digital transformation) 현상이 뿌리를 내린다. IT에 기반한 네트워크형 스마트 기술이 활성화한다. 전자상거래, 재택근무, 화상회의, 온라인 강의, 원격진료, 핀테크 등 언택트(비접촉) 기술이 빅데이터 분석, 클라우드 컴퓨팅, 인공지능을 활용해 꽃을 피운다. 둘째, 글로벌 가치사슬, 공급망이 재편된다. 기업 간 주도권 다툼이 치열해진다. 제조업의 비즈니스 모델도 파이프라인(혹은 가치사슬) 모델에서 플랫폼 모델로 바뀐다. 세계의 생산공장, 중국을 탈피하는 '넥스트 노멀'이 현실화한다. 자유무역체제가 후퇴하고 세계무역의 상당 부분이 국가의 통제를 받는 관리무역체제로 전환된다. 셋째, 새로운 산업에서 독과점 현상이 심화한다. 승자독식 시대에 아마존, 넷플릭스, 카카오같이 기민하게 움직이는 플랫폼 기업이 새로운 시장을 만들고 경쟁에서 앞서 나가면서 주도권을 장악한다. 혁신하지 못하는 전통기업은 영문도 모른 채 플랫폼 기업에 종속되거나 시장에서 도태되고 만다.

　플랫폼은 필자가 평생 천착하겠다고 마음먹은 연구 주제다. 비즈니스 모델의 성공과 기업의 두드러진 성장에 따라 플랫폼에 관한 연구는 경영 전략의 중심에 자리하게 됐다. 경영학, 경제학, 언론학 등 여러 분야에서 세계 각국 학자들은 플랫폼 비즈니스에 대한 이론 제시와 실증분석으로 연구 업적을 쌓아올렸다. 국제기구, 컨설팅 기업과 각종 연구기관도 활발하게 보고서를 발간하며 플랫폼 리더십 강화와 전략 수립에 첨예한 날과 각을 더했다. 한편 각국 정부는 파괴적인 혁신을 주도하는 거대 플랫폼 기업의 활동을 주시하면서 시장 내 공정한 경쟁 질서를 확립하기 위해 반시장적 활동에 대한 규제방안을 마련해 시행하고 있다. 특히 나라마다 다국적 플랫폼 기업의 세금 회피와 금융산업 진출에 따르는 각종 폐해를 우려하면서 징세 강화, 철저한 감독 등 다각적인 대책을 강구하고 나섰다.

　이제 플랫폼은 정부와 기업, 학계가 주목하는 핫이슈로 부상했다. 최신 이론과 다양한 성공 사례가 축적되는 상황에서 저자는 플랫폼 전략과 이론에 관한 모든 것을 정리하고 집대성해야 할 필요성이 크다고 생각했다. 이 책은 2018년에 발간한 졸저《플랫폼하라》의 후속편이다. 내용을 수정 보완하려고 각종 자료를 모으고 정리하던 차에 아예 새로 쓰기로 마음을 고쳐먹고 2019년 겨울부터 필동 집무실에서 원고를 쓰기 시작했다. 플랫폼 기업 활동에 대한 미디어 보도, 학계의 연구 자료가 홍수처럼 쏟아지는 시대에 단편적인 스냅샷 전달로만 그쳐서는 독자들에게 플랫폼에 관한 핵심적인 내용을 제대로 소개할 수 없다고 생각했다. 시간이 흐르면 사실이 달라지고 스토리는 금방 구문이 되고 말기 때문이다. 필자는 세계 10위권 경제 강국으로 도약한 한국이 확고한 국제경제의 강자로 부상하기 위해서는 글로벌 무대에서 활약하는 플랫폼 기업이 많이 나와야 한다는 일념으로 집필에 몰두했다. 플랫폼 현상에 대한 기술과 함께 이론적인 설명을 종합해 이 책을 플랫폼 분석·해설서로 만들고자 노력했다.

이 책은 4차 산업혁명의 파고를 넘어 지속가능한 성장의 돌파구를 찾는 기업의 성공 스토리를 제시하고 있다. 코로나19로 빨라지는 디지털 혁명을 기회로 삼아 제조업이 스마트하게 재도약하는 체계적인 플랫폼 전환 (platformization) 전략을 분석하고 있다. 특히 규모 확대와 다각화로 플랫폼 생태계를 구축하는 단계적 전략을 다루고 있다. 국내외 초우량 기업의 최신 동향을 케이스 스터디를 통해 집중 분석했다. IT, 금융, 유통, 제조, 미디어 등 전방위적인 기업 사례를 망라했다. 또한 정상에 도전하고 성공한 플랫폼 기업뿐만 아니라 성공하지 못하고 좌절한 기업의 실패 사례도 조명해 교훈을 얻고자 했다. 플랫폼 기업의 경제·사회적 책임과 역기능에 대해서도 소상하게 밝히고 해결방안을 제시하는 일에도 소홀히 하지 않았다. 긱 경제(gig economy)의 확산에 따라 크게 늘어나는 플랫폼 노동자의 열악한 처우를 살펴보고 경제 윤리적 관점에서 개선을 위한 대안을 제시했다. 아울러 정보재 이론을 기반으로 경영학 패러다임을 바꾸는 플랫폼 최신 이론과 전략을 집대성했다고 자부한다.

이 책은 경영인, 기업 임원, 금융인에게 미래를 앞서가는 비전과 도전 정신, 전략적 마인드를 겸비하는 역량을 키우는데 가이드로 활용될 수 있다. 또한 창업·취업을 준비하는 청년들과 비즈니스 사고력을 높이려는 일반인에게도 플랫폼에 대한 체계적인 이해를 도울 수 있을 것이다. 이밖에 언론인, 기업체 홍보·광고 담당자등 각계각층에서 졸저를 읽고 플랫폼 지식을 함양한다면 더 바랄 나위가 없겠다. 부족함이 많은 필자에게 항상 사랑과 격려로 힘이 되어준 아내와 두 딸에게 고마움을 표한다.

CONTENTS

플랫폼 제국의 흥망

PART 2

디지털 플랫폼과 혁신

PLATFORMIZATION

플랫폼
제국의
흥망

시가총액 1조 달러 돌파한
IT 4대 천왕

주식시장은 산업 트렌드의 거울이다. 주가 흐름을 보면 기업의 미래 실적을 예상할 수 있다. 시가총액은 주가에 발행주식수를 곱해 계산한 상장주식의 총 가치를 뜻한다. 시가총액 세계 1위 기업은 사우디아라비아 국영석유회사 아람코다. 하지만 증시의 실세는 따로 있다. 글로벌 경제 흐름이 거대 제조업에서 정보기술 기업 주도로 바뀌면서 기술기업 주가 움직임은 세계 증시에 절대적인 영향력을 행사한다. MAGA(마이크로소프트, 애플, 구글, 아마존)는 세계 증시를 호령하는 IT 4대 천왕으로 불린다.

꿈의 시가총액으로 불리는 1조 달러 클럽에 진입한 MAGA는 미국 IT 거대기업이라는 공통점이 있다. 거대 기술기업은 플랫폼 비즈니스 모델을 기반으로 디지털 기술을 서비스, 상품, 하드웨어 등의 형태로 제공하거나 디지털 기술을 기업 수익의 최우선 원천으로 활용하는 기업을 뜻한다.

기술기업은 디지털 혁신을 주도하는 4차 산업혁명 관련주다. 이들 기업은 무엇보다 남다른 혁신을 통해서 미래에도 막대한 부를 창출하리라는 기대 때문에 전 세계 투자자가 주목한다.

코로나19 사태로 2020년 초 글로벌 증시가 대요동치기 직전까지 글로벌 기술기업(빅테크, BigTech) 주가는 상승세가 두드러졌다. 한국 증시와 비교하면 이들 기업의 가공할 만한 위력을 쉽게 파악할 수 있다. 코로나19 창궐로 세계 증시가 대폭락의 소용돌이에 빠지기 직전인 2020년 1월 16일 기준, IT 4인방의 시가총액은 모두 합쳐 원화로 환산하면 약 5,309조 원에 달했다. 이는 한국 코스피·코스닥·코넥스 시장에 상장돼 있는 모든 기업의 시가총액(1,773조 원)의 3배에 이르는 금액이다.

빅테크는 코로나19 팬데믹 충격을 딛고 다시 힘을 얻는 모양새다. 게다가 4차 산업혁명이 더욱 가속화할 수 있다는 시장의 믿음이 강화된다. 인터넷이 생필품이 된 뉴노멀 시대에서 원격근무와 디지털 교육·쇼핑 등 플랫폼을 장악한 빅테크 쏠림현상이 두드러진다. 빅테크의 주가 상승세에는 다음 같은 이유가 작용했다. ① 이들은 대규모 현금을 보유하고 있어 아무리 깊은 침체가 와도 살아남을 수 있다. ② 이들 기업의 주력 사업모델인 온라인 쇼핑, 소셜미디어, 비디오 스트리밍, 온라인 게임 등은 시장이 더욱 확장된다. ③ 전통적인 기업이 몰락하고 추격자들도 타격을 받아 경쟁상대가 사라진다. ④ 이들 기술주는 경기 침체기 투자의 수혜를 받는 안전한 우량주다.

기술주 가운데 대장주 자리를 지키는 애플은 2018년 8월 미국 증시 역사상 처음으로 시가총액 1조 달러를 돌파했다. 애플의 시가총액은 한국 증권시장 코스피 종목의 전체 시가총액(2020년 1월 17일 기준 1,516조 원)

IT 4대 천왕으로 불리는 MS, 아마존, 애플, 구글은 2019년과 2020년 초 미국 증시 상승을 선도하며 각각 시가총액 1조 달러를 돌파했다.

을 웃돈다. 2018년 9월엔 아마존이 시가총액 1조 달러를 넘었고, MS도 2019년 4월 시가총액 1조 달러를 뚫었다.

구글의 모회사는 알파벳이다. 알파벳은 미국 증시에서 2020년 1월 16일 애플·아마존·MS에 이어 4번째로 1조 달러 고지를 밟았다. 알파벳은 지난 2004년 증시에 상장된 지 약 16년 만에 트릴리언 달러 클럽에 가입한 것이다. 미 스탠퍼드대 동문인 래리 페이지와 세르게이 브린이 1998년 차고에서 구글을 창업한 지 22년 만에 대박을 냈다.

알파벳의 트릴리언 달러 클럽 가세로 미국 5대 IT 기업의 총 시가총액은 2020년 2월 독일 증시 전체에 버금가는 5조 6,000억 달러에 달했다. 애플, 아마존, MS, 알파벳에 페이스북을 합친 5대 기술주의 S&P500 지수 시가총액 대비 비중은 20%에 육박해 5년 전 12%에 비해 폭등했다. 이들 기업의 시가총액은 1년 사이 52%나 증가했다.

주가 버블이 지나치다는 논란이 거세지는 가운데 증시에서 기술주에 대한 기대감은 여전하다. 미래 산업에 대한 장밋빛 기대와 맞물려 글로벌 투자자금의 증시 유입을 부추긴다. 기술혁신과 금융자본은 떼려야 뗄 수 없는 관계다. 기업의 실력, 시장의 신뢰와 금융이 맞물려야 지속가능한 기업 성장이 가능하다. 앞으로 이들 기술주의 강세가 계속 이어질지 귀추가 주목된다. 치열한 경쟁에서 미래 산업을 선점하는 기업만이 살아남을 것이다. 기업마다 차별화된 강점과 약점을 가진 만큼 주가 향방은 기업의 매출과 이익 증가에 달렸다.

구글 광고 호조에 승승장구

구글의 지주회사인 알파벳 주가가 승승장구하는 것은 세계 최대 검색 엔진으로 군림하며 동영상 플랫폼 유튜브의 약진으로 거둔 성과다. 구글은 미국 검색 광고 시장의 73%, 전 세계 디지털 광고의 31.1%를 각각 차지하고 있다. 광고사업 성장세는 꺾일 줄을 모른다. 구글이 검색엔진, 인터넷 포털 비즈니스를 넘어 인공지능 등 미래 산업에서 중추적 역할을 지속할 것이라는 기대감도 크다.

구글 공동창업자인 페이지와 브린이 경영 일선에서 퇴진하고 전문경영인 순다르 피차이에게 바통을 넘긴 것도 주가 상승에 긍정적인 요인으로 작용했다. 미국 테크기업 1세대가 저물고 인공지능으로 대표되는 새로운 세대가 등장한 신호탄으로 해석된다. 구글은 인공지능 기반 자율주행 전문 기업 웨이모, 자율주행 드론 사업을 하는 윙, 알파고로 유명한 딥마인드 등 인공지능 관련 신사업과 클라우드(가상 저장공간) 컴퓨팅 등 미래 먹거리가 될 사업을 광범위하게 추진한다.

구글은 1조 클럽 축포를 터트렸음에도 불구하고 걱정거리가 많다. 구글의 약점은 △클라우드 사업 약세 △수익구조 다변화 절실 △정치적 불협화음 해소 등 세 가지로 요약된다. 먼저 구글은 전 세계 클라우드 시장에서 3위 업체다. 그러나 시장점유율은 4%로 존재감이 미미하다. 1·2위인 아마존웹서비스(AWS)와 MS가 각각 클라우드 시장점유율 40%대 후반, 15%대로 막강한 탓이다. 구글이 클라우드 기반 기업 소프트웨어 업체인 세일즈포스닷컴과 클라우드 컴퓨팅 기업인 뉴타닉스를 인수하리라는 관측이 나오는 것은 이 때문이다. 문제는 자금이다. 구글이 세일즈포스를 인수하려면 최대 2,500억 달러(약 289조 원)가 필요하다. 뉴타닉스 인수에도 100억 달러(약 11조 원)가 소요될 것으로 보인다.

둘째로 구글은 수익구조가 유튜브·검색 광고에 편중돼 수익원 다변화가 절실하다. 구글은 연간 디지털 광고 사업으로만 1,370억 달러(약 158조 원)라는 엄청난 수익을 내지만, 다른 사업에서는 이익에 대한 갈증이 심하다. 그래서 구글은 스타트업 인수에 열을 올린다. 클라우드, 스마트 디바이스 시장에 투자를 이어가면서 수익구조를 다변화하는 포석이다. 하지만 자율주행, 헬스케어 등 신사업을 담당하는 구글 외 자회사인 아더베츠(Other Bets) 사업 부문에서 2019년 3분기 9억 4,000달러의 영업손실을 기록하는 등 장기 투자한 일부 회사의 부진이 골칫거리다.

마지막 과제는 구글과 유튜브의 정치적 영향력이 커지자 전 세계 규제·입법 기관들의 견제 수위가 높아진다는 점이다. 구글은 세계 각국에서 반독점법 위반 수사를 받고 있다. 구글은 미국 국회, 법무부, 연방거래위원회로부터 조사를 받고 있다. 유럽연합(EU)도 구글 데이터 수집 관행에 대한 조사에 착수했다. 2019년 초 유럽연합은 구글에 17억 달러의 벌금을 부과했다. 구글이 온라인 광고 영업과 관련해 독점 행위를 했다는 이유다. 같은 해 6월 미국 연방거래위원회는 아동 개인정보를 불법 입수한 혐의로 유튜브에 1억 7,000만 달러의 벌금을 부과했다.

그러나 주식투자자들은 유튜브의 성장 잠재력과 클라우드 사업의 시장 지배력 향상에 주목하고 있다. 클라우드 기반 게임 스트리밍 플랫폼 스타디아 서비스 출시와 함께 유튜브 뮤직과 프리미엄 서비스 제공 지역 확대로 신규 수익원이 창출된다는 점도 긍정적이다. 유튜브 뮤직과 프리미엄 서비스는 71개국에서 서비스 중이다. 양자 컴퓨팅 개발 역시 성과 창출까지는 장시간이 걸리겠지만 클라우드 고객들의 관심을 받으며 회사의 미래가치에 대한 기대를 끌어올리고 있다.

IT산업의 대장주 애플

애플은 2019년 주가 상승률이 89%에 달한다. 같은 기간 나스닥지수 상승률(35%)과 S&P500 기업 평균 상승률(29%)을 크게 웃돈다. 2019년 애플의 아이폰 판매 실적은 부진했지만 주가에는 큰 영향을 주지 못했다. 과거 아이폰 판매부진 이슈가 나올 때마다 흔들렸던 애플 주가 흐름과는 달라진 모습이었다. 실적 부진 기업의 주가가 상승하는 역설적인 현상이 나타난 것이다. 2019년 회계연도 애플의 아이폰 판매액은 1,424억 달러로 전년 대비 14%가 감소했다. 아이폰 구모델의 판매 부진으로 역성장한 것이다. 지난 2017년 3분기 전체 매출액의 70%에 달하던 아이폰 매출은 2년 만에 비중이 32%로 줄어들었다.

혁신의 아이콘 스티브 잡스가 2011년 10월 세상을 떠났지만 관리자형 팀 쿡 CEO가 경영을 맡은 이후 애플 주가는 7배로 상승했다. 사실 실적 서프라이즈도, 폴더블·5G 아이폰 매출 기대도 없는 애플의 주가가 강세를 지속한 부분은 애플이 보여주는 미래에 대한 그림이 큰 역할을 했다는 평가가 나온다. MS와 함께 미국 나스닥 지수 상승을 이끌고 있는 애플의 주가 상승 여력은 충분하다는 것이 시장의 분석이다. 애플 주가의 역설은 서비스와 웨어러블에 있다.

애플의 아이폰 매출 부진을 보완하고 있는 것은 서비스다. 애플의 수익모델은 비아이폰 매출 확대로 바뀌고 있다. 아이폰 하드웨어의 마진율이 30%라면 앱스토어, 애플뮤직, 애플TV+ 같은 서비스·소프트웨어의 마진율은 60%기 때문에 향후 영업이익이 견조하게 증가할 것이란 시장의 기대가 여전하다. 애플의 신성장동력인 웨어러블은 시장에서 눈에 띄는 실적을 거두며 질주한다. 무선이어폰(에어팟)과 스마트시계(애플워치) 같은 웨어러블 기기 판매가 늘고 있는 것은 애플의 아이폰 생태계를 강화해 iOS 서비스의 매출을 늘리는 역할을 한다.

높은 마진율에다 보급형 아이폰 판매 증가의 선순환 구조 또한 기대되는 부분이다. 2020년 상반기에는 399달러 수준의 보급형 아이폰도 등장했다. 주 타깃인 개발도상국에서 판매가 늘어나면 또다시 하드웨어와 소프트웨어, 즉 애플 생태계 내의 선순환으로 이익 증가가 가능할 것이라는 관측이다.

애플의 아이폰 외 유망 비즈니스 중 하나는 콘텐츠다. 경쟁이 심화된 스트리밍 시장에도 진출했다. 온라인 비디오 스트리밍 서비스인 TV+를 출시한 것이다. 이미 디즈니가 디즈니플러스를 내놓고 AT&T도 워너브라더스와 HBO를 인수해 2020년 봄 HBO맥스 채널을 오픈할 것이라고 발표한 후다. 이로 인해 애플이 연간 수익 60억 달러가 예상되는 콘텐츠 시장에 진출하게 된 것이다. 스트리밍 시장에서 험로를 피할 수는 없지만 애플은 전 세계 7억 3,000만 대에 달하는 아이폰 이용자 기반이 있다. 또 애플은 월 이용료 4.99달러라는 파격적인 가격 정책으로 경쟁력을 높였다.

뼈를 깎는 사업재편: 혁신으로 부활한 MS

MS 주가는 괄목할 만한 실적 향상에 힘입어 2019년 우상향 그래프를 그렸다. MS 시가총액은 1위인 애플과 엎치락뒤치락 공방전을 벌이는 상황이다. 2019년 5~10월 사이만 해도 MS 시가총액이 애플보다 높았지만 이후 애플의 주가는 더 빠른 속도로 오르며 MS를 앞질렀다.

MS는 2019년 10월 클라우드 컴퓨팅 시장 세계 1위인 아마존을 제치고 100억 달러 규모의 미국 국방부 클라우드 사업을 따냈다. 불과 5년 전만 해도 꿈꿀 수 없는 일이었다. MS가 미국 방위산업 클라우드 프로젝트인 조인트엔터프라이즈디펜스 인프라(JEDI, Joint Enterprise Defense Infra)를 수주한 것은 아마존웹서비스의 클라우드 독주에 제동을 건 사건으로 평가받는다. 제다이(JEDI) 프로젝트는 인공지능을 기반으로 모든 군사 관련 기관이 정보를 공유하는 시스템을 구축하는 일이다. 수주액은 10년간 100억 달러에 달한다.

사실 MS는 2000년대 중반부터 10여 년 동안 슬럼프에 빠져 헤어나오지를 못했다. IT 트렌드가 PC에서 모바일로 바뀌면서 애플과 구글이 승승장구하고, 아마존이 클라우드 시장을 장악해 나가는 동안 MS는 창업자 빌 게이츠가 만든 PC 운영체제(OS) 윈도에 집착했다.

잠자는 공룡인 MS를 깨운 건 2014년 2월 CEO에 오른 사티아 나델라였다. 나델라는 '모바일 퍼스트, 클라우드 퍼스트'라는 새로운 비전을 천명했다. 윈도만 고집하던 기존 방식에서 벗어나 클라우드 시장에 뛰어들었다. MS는 퍼블릭 클라우드 서비스 애저(Azure)로 틈새시장을 공략했다. 단순히 데이터 저장 공간만 빌려주는 서비스가 아니라 윈도와 오피스 365 등 통합 소프트웨어도 제공하며 아마존웹서비스와 차별화했다. 또 전 세계에 수많은 데이터센터를 세우는 등 클라우드 사업에 투자를 아끼지 않았다. 그러면서 스마트폰 사업 등 승산이 없다고 판단한 영역은 미련 없이 포기하며 선택과 집중을 확실히 했다. 애저를 비롯한 클라우드 부문은 MS 전체 매출 4분의 1 이상을 차지하며 성장을 견인하고 있다.

자신감을 잃었던 MS를 다시 춤추게 한 나델라는 공감 리더십을 바탕으로 윈도의 경쟁 운영체제인 리눅스와의 협력을 선언했다. 윈도와 리눅스의 오픈소스를 활용해 MS는 클라우드 시장 장악력을 높여나갔다. 애플, 구글과도 경쟁 대신 공존을 선택했고, 이는 오히려 시장에서 성장하는 시너지 효과를 냈다. 파트너십 전략으로 애플 아이폰과 구글 안드로이드 폰에 모두 사용할 수 있는 오피스 애플리케이션을 개발한 것이다.

턴어라운드에 성공한 MS가 제2 전성기를 맞이한 것은 분명하다. MS는 실적 발표에서도 지금까지 이어온 성장세에 전혀 문제없다는 점을 확실히 보여줬다. 2019년 7~9월 MS 매출은 전년 동기 대비 14% 늘어난 331억 달러(약 38조 원)를 기록하며 시장 전망치 321억 달러를 웃돌았다. 순이익도 같은 기간 21% 늘어 107억 달러(약 12조 원)를 기록한 것으로 나타났다. MS는 클라우드를 넘어 △혼합현실 △인공지능 △양자 컴퓨팅 등 세 가지 핵심기술을 확보해 미래 산업의 주도권을 잡기 위해 총력을 기울이고 있다. 혼합현실은 인간의 시야를 컴퓨터 화면으로 대체해 디지털 세상과 물리적 세상을 하나로 합치는 기술이다. 인공지능은 윤리와 공감에 기반해 인간이 당면한 수많은 문제 해결을 위한 애플리케이션에 탑재될

전망이다. 양자 컴퓨팅은 인공지능의 능력을 향상시켜 획기적인 의학적 돌파구를 찾는 데 활용될 수 있다.

유통산업의 파괴자, 아마존의 영광과 시련

세계 최대 전자상거래 업체인 아마존은 계산대가 없는 무인 슈퍼마켓 아마존 고를 시험 중이다. 디지털 연결(digital thread)의 시범장인 아마존 고 매장에는 이미지 센서를 이용한 딥러닝 기술, 가상의 쇼핑카트, 전자 영수증, 간편결제 등 여러 가지 미래 기술이 작동한다. 인공지능 쇼핑의 미래를 여는 아마존 고에서는 고객의 상품 구매 습성, 구매 빈도와 주기, 구매 선호도, 결제 금액 추이 등 정교한 고객 데이터를 확보할 수 있다.

유통산업의 파괴자, 아마존의 사업과 주가는 명암이 엇갈린다. 2018년 9월 시가총액 1조 달러를 넘어선 이후 아마존 주가는 조정을 거치면서 2019년 말 시가총액이 9,300억 달러로 줄어든 상태다. 아마존은 물류 비용 증가, 클라우드 서비스 성장 둔화로 수익성이 훼손되면서 주가가 약세를 보였다. 2019년 3분기 실적을 보면 매출액은 669억 달러로 전년 대비 24% 성장했지만 순이익은 21억 달러로 전년 대비 26% 감소했다. 마케팅 비용과 기술 및 콘텐츠 비용이 각각 44%, 28%로 상승했기 때문이다.

1일 배송 확대를 위한 투자가 마무리될 경우 전자상거래 1위 사업자로서의 위치가 재부각될 수 있지만 당분간 1일 배송에 따른 비용 효과를 벗어나기는 힘들어 보인다. 1일 배송은 국내에선 더 이상 혁신이 아니지만 미국에서는 배송용 드론, 자율주행 배송 로봇 등의 도입을 필요로 하는 혁신 서비스다. 단기 비용 증가에도 불구하고 1일 배송은 아마존의 혁신에 대한 의지를 보여주며 장기 성장 전망을 밝혀준다. 고객을 위한 혁신이 수익으로, 그리고 이 수익을 다른 혁신의 밑천으로 사용하면서 아마존 생태계가 확장되고 있기 때문이다. 1일 배송은 무수익을 목표로 경쟁자를 제치고 고객을 아마존에 묶어두기 위한 전략으로 볼 수 있다.

하지만 그동안 이커머스의 제왕으로 모든 소매업자의 플랫폼으로 군림하던 아마존의 위상이 흔들린다. 거대 메이커에서부터 소매업자들이 아마존에서 이탈하는 추세가 나타난다. 세계 최대 스포츠용품 생산자인 나이키가 2019년 11월 아마존 사이트에서 모든 제품을 철수했다. 이 밖에도 반스, 랄프 로렌, 롤렉스, 루이비통, 파타고니아, 노스페이스, 버켄스탁 등 쟁쟁한 브랜드들이 아마존을 떠났다. 이들은 자사 제품의 온라인 판매망을 독자 구축하는 방향으로 선회했다. 아마존에 기대지 않고 온라인 상점, 광고, 신용 제공, 재고 관리, 반송, 심지어 당일 배송까지 플랫폼 영업에 필요한 서비스를 모두 제공하는 전문 업체를 이용한다. 블록체인 기술의 발전으로 이 같은 동료 생산(peer production)이 대안적인 생산 조직의 형태로 떠오른다. 고객은 유통 플랫폼에 수수료를 지불할 필요 없이 생산자와 직거래한다고 생각하게 된다. 아마존에는 큰 위협이 되는 셈이다.

아마존의 캐시카우인 클라우드 서비스, 아마존웹서비스 역시 성장률이 둔화되고 있다. 공격적인 마케팅에 나섰던 클라우드 서비스에서 신규 계약이 증가하면서 2019년 매출은 35% 증가했으나 성장률은 5분기 연속 둔화됐다. 또 마케팅과 인프라 비용이 늘어 영업이익 증가를 제약했다. 게다가 경쟁자인 MS가 빠른 속도로 시장점유율을 높여오는 것도 큰 부담이다. 아마존의 아마존웹서비스 클라우드는 2013년 미국 중앙정보국(CIA) 핵심 인프라로 채택되어 왔다. 하지만 국방부 제다이 수주 실패로 충격을 입었다. 월가는 그 원인을 제프 베조스 아마존 CEO와 도널드 트럼프 미 대통령 간의 불편한 관계에서 찾는다.

한국 투자자들 사이에서 아마존은 가장 인기 있는 종목으로 꼽힌다. 그러나 빅테크 종목들의 밸류에이션(실적 대비 주가) 부담은 여전히 진행 중이다. 2020년 예상 주가수익비율(PER)은 아마존이 77.1배로 가장 높고 넷플릭스가 57.4배, 구글이 24.2배, 페이스북이 22.9배, 애플이 20.2배다. 유동성의 힘으로 이미 기록적인 강세장을 기록했던 미국 증시에서도 S&P500지수의 예상 PER이 19.9배인 점을 감안하면 빅테크기업의 밸류에이션 부담은 유독 큰 셈이다. 게다가 세계 각국에서 정치적인 역풍이 일기도 한다. 미국 민주당 대통령 후보 가운데 기술 대기업 해체론을 들고 나온 상원의원도 있었다. 일본도 구글·아마존·애플 등 테크기업을 겨냥해 디지털 플랫폼 거래 투명화 법안을 마련했다. 4차 산업혁명에 대한 시장의 기대감이 지속되는 가운데 초대형 기업들이 시장을 독차지하고 높은 이익을 올리는 승자독식 현상에 대한 각국의 규제 압력도 증대되고 있어 증시에서 팽팽한 긴장감이 펼쳐진다.

02

빅테크, 금융업 진출로
무엇을 노리고 있나

자신의 손바닥 정맥으로 예금을 인출하는 상품이 등장했다. KB국민은행은 2019년 4월 12일 '손으로 출금 서비스'를 선보였다. 이 서비스는 은행 창구와 ATM에서 손바닥 정맥 인증으로 통장, 인감, 비밀번호 없이 예금 지급이 가능하다. 또한 해외여행 중에만 보험 효력이 되살아나는 온오프 보험상품이 등장했다. 은행 잔고가 없어도 신용카드로 경조사비를 개인에게 송금할 수 있다. 중국처럼 휴대폰 QR코드로 노점상이나 푸드트럭에서 물건 값을 결제하는 서비스가 확대된다.

모바일 기기로 모든 금융거래를 신속하고 간편하게 처리하는 핀테크(FinTech) 혁명의 시대다. 금융회사마다 정보통신기술(ICT)을 탑재한 금융 서비스 개발에 열을 올린다. 게다가 거대 ICT 기업은 디지털 기술을 접목한 금융 서비스를 확대한다. 금융회사는 아마존·알리바바 등 막강한 글로벌 플랫폼 기업의 금융업 진출 위협에 직면했다. 월마트, 스타벅스와 같은 글로벌 거대 유통회사도 고객에 대한 서비스 강화, 수익성 제고 차원에서 핀테크 비즈니스에 뛰어들고 있다. 바야흐로 핀테크(금융기술)와 테크핀(기술금융)이 격돌하는 백가쟁명 시대가 열린다. 금융의 판이 흔들린다. 은행·증권·보험·카드·신용평가·자산운용 등 금융산업에서 활개 치던 금융회사의 아성이 무너진다.

금융회사가 두려워하는 경쟁상대는 대형 IT 기업이다. 비즈니스 다각화에 나선 IT 공룡들이 금융 영토를 속속 확장한다. IT 공룡들의 금융업 진출은 자체 전략적 측면과 금융소비자 니즈의 변화에 대응하기 위한 것이다. 먼저 IT 기업은 자체 비즈니스 생태계 완성을 통해 전략적 시너지 극대화를 추구한다. 독자적인 플랫폼 비즈니스 생태계 내에서 제공되지 않았던 금융 서비스를 수행함으로써 자체 고객을 더욱 고착화(lock-in)할 수 있다. 추가적인 고객 경험을 제공함으로써 플랫폼 생태계 내에 고객을 계속 머무르게 하는 것이다. 게다가 IT 기업은 디지털 금융기법을 통해 점포 및 인건비 부담 없이 낮은 비용으로 규모의 경제를 시현할 수 있다.

또한 소비자 금융 니즈와 선호도가 전통적인 금융 서비스에서 혁신적인 금융 서비스로 이동하는 것도 IT 기업의 금융 비즈니스 취급을 촉진하는 요인이다. 그동안 은행만 독점했던 결제·송금망과 고객정보에 IT 기업이 접근해 서비스를 개발하고 고객에게 비대면 방식으로 금융상품을 판매한다. 금융회사 점포가 점점 사라진다. 금융산업에서 송금·결제·대출과 증권, 파생상품 거래를 블록체인 기술로 구현하는 탈중앙화 금융 현상인 디파이(De-Fi, Decentralized Finance)가 부상한다. IT 기업이 금융업에 진출하면 쇼핑·광고·마케팅 솔루션 등을 함께 제공하는 온라인 금융포털 서비스로 클 수 있다.

디지털 금융시대에 등장한 다양한 뱅킹 비즈니스 모델은 네 가지로 나뉜다(금융연구원, 2019). 첫째, 디지털 관계관리자(Digital Relationship Manager) 모델은 은행이 기존 고객과의 관계, 보유하고 있는 방대한 고객 데이터 등의 강점을 바탕으로 디지털 기술을 활용하여 대고객 서비스를 강화하는 전략이다. 둘째, 디지털 카테고리 킬러(Digital Category Killer) 모델은 특정 금융 서비스 분야를 대상으로 최고의 브랜드 제품 및 전문 서비스 형태의 특화된 금융 서비스를 제공하여 고객수요를 효과적으로 충족시키는 사업이다. 셋째, 오픈 플랫폼 플레이어(Open Platform Player) 모델은 서로 다른 상품 공급자들이 개방형 응용프로그램 프로그래밍 인터페이스(API)를 이용해 차별화되고 부가가치가 높은 제품과 서비스를 만들어 판매하는 플랫폼 모델이다. 넷째는 유틸리티 공급자(Utility Provider) 모델로 시장 참가자에게 제품판매 솔루션을 제공하거나 서비스 수요자의 데이터를 분석하여 금융 및 투자상품을 중개하는 서비스를 제공하는 것이다.

빅테크기업, 금융 서비스까지 진출하다

아마존, 알리바바, 구글, 애플 등 빅테크기업은 광범위한 비즈니스 라인의 일부로 금융 서비스를 제공하는 테크핀 기업을 뜻한다. 금융 서비스 제공을 목적으로 디지털 기술을 개발, 비즈니스에 활용하는 중소형 전문 핀테크기업과 빅테크는 다르다. 빅테크기업은 ① 전자상거래, 소셜네트워크 서비스 등을 제공하는 온라인 플랫폼 사업자, ② 모바일 등 소비자와 서비스 공급자 간 접점을 형성하는 하드웨어 제조업자, ③ 온라인 플랫폼 사업으로 비즈니스를 확장하는 통신사업자 등을 포함한다. 빅

표 1 주요 빅테크 기업의 금융 진출 사례

기업	주력사업	지급결제	대출	계좌발급	자산관리	보험
알리바바	전자상거래	Alipay	MYBank	MYBank	Yu'e Bao	Xiang Hu Bao
텐센트	게임	Tenpay	WeBank	WeBank	LiCaiTong	Shuidih uzhu
바이두	검색엔진	Baidu Wallet	Baixin Bank	Baixin Bank	–	알리안츠, 힐하우스
보더폰	이동통신	M–Pesa	M–Pesa	M–shwari	–	
애플	전자기기	Apple Pay	–	–	–	알리안츠, 사이버보험
아마존	전자상거래	Amazon Pay	Amazon Lending	JP모건	–	Amazon Protect
페이스북	소셜미디어	Messenger Pay	–	–	–	–
구글	검색엔진	Google Pay	Goolgle Tez (India only)	–	–	–

자료: FSB(2019), BigTech in Finance 수정

테크는 주력 비금융 사업에서 형성한 고객 네트워크를 기반으로 △이용자의 서비스 접근성을 높이고 △축적된 데이터를 분석해 △개별화된 금융 서비스를 제공하는 경향이 있다. 비은행 금융회사가 예금·대출·자산 운용 등 유사 금융 서비스를 제공하는 것을 그림자 금융(shadow banking)이라고 한다.

금융업 진출을 시도하는 빅테크기업은 여러 측면에서 강점을 갖는다. 무엇보다 대형화된 기존 금융회사에 동반되는 예대율, 지급준비율, 자기자본비율 등 각종 규제, 감독과 형식주의, 조직 내 지대추구행위, 비효율성에서 자유로운 빅테크는 혁신에 유리한 위치를 확보한다. 규제측면의 우위는 기울어진 운동장과도 같다. 더욱이 은행 등 금융회사보다 빅테크가 비교우위를 발휘할 수 있는 내생적인 비결은 △높은 편의성과 고객 접근성 △축적된 브랜드 가치와 자본 △방대한 고객 정보 분석 능력 △우수

한 핀테크 인프라 △네트워크 효과 등이다.

먼저 빅테크는 뛰어난 IT 기술력을 활용해 고객에게 필요한 서비스를 빠른 속도로 제공이 가능할 뿐만 아니라 지점 방문 등 대면거래에 따르는 고객 불편을 해소한다. 둘째, 빅테크는 범위가 넓은 기존 고객층의 금융거래 패턴과 재무 상황을 알 수 있는 다양한 정보를 활용하여 차별화된 서비스를 제공할 수 있다. 셋째, 빅테크는 이미 인공지능, 빅데이터, 클라우드 등 양질의 핀테크 기반 기술을 보유하고 관련한 대규모 기술전문가와 인재 풀을 확보해 놓고 있다. 마지막으로 고객과 거래 상대방이 많아질수록 빅데이터를 활용한 서비스 개선이 이뤄지는 속도가 빨라지는 네트워크 외부성을 통해 빅테크는 기술혁신을 빠르게 구현하는 역량을 보유한다. 빅테크는 암호자산 플랫폼이라는 디파이를 통해 신규 고객을 확보하고 강력한 네트워크 효과를 만들어낼 수 있다. 멤버스 겟 멤버스(Members Get Members)의 머리글자인 MGM은 고객이 고객을 끌어온다는 마케팅 용어다.

빅테크기업은 각자 영위하는 비금융 주력 사업의 종류에 따라 축적하는 데이터와 네트워크의 특성이 다르므로 금융업 진출 양상에도 차이를 나타낸다. 예를 들어 ① 전자상거래 기업은 상거래를 위한 간편결제 서비스를 시작으로 축적한 상거래 정보를 활용하여 신용평가, 소액대출 등의 서비스를 제공하는 경우가 많다. ② 소셜미디어·메시징 기업은 이용자 간 간편송금 서비스를 제공하며, 이들의 연결구조에 관한 정보를 수집해 증권·보험상품 마케팅이나 가격책정에 활용한다. ③ 검색엔진 서비스 기업은 이용자의 결제·송금 등에 대한 수요가 많지 않지만 검색 결과를 전자상거래 플랫폼으로 연계하는 등의 서비스 제공을 통해 소비자와의 금융 서비스 접점을 확대하는 추세다.

빅테크의 금융전략은 기업 특성에 따라 ① 확장적 진출형 ② 틈새시장 침투형 ③ 소극적 진출형 등 세 가지로 구분된다. 확장적 진출형은 빅테크가 독자적 또는 파트너십을 통해 금융산업에 적극 진출하는 방식이다. 전자상거래 기업인 미국 아마존과 중국 알리바바, 텐센트는 확장적 진출형의 예로 들 수 있다. 틈새시장 침투형은 페이스북의 금융업

〈이코노미스트〉 2020년 2월 22일자

진출 전략이다. 페이스북은 미국 내 지급결제 시장에서 우위를 선점하지 못하자 유럽에서 먼저 송금·소액대출 서비스를 시작했다. 특히 페이스북은 상대적인 후발주자이지만 블록체인 기반 전자화폐 발행을 통해 혁신적인 금융 서비스를 제공한다는 계획을 구체화한다. 소극적 진출형의 대표적인 케이스는 구글과 애플이다. 구글은 고객경험 제고와 핵심 수익원인 광고 사업 강화 차원에서 송금과 지급결제를 수행해 왔는데 예금계좌와 신용대출 서비스로 사업 확장에 나섰다.

회사별 금융업 진출 전략을 살펴보자. 아마존은 인터넷 및 모바일 확산, IT 기술 발달에 따른 핀테크의 보안성·신뢰성 확보, 네트워크를 기반으로 금융업 확장 기회를 포착하는 전략을 구사한다. 아마존은 플랫폼 내에서 원자재 및 제품 구매자금 확보에 어려움을 겪고 있는 입점업체를 지원하기 위해 단기자금 대출 서비스를 제공하고 있다. 아마존은 지급결제, 대출, 카드 사업을 시작으로 당좌계좌, 모기지, 자산관리, 보험 서비스

를 준비 중이며 암호화폐 취급도 검토하고 있다. 특히 아마존은 젊은 고객층을 겨냥해 JP모건 등 금융회사와 제휴를 맺고 예금 계좌 형태의 금융 서비스를 준비 중인데 사업이 성사된다면 5년 안에 미국 3위 웰스파고에 버금가는 은행으로 성장할 수 있는 잠재력을 가진 것으로 평가된다.

알리바바는 이미 중국에서 금융업 토대를 튼튼히 다져왔다. 전자상거래 플랫폼과 지급결제 서비스인 알리페이를 기반으로 자산운용, 신용평가, 인터넷전문은행, 보험 등 금융 서비스 전방위로 영역을 확대하고 있다. 중국 메신저 플랫폼을 운영하는 텐센트도 지급결제 서비스인 위챗페이를 기반으로 소액대출, 신용평가, 자산운용, 보험 등 느슨한 규제를 틈타 공격적인 금융업 진출 전략을 구사한다.

페이스북은 2019년 11월 페이스북과 페이스북 메신저, 인스타그램, 왓츠앱에서 모두 사용 가능한 통합 결제수단 페이스북페이를 출시했다. 페이스북과 메신저 이용자는 기금 모금, 게임 내 (아이템) 구매, 이벤트 티켓, 개인 간 송금, 페이스북 마켓플레이스 상품 구매 등 다양한 금융거래를 할 수 있다. 페이스북페이는 페이팔뿐 아니라 대부분 주요 신용카드와 직불카드를 지원한다. 페이스북에서 간단한 클릭만으로 결제나 송금을 진행할 수 있다는 점에서 거대 금융 생태계가 구축될 수 있다. 미국 정부가 반대하는 리브라 대신 법정통화를 기반으로 한 페이스북페이를 우선적으로 구축한 뒤 글로벌 결제망을 확보하려는 시도로 관측된다.

구글은 글로벌 대형 은행 씨티그룹, 스탠퍼드연방신용조합과 손잡고 구글페이 앱에서 당좌예금계좌 서비스를 제공한다. 구글은 2019년 11월 캐시(Cache) 프로젝트를 공개했다. 개인 수표를 발급하거나, 체크카드 대금 결제를 위한 구글 계좌는 씨티은행 이름으로 출시된다. 구글은 오프라인에서 금융과 관련한 개인 데이터를 확보하기 위함으로 보인다. 구글페이에서 생성되는 고객의 소비 패턴 데이터와 함께, 예금계좌에서는 월급 등 개인 소득 데이터 측정이 가능하다. 소득과 소비 등 재무 정보가 사용자의 위치 및 주소, 이동 정보, 스마트폰 활용 패턴, 웹브라우저 방문 기록 등과 모두 결합되면 거대 빅데이터 체계가 구축된다.

애플은 디바이스 중심 수익모델로 아이폰 콘텐츠 서비스 이용자의 통합적인 고객 경험을 강화하는 데 초점을 맞춰 송금·지급결제 서비스를 제공한다. 애플은 2019년 8월 골드만삭스, 마스터카드와 손잡고 신용카드를 미국에서 출시했다. 애플카드는 간편결제 서비스 애플페이와 긴밀히 연동돼 있다. 오프라인 매장에서 아이폰을 결제 단말기에 갖다 대는 애플페이를 통한 결제와 실물카드인 애플카드를 이용하는 두 가지 방식의 결제가 가능해졌다. 소비자에게 새로운 사용자경험(UX)을 주고 지급결제를 애플의 생태계 안으로 끌어들이는 게 목표다.

빅테크 금융업 진출의 득실 분석

빅테크의 금융업 진출은 장단점을 동시에 노출한다. 장점으로는 실시간 데이터 수집과 분석 등을 통해 정보비용 및 거래비용의 감소를 낳음으로써 소비자에게 다양한 혜택이 돌아간다. 구체적으로 개인 맞춤형 금융 서비스 제공 활동이 촉진되며 소비자의 금융 접근성과 편의성을 제고하는 효과가 있다. 동시에 금융 사각지대를 해소함으로써 금융 포용성을 높일 수 있다. 이 과정에서 금융 서비스의 효율성이 향상돼 금융자본의 흐름과 배분이 개선된다. 빅테크의 금융업 진출은 또한 첨단기술을 활용한 다양한 금융상품과 서비스를 창출해 금융혁신을 촉진한다. 이와 함께 빅테크는 금융산업 내 건전한 경쟁을 활성화해 시장경합성(contestability)을 높인다.

그러나 빅테크의 승자독식형 사업 특성상 소수에 의한 지배적 플랫폼이 구축되기 쉽다. 게다가 데이터 및 기술의 반경쟁적 사용을 통해 금융소비자 후생에 이득이 되기보다 악영향을 미칠 수 있다. 또한 특정 상품으로의 과도한 쏠림, 기업의 자금조달·운용상 불일치, 금융기관으로의 위험 전가, 위기 발생 시 손실 흡수 제한, 수익 확보를 위한 금융회사의 위험추구형 사업 증가 등 빅테크의 금융산업 진입은 금융시장 전반에 위험을 증대시킬 수 있다. 특히 빅테크가 금융회사와 제휴하기보다 직접 진출하는 지역에서는 불공정 경쟁과 빅테크 계열 금융회사의 위험추구 행위가 만연할 수 있다. 금융회사와의 제휴가 일반적인 지역이더라도 빅테크의 운영 위험이 증대될 수 있고 금융기관으로의 위험 전이 가능성도 커진다.

빅테크의 금융업 진출은 여러 가지 도전과제를 낳는다. 먼저 글로벌 금융위기 이후 강화된 은행업 규제 기류와 은행업계의 반발, 정치권과 행정부의 견제 등은 빅테크 금융업 진출에 걸림돌이 되고 있다. 기술기업의 은행업 진출 시 세금, 규제, 신인도, 지배구조 등 많은 영역에서 기존 질서와 마찰을 낳게 된다. 또한 각국에서 시행되고 있는 강력한 개인정보 보호제도는 빅테크의 금융업 진출에 부정적인 요인으로 작용한다. 아울러 무임승차를 허용하지 않는 금융 관련 규제는 다른 산업보다 까다로운 진입장벽이다. 빅테크의 금융업 허가 취득은 용이한 일이 아니며 금융 서비스 관련 조직운영과 노하우 축적 등에 상당한 노력이 필요하다.

은행을 비롯한 금융회사가 수행해 오던 금융 서비스는 이제 빅테크기업에 의해 기능이 분화되고 있으며 금융회사의 독점적 지위는 약화가 불가피하다. IT 공룡은 규제를 받지 않는 영역에서 금융 서비스를 확장해 나가고 있다. 은행업은 대표적인 규제산업으로 설립인허가, 소유 및 지배구조, 자기자본 등 건전성, 소비자보호 등에서 금융당국의 규제를 받는다. 빅테크는 은행업 허가를 취득하기보다는 송금, 지급결제, 소액대출 등 규제를 받지 않는 영역에 집중하며 서비스 영역을 확대하고 있다.

디지털 전환시대 소비자의 금융 서비스 선택 기준은 금융회사 브랜드보다는 얼마나 편리하고, 차별적인 맞춤형 서비스를 제공하느냐에 의해 결정된다. 은행은 고객기반, 인지도, 전문성, 신뢰도 등에서 우수하다. 특히 은행에 축적된 신용리스크 관리 역량 및 노하우 등은 IT 기업이 단기간 내 따라오기 힘든 분야다.

하지만 은행은 IT 기업에 비해 민첩성, 기술력 등 고객 혁신역량이 뒤진다. 특히 빅데이터 처리·분석이 중요해짐에 따라 경쟁열위인 은행은 경쟁우위를 확보한 테크기업에 구조적으로 종속될 가능성이 크다.

은행의 디지털화 대응방안과 정책

은행의 미래 생존전략은 금융시장 경쟁구도 변화에 맞는 역할 재정립과 수익구조 개선, 독보적 콘텐츠를 제공하는 차별화된 금융 플랫폼으로서 사업모델을 전환하는 데서 찾아야 할 것이다. 은행은 예금자와 대출자를 연결하는 플랫폼 비즈니스를 영위하는 사업모델이고 핵심 기능이 중개라는 점에서 전자상거래 기업과 유사한 점이 있다. 빅테크기업이 은행과 비슷한 수준의 신뢰와 고객 가치를 제공하고 있는 상황에서, 차별화할 수 있는 전략과 서비스 콘셉트를 제시하지 못하는 금융회사는 도태될 가능성이 크다. 아울러 IT 기업과 상호협력적으로 경쟁하는 코피티션

(coopetition) 전략을 구사함으로써 신규 고객 유입의 디지털 채널 확보와 첨단기술을 접목한 디지털 뱅킹 서비스의 확충을 도모해야 한다. 은행은 금융상품 설계, 자금조달 측면에서 강점을 가지고 있고 빅테크는 고객 선별·모니터링 기능에서 강점을 지닌 만큼 상호 협력에 의한 시너지 효과가 기대된다. 국내 인터넷전문은행은 금융회사와 테크기업이 출자해 디지털 방식의 혁신적 금융 서비스를 제공한다. 아울러 디지털 기술 진보에 대응하여 은행은 새로운 디지털 금융 서비스를 제공하는 동시에 빅데이터를 활용해 고객 맞춤형 금융상품을 개발하는 역량을 강화해야 한다.

기업 성장을 돕는 혁신금융 지원과 함께 금융산업 발전을 위한 금융혁신이 상승 작용을 일으켜야 한다. 금융혁신과 혁신금융의 조화로 혁신성장의 토대를 마련해야 미래 성장동력을 꽃피울 수 있다. 혁신금융 서비스 지정에 이은 정부의 고강도 규제 완화와 지원책이 필요하다. 실물과 금융의 혁신을 막는 걸림돌은 치우고 길을 터줘야 한다. 디지털 전환과 속도전의 시대다. 국회 파행에 금융혁신이 막혀서는 곤란하다. 금융혁신 관련 법안 처리도 조속히 이뤄져야 할 것이다.

우리나라의 경우 빅테크는 제공하는 금융 서비스의 종류에 따라 전통적 금융규제나 「전자금융거래법」의 적용대상이 될 수 있다. 빅테크가 제공하는 금융 서비스는 큰 규모와 높은 상호연계성으로 인해 위험이 충분히 관리되지 못할 가능성이 크다. 또한 플랫폼을 통한 금융상품 중개 서비스나 기존의 금융업으로 정의되지 않는 서비스는 경우에 따라 금융규제를 아예 적용받지 않는다. 「전자금융거래법」은 지급결제에 특화한 소규모 기업을 대상으로 마련되었으므로 빅테크를 위한 규범으론 미흡한 측면이 있다.

규제당국은 빅테크의 금융업 진출로 인한 데이터 독점과 같은 불공정 경쟁 환경이 조성되는 것을 방지하고 금융시장의 안정성을 해치지 않도록 금융제도와 규범을 정비할 필요가 있다. 특히 소비자정보, 신용정보 등에 관한 권한과 의무를 명확히 하고, 독점적 지배력을 제한할 수 있는 제도적 장치와 기존 금융사업자 및 빅테크 간 규제차익을 최소화하는 방안이 마련돼야 할 것이다. 동시에 금융시장 위험관리 측면에서 금융규제의 영향을 크게 받지 않는 플랫폼 사업자에 대한 관리, 자금이동의 효율적인 모니터링, 금융시장의 쏠림과 전염위험 등을 관리하는 방안 마련도 필요하다. 아울러 금융감독, 공정거래, 데이터 보호, 소비자 보호 등 관련 규제당국의 협력이 필수적이며 국경을 넘는 금융 서비스 확대에 대응한 국제적인 협력과 규정 마련을 행동으로 옮겨야 할 것이다.

03

배송전쟁과
배달의민족 스토리

매월 10조 원이 넘는 매출을 기록하면서 급성장하고 있는 온라인 쇼핑 시장. 주문자 요구를 맞추기 위해 당일, 야간, 새벽배송에서 반나절배송까지 24시간 배송 전쟁이 벌어진다. 제품을 더 빠르게, 같은 시간에 더 많이, 다른 업체보다 더 특별하게 배달하기 위한 온라인 쇼핑몰 간 경쟁이 치열하다. 음식을 앱으로 주문하면 라이더(배달원)가 오토바이로 음식을 직접 배달해준다. 이제는 아이스크림 하나까지 30분 안에 배달해 주는 초경량, 즉시배달 시장까지 생겨났다.

배송사업은 이종 서비스로 사업을 확장할 수 있는 기회를 열어준다. 최고급 식자재를 공급하는 전문 업체를 비롯해 의류, 가전, 침구, 생활용품 등을 취급하는 홈쇼핑 업계까지 신속 배송 경쟁에 뛰어들었다. 수도권에서 제주도를 포함한 지방으로 배송 서비스 지역이 확대된다. 대형마트

들도 온라인 장보기 특화 몰을 만들고 물류센터를 개선하는 등 시장쟁탈전에 나섰다. 자체 배달망을 갖추지 못한 유통 대기업은 배달대행 서비스 전문 업체 인수에 눈독을 들인다.

유통업계가 배달 천하로 탈바꿈했다. 음식점, 제조사, 프랜차이즈 등 모든 기업이 공격적으로 배달 서비스에 나섰다. 오프라인 유통망 소비가 갈수록 위축되는 가운데 제품을 직접 배달해서라도 소비자를 확보해야 생존한다는 인식이 음식배달 시장의 경쟁을 촉진한다. 게다가 2020년 코로나19 창궐은 배달 서비스에 날개를 달아주는 촉진제가 됐다. 접촉을 기피하는 현상이 확산하면서 비대면 소비가 급증했기 때문이다.

쿠팡·티몬·위메프를 비롯해 G마켓 등 이커머스 업계는 코로나19 사태로 반사이익을 톡톡히 봤다. 건강기능식품·위생용품과 생필품 주문이 폭주했기 때문이다. 하지만 경쟁 심화에 따른 마케팅 관련 비용이 증가하는 상황에서 고객 수요를 충족할 수 있는 다각화된 서비스를 제공하기 위해서는 가격 경쟁력, 제품기획 능력, 플랫폼 구축에서 남보다 앞선 기업이 최종 승자가 될 전망이다.

배달음식 시장만 보면, 몇 년 전만 해도 1~2인 가구와 20대가 주 소비층이었지만 이젠 모든 가구와 연령층으로 소비가 확대됐다. 그 결과 외식은 줄어들고 음식배달이 늘어나는 쌍곡선이 그려진다. 농림축산식품부 2019 외식소비행태 분석에 따르면 1인당 월평균 외식 빈도는 2017년 14.8회에서 2019년 13회로 줄었다. 같은 기간 배달음식을 먹는 빈도는 월 3회에서 3.4회로 늘었다.

배송산업의 급성장은 세계적인 현상이다. 글로벌 메가트렌드로 자리 잡으며 식품업계를 뒤흔든다. 온라인으로 소비자 이동이 한층 가속화하면서 물건을 실어 나르는 배송시장이 폭발적으로 성장하고 있는 것이다. 세계 배달 앱 시장을 차지하기 위한 인수·합병 경쟁도 치열하다. 배송업체 몸값은 하루가 다르게 치솟는다. 국내 시장점유율 1위 배달 앱 서비스 업체 배달의민족이 독일 딜리버리히어로(DH)에 팔리는 계약이 체결됐다. 인수가격은 4조 7,500억 원으로 국내 토종 인터넷 기업의 인수·합병 역사상 최대 규모다. 기업 가치는 감가상각전영업이익(EBITDA)의 75배에 달한다. 단돈 3,000만 원으로 사업을 시작해 그동안 5,100억 원의 외부자금을 유치해 유니콘 기업으로 부상한 우아한형제들(대표 김봉진)은 아시아 시장 진출을 본격 시도한다.

글로벌 컨설팅 업체 맥킨지는 2015~2018년 온라인 배달 시장의 평균 성장률이 25%에 달했고 2018~2020년에도 14.9%에 이르며 두 자릿수 성장률을 기록할 것으로 예상했다. 글로벌 컨설팅 업체 프로스트앤드설리번은 2018년 820억 달러(약 95조 원) 규모였던 세계 온라인 음식배달 시장이 2025년 2배가 넘는 2,000억 달러 시장으로 성장할 것이라고 내다봤다. 스위스 금융그룹 UBS는 세계 음식배달 시장이 2030년 3,600억 달러까지 성장할 것으로 전망했다. 배달 앱 시장은 공유주방과 식당 창업 인큐베이터, 도심 수직형 농장의 등장으로 음식조리·판매·유통·배달로 이어지는 미래 비즈니스 가치사슬의 시금석(milestone)으로 여겨진다. 게다가 배달 로봇 같은 신기술의 발전도 빠른 속도로 이루어진다. 배달 앱은 요식업 플랫폼으로 발전할 가능성이 크다. 식재료·쇼핑·심부름·탁송·금융결제 등 확장 가능한 사업영역이 무궁무진하다.

배달 앱 시장이 각광을 받는 것은 두 가지 이유 때문이다. 간편함과 편리함을 추구하는 1~2인 가구가 증가함에 따라 배달 시장 자체가 커지는 것이 첫 번째다. 스마트폰에 친숙한 젊은 세대가 전화 주문보다 모바일 앱으로 음식을 주문하는 게 두 번째 이유다. 성장성이 높은 만큼 업체 간 경쟁도 치열하다. 이른바 돈(錢)의 전쟁이다. 출혈경쟁도 서슴지 않는다. 수익을 따지기보다 시장점유율을 확보하는 게 우선이다. 대다수 배달 앱 서비스 업체가 이익이 얼마 남지 않더라도 고객을 확보하기 위해 막대한 마케팅 비용을 쏟아 붓는다. 이를 감당하지 못하는 업체는 살아남지 못한다.

세계 최대 배달 앱 업체는 중국 메이퇀이다. 이 회사의 2018년 주문액은 400억 달러에 달한다. 2위인 미국 우버이츠의 주문액(74억 달러)을 크게 웃돈다. 세계 3위는 영국을 기반으로 유럽 시장 1위를 차지하는 저스트잇(52억 달러)이다. 4위는 동남아시아, 한국, 중남미 등에서 선전하는 독일 DH가 주문액 50억 달러로 선두권을 바짝 추격한다. 대대적인 지각변동이 일어나면서 업계 판도는 예측불허다. DH 최대 주주 내스퍼스(Naspers)와 유럽 2위 테이크어웨이(네덜란드)는 영국 저스트잇 인수를 놓고 2020년 베팅 경쟁을 벌였다.

유통업계의 명암이 엇갈린다. 온라인 시장이 오프라인 상점의 몰락을 부추기는 동시에 물류 창고의 부상을 견인한다. 미국에선 뉴욕 명품 백화점들의 폐점 행렬이 이어진다. 이에 반해 물류창고업은 호황을 누린다. 아마존 등 거대 온라인 쇼핑몰의 당일배송 전략이 물류 창고 붐의 도화선이 됐다. 미운 오리 새끼 취급을 받던 창고와 물류센터가 아름다운 백조로 거듭난 것이다. 물류 창고가 황금알을 낳는 거위로 떠오르면서 미국 거대 기업들 사이에서도 물류 창고 투자 경쟁이 벌어진다. 온라인 비즈니스 성장에 유통업체는 새로운 배송 전략에 나선다. 국내에서 홈플러스는 할인마트를 도심 속 물류창고로 이용한다. 기존 점포에 온라인 물류센터 기능을 추가한 배송센터를 열고 피커(picker, 장보기 전문 사원)를 도입해 신속한 배송 시스템을 구축했다. 대형마트는 기존 점포 자산을 물류에 활용할 경우 물류센터 시공에 드는 비용, 기간 및 관리비용을 획기적으로 절감할 수 있다.

배달의민족이 정상에 오른 세 가지 비결

배달의민족 성공 스토리를 들여다보자. 2010년 우아한형제들을 창업한 김봉진 대표는 국내 최대 배달 앱 신화를 쓴 주인공이다. 김 대표는 웹디자이너 출신이다. 김 대표는 디자인 에이전시, 네오위즈 등에서 웹사이트 디자인, 인터넷 채팅 서비스 업무를 담당했다. 그는 한때 프로방스풍의 목가적인 수제디자인 가구점을 차렸지만 사업 실패의 쓴맛을 봤다. 다시 네이버(구 NHN)에서 2년을 근무한 그는 플러스엑스라는 고객경험 에이전시를 창업했다. 그는 회사 업무와는 별개로 컴퓨터 프로그래머였던 친형, 김광수 전 CTO와 함께 스마트폰 앱 개발에도 나섰다. 거창한 사업을 벌이겠다는 계획 없이 주말에 자신만의 시간을 할애한 자아실현형 부업이었다. 그 결과 탄생한 작품이 배달의민족이다.

스마트폰 산업이 태동하던 시기, 김 대표는 재미있는 브랜드를 만들어보자는 생각에서 앱을 구상했다. 배달업소 정보는 다른 인터넷 사이트에서 긁어오거나, 거리에서 나눠주는 홍보 전단지를 모아 음식점 메뉴를 앱에 입력했다. 그는 몇 달 앞서 등장한 배달통, 배달114 같은 선발업체와 차별화된 디자인과 브랜드를 만들기 위해 애를 썼다. 음식배달이라는 서비스 콘셉트에 맞게 유머러스하면서도 촌스러운 대중적 취향의 키치(kitsch) 분위기를 배달의민족 앱에 담았다. 키치는 독일어로 하찮은 예

그림 1 배달의민족

국내 배달 앱 시장점유율
(단위: %, 2018년 기준)

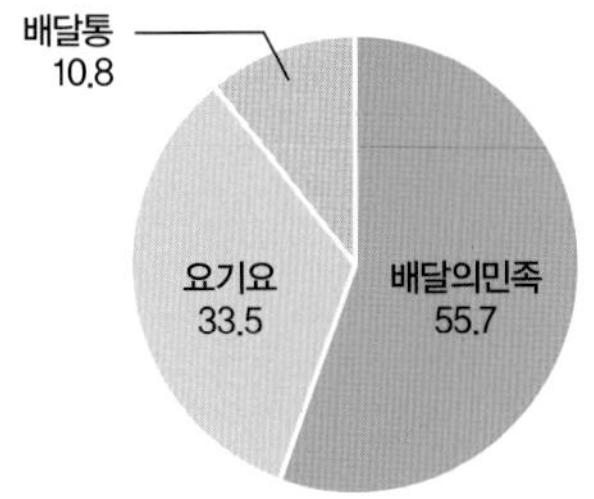

배달통
10.8

요기요
33.5

배달의민족
55.7

배달의민족 주요 실적
(2019년 기준)

매출	5,654억 원
앱 누적 다운로드	5,100만 건
월평균 주문건수	4,200만 건
월 이용자	1,200만 명
등록 점포	20만 개(누적)

※ 2015년 매출 495억 원서 11배 성장
자료: 우아한형제들

술품을 뜻한다. 이발소에 걸린 통속적인 그림, 관광객이 사는 저가 공예품 등을 지칭한다. 이제는 젊은층이 좋아하는 싼티 나면서 재미있는 물건을 의미한다. 우아한형제들은 창업 당시 우리 사회의 주문 문화를 연구했다. 회사 사무실에서 야식을 주문할 때 무엇을 먹을지는 상급자가 결정하지만 스마트폰 앱으로 주문하는 사람은 막내 직원임을 주목했다. 그래서 최종 구매 결정권자인 막내에게 맞는 문화로 접근하자는 발상으로 재미와 키치적 디자인을 강조한 브랜드로 배달의민족을 포지셔닝했다.

배달의민족이 다른 경쟁 브랜드를 뛰어넘을 수 있었던 비결은 세 가지다(주재우 외 2인, 2014). 첫째, 스마트폰 대중화 추세에 타깃 고객을 20대로 정하고 고유한 웹 디자인과 브랜드를 만들었다. 기술적인 요소만으로는 경쟁력 확보가 힘들다고 보고, 브랜드 이미지와 소비자 경험을 차별화하기 위해 많은 노력과 투자를 했다. 구석구석에 20대가 좋아할 만한 귀여운 캐릭터들을 등장시켰다. 글씨체도 귀엽고 코믹하게 만들었다.

둘째는 등록업소 수를 최대한 빨리 확장할 수 있었던 영업력과 플랫

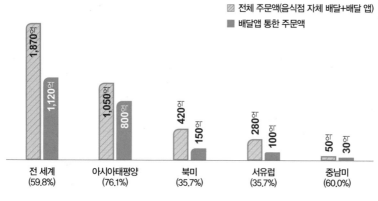

그림 2 **2018년 세계 배달음식 주문액** (단위: 달러, 괄호는 전체 주문액 중 배달앱 비중)

▨ 전체 주문액(음식점 자체 배달+배달 앱)
■ 배달앱 통한 주문액

- 전 세계 (59.8%): 1,870억 / 1,120억
- 아시아태평양 (76.1%): 1,050억 / 800억
- 북미 (35.7%): 420억 / 150억
- 서유럽 (35.7%): 280억 / 100억
- 중남미 (60.0%): 50억 / 30억

자료: 유로모니터

폼 운영능력이다. 제약회사 출신의 정통 영업맨을 마케팅 본부장으로 영입해 음식점 주인과 고객을 연결하는 플랫폼 비즈니스를 신속하게 전개했다. 유료 등록업소들의 반발이 있었지만 전체의 이익을 늘리기 위해 무료 등록업소를 최대한 많이 늘리기 위해 노력했다. 고객과 업소들의 피드백을 통해 많은 정보를 확보함으로써 타 업체보다 경쟁력 있는 서비스를 짧은 주기로 개발했다.

셋째는 조직 구성원이 부품처럼 이용당한다는 생각을 갖지 않도록 가족적인 분위기를 조성하는 동시에 규율을 중시하는 기업문화 구축이다. 김 대표는 직원의 자발적 참여와 창의성이 중요하지만 자유로움에만 의존해서는 회사가 성공할 수 없다고 생각했다. 전원 9시 출근, 2주마다 무조건 앱 업데이트와 같은 엄격한 규율을 정하고 직원들이 준수할 것을 요구했다. 느슨하고 온정적인 사적인 관계보다 공적인 관계에 의해 회사가 타이트하게 운영되도록 엄격한 직위체계를 따르도록 했다.

배달의민족 앱으로 음식 장사가 잘된다는 입소문이 널리 퍼지면서 업소 주인들과 서비스 제휴 업체들이 줄을 섰다. 배달의민족에 투자하겠다는 벤처캐피털도 늘어났다. 김 대표는 그동안 기울인 노력이 성과로 연결되자 다른 사업을 접고 배달의민족에 올인했다. 배달의민족의 수익모델은 두 가지다. 유료회원 가입업소가 내는 월 등록비와 바로결제 서비스로 주문이 들어올 때 받는 수수료다. 두 등급 체제인 유료회원제도는 포털 사이트의 검색광고와 비슷한 사업모델이다. 서비스 지역 내에서 검색리스트 상단에 올라가고 메뉴판, 고객 체험기 등이 노출된다. 바로결제는 매출이 일어나는 건마다 수수료를 받는 방식이다. 사은품을 배포하고 고객 콜센터를 운영하는 등 음식점을 대신해 쓰는 오프라인 마케팅 비용에 대한 대가인 셈이다. 하지만 음식점의 저항이 큰 수수료 수입보다는 월 등록비가 매출에서 차지하는 비중이 높다.

우아한형제들의 남다른 전략

우아한형제들이 구사한 효과적인 성장전략을 마케팅 이론으로 분석해보자(주재우 외 2인, 2014). 첫째, 보이는 브랜딩(visible branding)과 보이지 않는 브랜딩(invisible branding)의 조화를 들 수 있다. 보이는 브랜딩은 광고, 패키지, 리테일 등을 통해 고객의 경험을 만들어 낼 수 있는 실제화에 초점을 맞추는 것이다. 고객에게 브랜드라는 약속을 일방적으로 전달하는 데 집중하는 방식이다. 보이지 않는 브랜딩은 기업 내부 직원들에게 디자인 경영과 같은 비전을 제시하고 핵심 비전이 투영된 제품과 서비스 등 소비자경험이 지속적으로 창출될 수 있는 플랫폼을 개발하고 시스템을 구축하는 것이다. 조직 내부적으로 비전을 공유하고 이를 구체화한 소품,

공간, 이벤트를 마련해 비전을 업그레이드하는 체험을 한다. 두 가지 브랜딩의 역할이 조화를 이룰 때 기업 브랜드는 고객에게 차별화된 경험을 만들어내고 기업은 지속적으로 성장할 수 있는 기회를 잡을 수 있다.

둘째, 페르소나(persona, 가면) 기법을 적용한 캐릭터와 기업 서체를 개발해 효과를 봤다. 배달의민족은 타깃 고객층인 20대가 좋아하는 키치적이고 B급스러운 이미지를 브랜드 커뮤니케이션 콘셉트로 정했다. 웹툰 스타일로 시각적으로 강렬한 찌질한 형아 캐릭터를 만들었다. 시각 디자인에서 페르소나 기법은 연상 가능한 구체적 타깃을 설정하고 이를 이미지로 표현해서 고객들이 캐릭터를 보고 쉽게 브랜드 콘셉트를 느낄 수 있도록 유도하는 것이다. 또한 독창적인 캐릭터와 더불어 배달의민족은 한나체라는 기업 서체를 활용한 언어적 유희로 포스터와 사무용품을 제작함으로써 일관성 있고 확장성 있는 브랜드 이미지를 구축했다. 한나체는 아크릴판 위에 시트지를 붙여 칼로 잘라낸 1960~1970년대 간판을 모티브로 만들어 삐뚤빼뚤 조형성이 떨어지고 우스꽝스러운 느낌이 특징인 서체다.

셋째, 경영자가 직관과 분석의 통합적 경험으로 디자인 경영을 추구했다. 디자이너는 직관적 사고에 익숙하고 경영자는 분석적 사고에 강점이 있다. 이 두 사고가 결합할 때 혁신적 제품이 만들어진다. 애플 창업자인 스티브 잡스는 뛰어난 디자이너이자 기업가였다. 잡스는 현실에 없는 새로운 제품, 스마트폰(아이폰)을 그의 상상력과 감수성으로 개발했다. 일반적인 경영자가 디자인 싱킹(design thinking)을 사후적으로 중시하는 것과는 달리, 김 대표는 디자이너로서 교육을 먼저 받은 뒤 사업에 뛰어들면서 경영을 배운 케이스다. 그는 직관적 사고와 분석적 사고의 조화를 통합적으로 경험한 경영하는 디자이너였기 때문에 온라인 비즈니스에서 성공할 수 있었다.

넷째, 소통과 창의성을 위한 수평적 공동체 문화와 효율성을 위한 수직적 업무 질서의 조화라는 독특한 기업 운영 시스템을 만들었다. 디자인 중심 조직 문화는 조직원이 자발적으로 필요한 제품, 기술, 직무를 지속해서 만들어 내게 하는 학습 사이클을 가지고 있다. 유연한 기업문화는 정해진 업무 규정의 결과에 기반한 수직적 조직 시스템과 양립되는 경우가 많다. 디자인은 혁신을 창출하는 동인이다. 지나친 자유분방함, 유연한 근무는 개인별 성과 평가 시스템의 한계를 낳는다. 이를 극복하는 데 집단적 위계질서를 중시하는 수직적 인사 정책은 도움이 된다. 기업 운영에 필수적인, 최소한으로 명문화된 인사 정책은 강압적이지 않아 조직원의 저항을 받지 않는다. 도리어 조직원이 회사의 비전을 공유하고 일하는 방식을 준수하는 데 보탬이 된다.

내스퍼스, 배달의민족 M&A 성공할까

국내 1위 배달 앱 서비스 배달의민족을 인수하는 DH는 2011년 5월 독일 베를린에 설립된 스타트업(신생 벤처기업)이다. 이 회사는 글로벌 인수·합병을 통해 성장했다. 지금까지 독일 리퍼헬트, 영국 헝그리하우스 등 35개 기업을 사들였다. DH는 현재 40개국에서 28개 브랜드를 운영하고 있다. 이 회사는 철저히 현지화 전략을 쓰는 것으로 유명하다. 현지 기업을 인수한 뒤 브랜드명과 마케팅 전략 등을 그대로 사용한다. 요기요, 배달통 등도 마찬가지였다. DH는 남미에서 배달 서비스 푸도라, 중동과 북아프리카 지역에선 탈라밧이라는 현지 브랜드를 운영한다. 우버이츠 등 다른 글로벌 배달 앱과는 다른 전략이다.

움직이는 건 모두 돈이 된다. 서비스로서의 모빌리티(MaaS, Mobility as

a Service)는 현실이 됐다. 정보통신기술 기업과 모빌리티 기업이 충돌한다. 모빌리티 기업들은 지역별 재편에 나선 상태다. DH의 최대 주주는 남아프리카공화국 기반의 투자회사 내스퍼스다. 아프리카의 소프트뱅크라 불리는 내스퍼스는 성장 잠재력이 큰 창업 초기의 신흥국 기업 위주로 투자하며, 고위험·고수익을 추구한다. 또한 투자한 기업의 경영에는 간섭하지 않고 장기간 재무적 투자자로 남는다. 내스퍼스는 중국 인터넷 기업 텐센트의 초기 투자사이자 최대 주주(31%)로 유명하다. 내스퍼스는 DH, 메이퇀, 푸드판다 등의 주요 주주다. 내스퍼스와 텐센트는 지난해 인도 최대 음식배달 스타트업 스위기에도 10억 달러를 투자했다.

내스퍼스를 대주주로 둔 DH가 배달의민족을 인수하려는 것도 결국 자본력을 무기로 한 글로벌 플랫폼 비즈니스 주도권 확대 전쟁의 일환이다. 손정의 일본 소프트뱅크 회장이 주도하는 비전펀드는 우버(미국·유럽), 디디(중국), 그랩(동남아)의 대주주다. 비전펀드는 미국 도어대시·우버이츠, 싱가포르 그랩푸드 등 음식배달 시장에 투자했다. 비전펀드는 내스퍼스와 동남아 푸드테크 분야에서 패권 경쟁을 벌이는 셈이다. 스마트팜, 푸드테크 등 모빌리티와 연계된 모든 서비스를 장악하겠다는 게 이들 거대 자본이 꿈꾸는 미래다. 한국 자본시장에는 유통산업에 특화된 거대한 토종 투자펀드가 존재하지 않는다는 점이 아쉬운 대목이다.

모바일 빅데이터 플랫폼 업체 아이지에이웍스에 따르면 2019년 11월 배달의민족 이용자는 885만 7,421명으로 압도적인 국내 1위였다. 요기요(490만 3,213명)와 배달통(42만 7,413명)이 그 뒤를 이었다. 인수·합병이 성사되면 4위에 오른 쿠팡이츠를 제외한 국내 배달 업계 상위 5위 기업 중 DH는 배달의민족, 요기요, 배달통, 푸드플라이 등 4개 기업을 확보하게 된다. 국내 배달 앱 시장의 99%를 DH가 차지할 것이라는 분석이다.

배달의민족을 운영하는 우아한형제들은 2019년 인수·합병을 발표하면서 변화하는 시장 환경에 대응하기 위한 생존전략이었다는 점을 배경으로 꼽았다. 해외 업체의 잇단 국내 진출에 따라 생존을 고민할 수밖에 없어 국내 1, 2, 3위 사업자가 손을 잡고 동남아시아 등 해외 진출로 눈을 돌리게 됐다는 게 요지다. 우아한형제들은 "일본계 거대 자본을 등에 업은 C사와 국내 대형 IT 플랫폼 등의 잇단 진출에 거센 도전을 받아왔다"며 "한국은 물론 아시아 배달 앱 시장이 아직 초기 단계인데, 시장 확장 여지가 많은 상황에서 대형 IT 플랫폼들에 잠식당하기보다는 협력체계를 구축해 국내 시장 보호와 해외 진출을 동시에 꾀하는 차원에서 딜이 성사됐다"고 설명했다.

공정거래위원회 기업결합신고 통과라는 큰 산을 넘어야 비로소 배달의민족 인수·합병이 완성된다. 공정위가 경쟁 시장 구획을 어떻게 정의하느냐에 따라 독과점에 대한 판단은 천차만별로 달라진다. 시장 획정 문제는 배달 시장을 PC 웹이나 스마트폰 앱을 통한 배달 주문으로만 볼 것인지, 동네 중국집에 전화로 주문하는 것도 포함한 배달 사업 전체로 볼 것인지가 포인트다. 독과점 여부에 대해 공정위는 시장에 신규 사업자가 얼마나 쉽게 진입할 수 있는지, 기존 사업자가 혁신 서비스를 제공해 소비자 복리가 증진되는지 등 시장점유율 이외에 경쟁 제한성과 혁신가치창출도 감안한다. 글로벌 거대자본의 독과점 폐해와 함께, 소상공인의 피해 여부와 배달 라이더의 열악한 노동환경 개선 필요성, 수수료 체계의 적정성 문제 등도 짚어봐야 할 대목이다.

가맹점주협의회와 소상공인연합회는 배달 시장의 독점화에 따라 중개 수수료와 입점 비용 등의 인상을 우려한다. 배달 앱 이용 업체는 건당 8만 원대 광고비, 상위노출 광고비, 수수료 5~10% 등 이중 삼중 징수로 비용 부담이 갈수록 커진다는 지적이다. 특히 배달의민족이 2020년 4월 수수료 체계를 정액제(또한 광고를 판매해 입점 수수료를 충당)에서 정률제(또한 광고 상단을 돈으로 사는 깃발꽂기 해소)로 바꾸자 수수료 부담이 늘어난 소상공인이 반발하고 나섰다. 여론이 악화되자 배달의민족은 수수료 체계 변경을 백지화했다.

사실 기업결합심사 도중에 배달의민족이 수수료 개편을 시도한 일에 대해 공정위는 시장지배력을 나타내는 징표로 받아들였다. 시장지배력은 사업자가 경쟁자나 고객의 눈치를 보지 않고 가격을 움직이는 힘이다. 소비자들은 배달의민족과 요기요의 기업결합을 반대하는 이유로 독점시장 형성에 따른 음식 가격과 배달료 인상을 가장 먼저 꼽았다. 이 와중에 전국 지방자치단체들이 공공 배달 앱을 개발하고 나서는 등 역풍도 거세다. 그러나 배달 앱 독점 문제는 공공부문이 나설 게 아니라 민간의 경쟁 플랫폼을 통해 해결해야 하는 게 맞다.

독점화된 배달 앱 시장에서는 수수료·광고비 이외에도 배달 앱 회사의 정보독점 문제와 함께, 원·부자재 시장 직접 참여 등 온라인 독점이 오프라인 시장 장악으로 이어질 수 있다. 배달 앱 업체가 정보를 독점하면 경쟁사업자의 정보 접근이 제한된다. 광고비를 많이 쓰는 업소를 앱 상단에 노출하는 현상이 심화하고, 제품과 서비스의 품질을 평가하는 소비자 리뷰가 사실과 다르게 왜곡되는 수단으로 남용될 수 있다. 기술이 급변하는 시대, 신사업 혁신은 장려돼야 한다. 하지만 경쟁 촉진과 소비자·영세 사업자 보호라는 현실적인 제약을 극복하는 게 과제다.

04

스타트업서 스케일업 성공한 카카오

월간이용자수 4,485만 명, 하루 평균 송수신 메시지 110억 건…. 국민 메신저로 자리 잡은 카카오톡이 2020년 3월 18일 출시 10년을 맞았다. 대한민국의 대화법을 바꾼 카카오톡은 정보통신기술 업계와 관련 기술 전반에 엄청난 파급효과를 미쳤다. 카카오는 그동안 세상을 편리하게 만드는 데 기여했다. 앞으로 카카오는 모바일 생활 플랫폼을 넘어 세상을 더 낫게 만들도록 선한 의지를 가지고 사회문제 해결에 나서겠다는 비전을 세웠다.

스타트업에서 출발한 카카오는 플랫폼 비즈니스 모델로 양적 성장, 스케일업(scale up)에 성공했다. 2010년 인터넷 시대가 모바일 시대로 넘어간 순간, 네트워크 효과를 창출하는 기회를 잡았다. 카카오는 기업 인수·합병, 사업부문 분사로 92개 계열사를 거느린 재계 서열 30위권 대기업으로 성장했다. 카카오는 인수·합병으로 내부 경쟁력을 높이는 단계에서 나아가 경쟁력 있는 서비스를 독립 기업으로 분사하며 발 빠른 성장을 도모해왔다. 그리고 이 기업들을 상장시켜 더욱 규모를 키우는 성장전략을 추진한다. 모바일 메신저 본연의 기능부터 게임, 뮤직, 커머스 등과 연계해 영역을 확장해온 카카오의 경쟁력은 더욱 강해질 전망이다.

카카오톡은 출시 6개월 만에 가입자 100만 명, 1년 후 1,000만 명, 2012년 4,000만 명을 넘을 정도로 폭발적인 성장 속도를 보였다. 출시 하루 만에 애플 앱스토어 소셜네트워킹 서비스 1위, 전체 2위에 오를 정도로 속도의 안정성과 기능의 편의성을 갖춘 메신저로 입소문을 타며 흥행 가도를 질주했다. 다자간 동시 커뮤니케이션을 할 수 있는 그룹 채팅 기능을 새롭게 시도해 주목을 받은 카카오톡은 스마트폰 유저가 설치해야 할 필수 앱으로 등극했다.

인터넷 산업에서는 권불십년(權不十年)이라는 말이 사치로 여겨질 정도로 흥망성쇠가 반복된다. 후발 메신저의 도전도 거셌다. 빠른 데이터 전송 속도를 앞세운 틱톡의 성장세가 가팔랐다. 반면 카카오톡은 데이터 급증으로 메시지 전송속도가 떨어졌다. 카카오톡은 안정성을 유지하면서 속도를 높이는 방법을 고민했다. 카카오는 2011년 '겁나 빠른 황소 프로젝트'로 8개월간 문제 해결을 노력한 끝에 전송 속도를 최대 20배로 빠르게 구현하는 데 성공했다.

또한 카카오는 초창기 과제였던 흑자전환 문제를 파트너와의 상생으로 해결했다. 먼저 판을 까는 데 주력했지 적자가 누적돼도 우보천리(牛步千里)의 끈기로 수익화(monetization)에 급급하지 않았다. 이용자에게 불편을 주지 않으면서 돈 가치가 있는 상품 위주로 게임, 선물하기, 이모티콘 등 유료 서비스를 하나둘씩 끼워 넣기 전략으로 도입했다. 상생전략은 게임 서비스에서 가장 먼저 꽃을 피웠다. 2012년 시작한 게임유통으로 매출이 급증하며 카카오는 첫 흑자를 달성했다.

그림 3 **카카오 매출과 영업이익** (단위: 원)

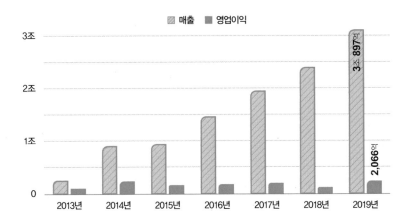

그림 4 **카카오톡 이용자**(※카카오톡 월간 활성 이용자 추이) (단위: 명, 각 연도 4분기 기준)

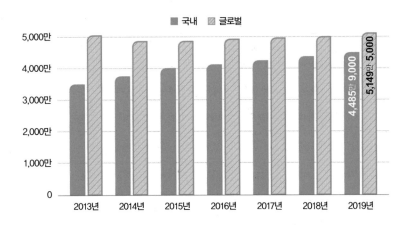

카카오톡 초기 이용자들이 생일, 기념일에 맞춰 간편하게 선물을 주고받을 수 있게끔 한 모바일 커머스 서비스인 선물하기는 상대방 주소를 몰라도 선물을 보낼 수 있는 차별성으로 새로운 선물 문화 트렌드를 형성했다. 커피, 케이크 등 모바일 교환권으로 시작한 카카오톡 선물하기의 입점 브랜드 수는 6,000여 개, 누적 거래액은 2017년 이미 1조 원을 넘어섰다. 이모티콘은 메시지에 재미와 신선함을 더하고 풍성한 감정을 주고받는 대화 환경을 제공하면서 성장에 날개를 달았다. 7,500여 건을 갖춘 다양한 이모티콘의 매월 발송량은 23억 건에 달한다. 2,900만 명의 이용자가 이모티콘으로 대화를 나눈다. 2019년 누적 10억 원 이상 매출을 올린 이모티콘은 50개를 넘었다.

끼워 넣기 전략으로 소비자경험 키워

카카오톡은 이용자 이탈을 막기 위해 서비스를 고도화하고 새로운 기능을 추가하며 진화했다. 이용자 간 무료 음성채팅을 할 수 있는 보이스톡이 2012년에 등장하자 통신사들과 갈등을 빚었지만 소비자들의 편익을 주장한 카카오가 승리했다. 뒤이어 영상통화가 가능한 페이스톡(2015년), 그룹채팅방에서 실시간 라이브 영상을 보며 채팅할 수 있는 라이브톡(2018년)을 선보여 대화에 생동감을 불어넣었다. 대화 중 궁금증이 생기면 쉽고 빠르게 찾고 검색해 공유할 수 있는 #(샵)검색 기능도 갖췄다. 2019년에는 카카오톡에서 받은 각종 문서, 사진, 동영상을 따로 관리할 수 있는 서랍 기능을 도입했다.

카카오는 모바일 채팅의 전성시대를 여는 데 그치지 않고 쇼핑, 결제, 음악, 캐릭터, 운송, 인공지능 등 다양한 분야로 서비스 영역을 확장해 나갔다. 특히 카카오는 국내 양대 포털 중 하나인 다음, 국내 최대 음악 서비스 멜론 인수 등 빅딜에 성공했다. 2014년 상장사 다음과 카카오 간 합병은 전체 거래규모가 3조 1,000억 원, 2016년 멜론 인수 가격은 1조 8,700억 원에 달했다. 카카오는 뉴스, 음악, 이모티콘 등 다양한 연계 서비스를 활용한 구독 서비스로 플랫폼 지배력을 강화한다. 2016년 카카오톡 프로필 뮤직, 2018년에는 멜론 with Kakao 서비스를 여는 등 뮤직 플랫폼 멜론과 카카오톡을 연동해 플랫폼 간 시너지를 창출하고, 음악 콘텐츠를 통한 새로운 이용자 경험을 제공했다.

카카오는 2014년 국내 최초의 간편결제 서비스인 카카오페이를 선보여 카카오톡 이용자 누구나 신용카드 정보와 결제 비밀번호를 등록해 쉽고 빠른 결제가 가능하도록 했다. 채팅방에서는 공인인증서나 계좌번호 없이 지인에게 송금할 수 있는 송금 서비스도 선보였다. 카카오페이는 2019년 기준 가입자 수 3,000만 명을 돌파했다. 같은 해 상반기 거래액은 22조 원에 달한다. 2017년 두 번째 인터넷전문은행으로 출범한 카카오뱅크는 2019년 대규모 증자를 통해 최강의 경쟁력을 갖췄다. 이미 1,200만 명 사용자를 끌어모은 카카오뱅크는 기존 은행들을 위협한다. 저축은행·카드·증권사 등 타 금융회사가 개발한 금융상품을 대신 판매해 주고 수수료를 받는 카카오의 금융 플랫폼 사업은 이미 본궤도에 올랐다. 특히 바로투자증권의 지분 60%를 300억 원에 인수한 카카오는 증권 시장에서도 카카오페이증권 혁명을 일으킬 기세다.

카카오는 비즈니스 파트너를 연결하는 사업 도우미다. 카카오톡 채널은 카카오톡 내에서 광고주와 이용자를 연결하는 모바일 비즈니스 모델이다. 관심 있는 브랜드와 친구를 맺는 이용자들을 대상으로 알림톡, 친구톡, 상담톡 등의 비즈메시지를 발송하고 구매나 예약 등을 할 수 있는 기능을 갖췄다. 2019년 기준 총 채널 수는 167만 개 이상으로, 전체 친구 수는 5억 6,000만 명을 넘었다. 신중을 거듭하던 카카오는 인공지능을 활용해 사용자경험을 해치지 않는 광고 노출의 적정선을 찾았다. 카카오톡 채팅목록탭 최상단에 노출되는 광고상품인 카카오톡 비즈보드를 출시해 이용자가 카카오톡 내에서 가입, 예약, 구매, 상담 등의 다양한 액션을 몇 번의 터치로 편리하게 진행할 수 있도록 했다. 2019년 말 카카오톡 비즈보드 광고주 수는 3,000여 곳에 달할 정도로 저변이 확대되고 있다.

카카오페이지는 '기다리면 무료' 모델을 바탕으로 웹소설과 웹툰부터 동영상까지 아우르는 국내 유료 콘텐츠 플랫폼의 선두 주자가 됐다. 카카오M을 중심으로 한 콘텐츠 부문도 성장세가 두드러진다. 카카오M은 〈검사외전〉 등을 제작한 영화사 월광과 〈신세계〉 제작사인 사나이픽처스를 인수했다. 영화, 음악, 드라마, 예능에 이르기까지 광범위한 자체 제작 콘텐츠 제작 역량을 갖춘 종합 콘텐츠 기업으로 진화해 나간다. 인기 지식재산권(IP)을 활용한 독자적인 오리지널 콘텐츠 제작을 통해 글로벌 수요를 높임으로써 국내 이용자 수에만 국한돼 있던 가치를 글로벌로 확대한다는 계획이다.

카카오모빌리티는 카카오T 앱을 기반으로 플랫폼 운송사업 1위를 질주한다. 23만 명의 가입자와 풍부한 실탄을 기반으로 900대가 넘는 가맹택시를 운영한다. 대형 승합 모빌리티 시장에서도 카카오는 11인승 택시 카카오벤티 운행 규모를 늘려나간다. 카카오는 택시 가맹사업을 위한 면허 4,500여 개도 확보했다. 모빌리티 혁신이 빠른 속도로 진행되는 가운데 자본과 기술력, 인지도, 플랫폼으로서의 강력한 경쟁력을 확보한 카카오가 시장 지배적 사업자가 될 가능성이 크다.

인공지능 스피커 카카오미니를 출시해 스마트 홈의 전초기지로 삼은 카카오는 블록체인, 클라우드, 빅데이터 등 4차 산업혁명 기반기술을 활용해 기업의 디지털 전환을 돕는 사업에 나섰다. 카카오는 인공지능과 데이터 기술(DT) 시대를 준비하고 있다. 전통적인 IT 비즈니스 대신 데이터 기술을 통해 출현할 미래의 새로운 사업모델 개발에 박차를 가한다. SK텔레콤, 한진칼 등 오프라인 점점이 많은 기업과 협업해 사용자 데이터를 확보하고 시장을 장악하는 데 유리한 고지를 선점하겠다는 전략이다. 데이터 경제는 거스를 수 없는 흐름이다. 데이터 활용 역량은 기업의 성패를 좌우한다. 4차 산업혁명의 쌀이라고 할 수 있는 데이터는 기업뿐만 아니라 국가 경제의 부를 창출하는 원천이기 때문이다.

카카오는 이용자들이 생활 속 어느 순간에서도 카카오를 퍼스트 윈도(Fist Window)로 신뢰할 수 있는 '슈퍼 앱'으로 성장해 나간다. 메시지를 주고 받는 단순 메신저 역할을 뛰어넘어 생활 전반에 뿌리내린 비즈니스 플랫폼으로 진화하고 굳건하게 자리를 잡았다. 카카오는 웹툰 등 콘텐츠를 앞세워 해외시장 공략에도 적극 나선다. 일본에 이어 대만 태국 중국에서 글로벌 'K-Story' 지식재산권 사업을 확대한다. 또한 B2B 시장에서는 IT서비스를 담당하는 카카오엔터프라이즈를 통해 원격근무를 지원하는 기업용 종합업무 서비스 '카카오워크'를 제공한다. 무한도전에 나선 카카오의 비즈니스 영역은 확장의 한계가 없어 보인다.

카카오는 주식시장에서도 약진했다. 카카오 주가는 2019년 말 15만 4000원으로 시가총액 23위 수준이었다. 동학개미운동이 전개된 2020년 초 코로나19 충격에 언택트 열풍의 수혜주로 부각된 카카오 주가는 5

월26일 27만9500원으로 급등했다. 카카오는 현대자동차와 LG생활건강을 제치고 단숨에 시총 8위에 등극했다.

폭발적 도약 거쳐 카카오 생태계 구축

로마가 하루아침에 이루어지지 않았듯, 플랫폼 기업 또한 단시간에 만들어지는 것이 아니다. 국내에서 막강한 플랫폼 자이언트로 부상한 카카오가 성공에 이르기까지는 고객 확보와 서비스 개발을 위한 오랜 노력과 인내심, 지속적인 기술 투자가 있었다. 혁신적인 아이디어 창출을 위한 투자를 통해 새로운 상품, 서비스를 만들어 고객을 확보하고 새로운 인접 분야로 사업을 확장할 때 플랫폼 기업은 강력한 경쟁력을 발휘한다. 선점하는 비즈니스에서 확보한 고객 집단을 기반으로 신규 서비스에서 새로운 고객을 손쉽게 확보함으로써, 유리한 위치에서 사업을 확대해 나갈 수 있게 된다.

플랫폼의 성장과정은 기업의 라이프 사이클처럼, 세 가지 결정적인 단계를 거친다(Weil and Lee, 2018). 첫 단계는 이륙(take-off)으로 유지 가능한 성장속도에 도달하는 것이다. 플랫폼은 임계점에 도달하는 것을 목표로 핵심가치창출에 주력해야 한다. 코어링(coring)은 과거에 존재하지 않았던 핵심가치를 창조하는 플랫폼 리더 후보의 전략적 승부수다. 이때 입소문은 소비자들을 끌어들여 플랫폼 인지도를 증대시키는 데 큰 도움이 된다.

둘째 단계는 역동적인 네트워크 효과를 통해 플랫폼의 양적 성장에 드라이브를 거는 것이다. 티핑(tipping)은 플랫폼 리더 후보가 시장 모멘텀을 구축하고 폭발적인 도약을 통해 플랫폼 전쟁에서 승리하는 전략을 뜻한다(Gawer, 2009). 플랫폼은 우월적인 시장 지위를 확보하기 위해 네트워

그림 5 플랫폼의 이륙과 성장

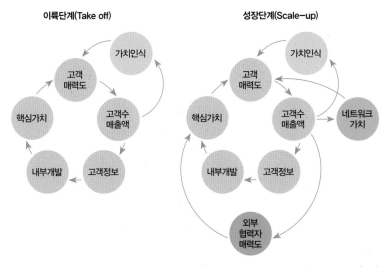

이륙단계(Take off)   **성장단계(Scale-up)**

자료: Weil and Lee(2018)

크 참여자 수를 최대한 끌어 올리면서 외부협력자, 보완자에 대한 매력도
를 극대화함으로써 네트워크 전체의 핵심가치를 창출하는 선순환 구조를
구축하는 노력을 기울인다.

셋째는 성숙(maturity) 단계다. 플랫폼은 제품·서비스 경쟁에서 상대들
을 제압하고 시장을 석권해 참여자들과 함께 생태계를 공고하게 구축해
수익성을 확보하게 된다. 한편으론 경쟁자와 새로운 참여자의 도전이 거
세지는 과정 중 기존 시장에서 수확에 성공한 혁신적인 플랫폼은 현상에
안주하지 않고 새로운 시장을 개척하거나 인접 시장으로의 진출, 새로운
성장 사이클을 만들어 낸다.

플랫폼 양적 성장은 생산자와 소비자의 연결과 상호작용을 설계하고

촉진하며 최적화해 생태계의 조화와 안정을 도모함으로써 핵심가치를 효율적으로 창출하는 힘으로 성취된다(Choudary, 2016). 개방형 플랫폼에서 성장의 다섯 가지 동인은 △생산·분배의 한계비용 최소화 △긍정적인 피드백에 의해 강화되는 네트워크 효과 △행동 디자인과 커뮤니티 문화 △참여자 수준을 높이는 큐레이션과 학습 필터 △커뮤니케이션을 촉진하는 활동 등으로 제시된다.

성숙기에 접어든 기업이 디지털 비즈니스 산업에서 신성장동력을 확보하려는 전략을 펼치는 것은 근본적인 발상의 전환을 필요로 한다. 현재의 비즈니스 모델을 활용하는 동시에 새로운 기회를 탐색하는 작업 사이에 균형이 요구된다. 신규 사업 기회를 찾기 위한 3단계의 접근법은 다음과 같다(Kane, 2018). 먼저, 시장에서 근본적이고 잠재적인 고객 수요를 확인할 수 있는 사업 아이디어를 발굴한다. 변화하는 디지털 환경에서 새로운 사업 아이디어를 발굴하기 위해서는 내부 혁신팀을 활용하면서 외부 파트너, 벤처기업, 대학 등과 긴밀한 협업을 수행할 필요가 있다.

두 번째, 새로운 도전 과업을 성취하려면 조직의 핵심 역량과 부합돼야 하는 조건이 요구된다. 많은 기업이 내부 역량이 준비되지 않은 상태에서 서둘러 신규 사업을 시작하지만 결국, 미성숙한 성장에 그치고 만다. 사업 아이디어가 키워 나갈 만한 실질적 가치가 있는지에 대한 타당성 검토를 신중히 수행해야 한다. 와해적 기술을 활용해 새로운 사업을 시작하려는 의사결정을 내리는 데 앞서 전문가 집단의 조언을 듣는 게 좋다.

마지막으로 기업은 스타트업을 설립하듯이 새로운 비즈니스를 담당하는 혁신 조직을 키워나간다. 여러 대안 가운데 가장 유망한 분야로 선정된 사업에 대해서는 과감하게 내적 투자와 외적 투자를 병행해 신속하게 규모를 확장해 나간다. 강력한 사용자 네트워크를 형성해 나가면서 협력자와 교차 네트워크 효과를 일으키는 전략을 펼친다. 플랫폼 내 소통과 정보 교류를 활성화해서 모든 참여자 간 상호작용이 전방위적 상승효과를 일으키는 메타 네트워크 효과(meta network effect)를 도모하면 금상첨화일 것이다.

치열한 경쟁에서 성공하는 플랫폼은 네트워크의 근본적인 특성이 경쟁에서 실패하는 플랫폼과 다르다(Zhu and Iansiti, 2019). 플랫폼을 성공으로 이끄는 핵심적 특성은 △네트워크 효과 극대화 △응집력 강화 △탈중개화의 위험 극복 △플랫폼 간 경쟁, 즉 멀티호밍의 최소화 △복수 네트워크와의 연결성 강화 등 다섯 가지다.

① 플랫폼이 성공하는 데 네트워크 효과는 무엇보다 중요하다. 한 플랫폼상에서 소비자가 늘면 다른 소비자들이 더 유입돼 공고한 연결을 만든다. 직접(동일면) 네트워크 효과를 일컫는 말이다. 또한 플랫폼에 유입되는 소비자가 늘어나면 개발자, 생산자 등의 참여가 더욱 활성화되는 현상은 간접(교차) 네트워크 효과라고 한다. 두 가지 네트워크 효과의 강도는 극적으로 변하며 플랫폼 참가자의 가치 창조와 획득에 큰 영향을 미친다. 그리고 다른 플랫폼이 시장에 진입하기 힘든 장벽으로 작용한다.

② 네트워크 구조의 영향력은 플랫폼의 성장을 뒷받침하는 사업 역량과 밀접한 관계를 갖는다. 한 네트워크가 분산된 클러스터로 파편화될수록, 동시에 개별 클러스터가 각각 고립된 연결관계를 형성할수록, 외부 충격과 도전에 대응하는 플랫폼의 사업 역량은 취약해진다. 글로벌 경쟁과 지역 내 경쟁에서 모두 이기려면 지역 단위 클러스터 기반 위에 글로벌 네트워크를 공고히 쌓는 구조가 돼야 한다. 클러스터 간 긴밀하면서 통합된

63

네트워크 구축만이 경쟁에서 이기는 지름길이다.

③ 참여자들이 의도적으로 허브를 우회하거나 중개 기능에서 벗어나 서로 직거래하는 탈중개화(disintermediation) 현상은 플랫폼 존립에 큰 문제가 된다. 자신에게 유리한 거래 상대방을 찾아 플랫폼을 떠난 사용자는 다시 돌아오지 않는다. 플랫폼은 차별적이고 부가적인 고유한 가치를 창출하는 데 힘쓰면서 사용자 이탈을 금지하거나 참여자 간 계약정보를 교환하지 못하도록 차단하는 장치를 마련해야 한다. 그러나 채찍보다 당근이 효과적이다. 탈중개화에 대응한 페널티성 거래 수수료 부과보다는 참여자에게 보완적인 서비스를 제공하는 편이 낫다.

④ 사용자가 복수의 경쟁 플랫폼과 동시에 거래하는 경우를 멀티호밍(multi-homing)이라고 한다. 이는 플랫폼 참여자가 다른 플랫폼을 이용하는 비용이 쌀 때 발생한다. 멀티호밍이 지배적인 시장에서 플랫폼은 치열한 가격경쟁을 벌이느라 핵심 사업에서 이익을 내기 힘들다. 플랫폼이 생산자를 끌어들이려면 특별한 인센티브를 제공하거나 계약조건을 우대하는 전략이 필요한데 자칫 소비자 쪽의 멀티호밍이 심화되는 부작용이 생길 수 있다.

⑤ 플랫폼 최선의 성장전략은 서로 다른 네트워크를 연결하는 방법이다. 다수의 네트워크를 연결하는 플랫폼은 시너지 효과를 구축할 수 있다. 많은 참여자를 우선적으로 확보하고 거래정보를 축적한 플랫폼은 소비자의 선호도와 구매 패턴에 맞춰 상품, 서비스를 제공해 시장을 정복한다. 양적 성장이 우선이고 그다음은 범위 확장이다. 수직적인 가치사슬을 먼저 공략해 시장을 장악한 플랫폼은 사업다각화를 통해 비관련 분야로 시장을 점차 확대해 나간다.

05

넷플릭스가 쏘아올린
콘텐츠 대전

　모바일 디바이스에 몰입하는 이용자는 새롭고 재미있는 콘텐츠를 원한다. 디지털 네이티브들은 언제나 좋은 콘텐츠가 있는 플랫폼으로 이동한다. 변화를 추구하는 이용자 경험을 충족시키기 위해 글로벌 미디어 산업에서 IT 기업 간 콘텐츠 전쟁이 뜨겁다. 특히 콘텐츠 확보·제작·유통 등 시장점유율 제고 경쟁이 뜨겁다.

　온라인 동영상 서비스(OTT) 전쟁이 후끈 달아오른다. 글로벌 공룡들의 시장지배력 강화를 위한 덩치 키우기 각축전이 치열하다. 2020년 팬데믹 공포에 사람들이 집단 감염 위험이 있는 영화관 방문을 자제하는 것은 물론 외출 자체를 줄이고 집에 머무는 시간이 많아지면서 실내에서 즐길 수 있는 콘텐츠 스트리밍 서비스 수요가 급증했다.

　에버렛 로저스는 '혁신의 확산이론'을 만든 언론정보학자다. 그는 혁신

제품이 초기 수용자, 초기 다수 이용자, 후기 다수 이용자, 지각 수용자의 4단계를 거쳐 시장에 확산된다고 설명한다. 그러나 빅뱅 파괴(bigbang disruption)는 순식간에 새로운 시장을 창조하고 기존 시장을 완전히 대체하는 과정이다. 기존 관행과 규율을 깨고 거침없이 성장하는 빅뱅 파괴 기업은 중간 단계를 뛰어넘어 초기 수용자와 나머지 사람들로 이어지는 2단계만으로 간단히 전체 시장을 점령한다.

미디어 빅뱅 과정에서 고객의 커뮤니케이션 방식은 문자 → 사진 → 오디오 → 동영상 → 생중계 영상(live streaming)으로 진화한다. 미디어 사업자의 지상 최대 과제는 미디어 소비점유율을 두고 벌어지는 시간과의 싸움이다. 고객의 주목을 끌고 고객의 사용시간을 확대해 나가는 경쟁을 벌인다. 전통적 미디어와 뉴미디어 간 경쟁적 대체관계는 하루 24시간으로 한정되는 이용자에게 다른 활동시간이 줄어들지 않는 한 전통적 미디어의 쇠락으로 연결될 수밖에 없다.

미국에서의 2013년 이후 5년간 스트리밍 플랫폼 구축과 마케팅 그리고 콘텐츠 투자 규모는 무려 759조 원에 달한다. 지난 1860년대 철도 건설, 1940년대 자동차 공장 건설 붐을 연상시킨다. 지상파, 케이블, IPTV, 위성방송 등 전통적인 미국의 TV 방송 체제가 몰락한다. 그 대신 인공지능 기술과 탄탄한 시나리오를 갖춘 콘텐츠가 결합한 테크 & 미디어 중심으로 방송이 재편된다. 방송통신과 인공지능이 결합한 미디어 대융합(great convergence)이 벌어진다.

미디어, 정보기술, 통신 등 네트워크형 산업은 콘텐츠 생산자와 이용자를 연결해 핵심가치를 창출하는 CPND 비즈니스 구조를 갖는다. CPND란 콘텐츠(Contents) 생산자, 플랫폼(Platform) 사업자, 통신 네트워크(Network) 사업자, 터미널 단말기기(Device) 생산자를 각각 의미한다. 전체 시스템은 가치 네트워크에 의해 서로 연결돼 있으며 개별 활동의 조정, 협력, 통합을 통해 시너지 효과를 창출한다.

미디어 대융합의 배경은

미국 방송계에서 미디어 대융합이 펼쳐지고 있는 이유는 무엇일까. 첫째, 이용자의 시청 습관이 완전히 변했다. 시청자들이 TV를 거실에서 보지 않고 스마트폰, PC, 태블릿으로 스크린을 이동하면서 시청한다. 시청자들은 더 이상 채널 고정, 본방사수에 얽매이지 않는다. 언제 어디서나 콘텐츠를 검색하고 꺼내보며 즐거움을 만끽한다. 시청자가 좋아하는 영화, 드라마 추천 기술이 핵심 경쟁력이 됐다.

둘째, 시청자는 자기가 원하는 것만 보고 대가를 지불하려 한다. 채널 묶음 판매(bundling) 대신에 소비자 선택 주문방식 또는 개별 판매인 알라카르트(a la carte) 옵션 요구가 거세다. 이 경우 콘텐츠 가성비를 따지는 고객이 비용을 절감하게 돼 혜택을 보지만 케이블TV 사업자는 수익 감소로 손해를 입게 된다.

셋째, 고가 요금제를 저가 요금제로 바꾸는 코드 셰이빙(cord shaving)을 넘어 케이블TV 구독을 아예 끊어 버리는 코드 커팅(cord cutting) 현상이 두드러진다. 원하는 콘텐츠를 온라인상에 업로드해 스트리밍 방식으로 보는 시청자가 점점 늘어난다. 시청자가 가입을 해지하고 다른 플랫폼으로 이동하는 최악의 악몽이 케이블TV 사업자에게 현실화된다.

넷째, 미디어의 핵심 비즈니스 모델이 광고에서 디지털 구독으로 이동했다. 과거 미디어는 케이블TV, 위성방송 등 전통적 네트워크와 셋톱박스가 결합된 상품을 판매하면서 광고료를 수익의 원천으로 삼았다. 이제는 광고와 시청자 데이터가 구글과 페이스북에 의해 독점되는 상황을 맞았다. 따라서 소비자에게 직접 접근하는 D2C(Direct to Consumer) 방식으로 구독료를 받는 사업 모델로 변신할 수밖에 없다.

마지막은 5G 이동통신기술의 확산이다. 5G는 전 산업에 걸쳐 새로운 사업 기회를 제공하는 통신 인프라다. 5G를 기반으로 제공되는 초고화질 4K(UHD) 스트리밍 콘텐츠는 이용자 기대를 충족시킬 수 있는 효과적인 무기가 된다. 실제 미국 1위 이동통신사 버라이즌은 5G를 포함한 무제한 요금제 가입자에게 1년간 디즈니 플러스 구독 서비스를 무료로 제공하고 있다.

가입자 1억 3,000만 명을 보유한 스트리밍 업체 넷플릭스의 아성에 디즈니가 도전하면서 온라인 동영상 서비스 시장의 판이 커졌다. 넷플릭스 대 디즈니 구도는 미국 전체 산업을 강타한다. 양 사는 지난 2012년부터 모바일 운영체제 주도권을 둘러싸고 전개된 애플 아이폰 대 구글 안드로이드 이후 최대 라이벌로 꼽힐 정도다. 빅뱅을 뛰어넘는 메가 뱅이 벌어진다. AT&T는 타임워너를 인수했고, 월트디즈니는 21세기폭스를 품에 안았다.

소비자는 구독 서비스가 증가함에 따라 피로감을 호소한다. 너무 많은 채널은 소비자의 선택에 혼란을 일으킨다. 메가 뱅이 벌어진 이후 몇 개 기업이 살아남을까? 선발 사업자로서 경쟁우위를 갖춘 넷플릭스가 1강을 유지할 가능성이 크다. 픽사·마블·내셔널지오그래픽·스타워즈 등 인기 있는 콘텐츠 저작권(IP)을 소유한 디즈니가 1중강으로 따라붙는다. 아이폰 생태계가 강점인 애플, 그리고 왕좌의 게임 등 강력한 팬덤을 보유한 HBO맥스는 2중약을 형성할 것으로 보인다. 아마존 프라임에 갇힌 콘텐츠를 넘어서지 못하는 아마존과 NBC유니버설 계열의 피콕은 2약이 될 것이다. 바이어컴CBS나 소니픽처스 등 중소업체로 전락한 스튜디오들은 수년 내 인수·합병, 이합집산이 불가피하다.

동영상 시장을 지배하고 있는 온라인 동영상 서비스는 크게 세 가지 측면에서 이용자의 욕구를 충족시킨다(정인숙, 2019). 첫째, 콘텐츠의 양이다. 국내외 주문형 비디오(VOD) 등 콘텐츠를 망라할 뿐만 아니라 다른 플랫폼에서는 볼 수 없는 오리지널 콘텐츠에 장르 다양성까지 포함하고 있어서 이용자의 콘텐츠 소비 욕구를 최대한 충족시킬 수 있다. 둘째, 이용의 편의성이다. 맞춤형 콘텐츠 추천, 이용자 인터페이스(UI) 및 검색 편의성, N스크린(멀티채널) 이용, 자유로운 가입과 해지 등은 온라인 동영상 서비스 플랫폼의 가장 매력적인 소비 포인트다. 셋째, 비용 합리성과 가격경쟁력도 소비자 선택에 한몫한다. 광고 기반의 무료 온라인 동영상 서비스는 물론 가입자 기반의 유료 서비스도 월 1만 원 미만의 요금 구조에 요금제(동시접속 기준, 이용권 결제주기 기준 등)의 선택성, 다양한 프로모션 등으로 소비자를 유혹한다.

OTT의 최강자 넷플릭스 전략

넷플릭스는 온라인 스트리밍, 주문형 비디오를 중심으로 한 세계 최대 온라인 동영상 서비스 업체다. 지난 20년간 넷플릭스는 미디어 업계의 골리앗을 차례로 쓰러뜨렸다. 실리콘밸리에서는 기존 비즈니스 모델이 붕괴될 때 '넷플릭스 당하다(netflixed)'라는 말을 쓴다. 미국 비디오 대여시장을 지배했던 블록버스터는 넷플릭스의 인터넷 스트리밍 서비스에 의해

역전당한 뒤 2011년 파산했다. 세계 최대 유통업체 월마트는 DVD 대여업을 포기하고 가입자를 넷플릭스에 넘겼다(문성길, 2017).

스마트미디어 서비스 사업자인 넷플릭스는 세계 최대 인터넷TV 네트워크다. 인터넷을 의미하는 Net과 영화 주문을 의미하는 Flix의 합성어인 넷플릭스는 글로벌 TV 콘텐츠 플랫폼을 지향한다. 넷플릭스는 2017년 6월 전 세계 가입자 1억 명 시대를 열었다. 전체 가입자의 절반가량은 해외 가입자다. 넷플릭스는 TV 프로그램과 영화를 인터넷 스트리밍으로 200여 개국에 전송한다.

넷플릭스는 구독경제 비즈니스 모델의 전형이다(백스터, 2018). 회원가입 기반의 사업모델은 상품을 소유하는 것보다 훨씬 낮은 가격으로 폭넓은 선택권을 제공하며 회원들과 장기간에 걸쳐 상호이익을 추구한다. 언제 어디에서나 어떤 기기로도 네트워크에 접속이 가능한 유비쿼터스 환경과 클라우드 컴퓨팅으로 저렴해진 데이터 저장 및 처리 비용은 멤버십 비즈니스의 성공 배경이 된다. 넷플릭스는 이를 활용해 고객 참여와 충성도를 높이고 지속적인 수익창출 기회를 획득한다.

넷플릭스의 N스크린은 하나의 콘텐츠를 여러 기기에서 즐길 수 있도록 서비스하는 전략이다. 넷플릭스는 각종 디바이스를 구동시키기 위한 인터페이스를 외부에 공개했다. 넷플릭스 고객은 TV, PC, 모바일 등 인터넷이 연결되는 모든 디바이스를 통해 언제 어디서나 콘텐츠 시청이 가능하다. 넷플릭스는 광대역 인터넷, 스마트폰, 클라우드 컴퓨팅 등 모든 네트워크 환경에서 최상의 화질을 소비자에게 제공한다. N스크린은 콘텐츠 이동성을 높이고 이종(異種) 기기 사이의 통합 이용을 활성화한다. 이용 가능한 디바이스가 많을수록 소비자의 콘텐츠 이용 경험은 대폭 확장되고 고객 만족은 증대된다.

고객은 왕이다. 미디어 산업에서는 콘텐츠 소비와 시청자의 반응, 정보 공유, 시청자의 피드백에 정확한 대응이 없으면 어느 기업도 지속적으로 성장할 수 없다. 넷플릭스는 고객의 생애가치 증대라는 목표를 추구한다. 넷플릭스는 기존 경쟁사보다 더 뛰어난 개인 맞춤형 서비스로 이미 성숙한 시장을 초토화하는 파괴적 혁신을 주도한다. 최상의 기술과 최적의 콘텐츠를 생산하고 서비스하는 혁신의 아이콘이다. 고객은 광고 없는 콘텐츠를 저렴한 가격에 즐긴다. 시청 편의성과 오리지널 콘텐츠의 경쟁력이 더해져 놀라운 속도로 가입자가 늘어난다.

구슬이 서 말이라도 꿰어야 보배다. 소비자는 다양한 디바이스에서 수많은 콘텐츠를 접한다. 양이 증가한 만큼 좋은 콘텐츠를 발견하기가 힘들어진다. 이른바 풍요의 역설(paradox of plenty)이다. 정보 수집에서 추천이 중요해진다. 고객은 원하는 콘텐츠를 빨리 찾아주는 미디어 사업자를 원한다. 특히 Z세대는 글과 사진으로 소통하지 않고 검색된 영상으로 궁금증을 푼다. 넷플릭스는 이 같은 고객 니즈 변화를 정확히 간파했다.

넷플릭스는 고객이 선호하는 콘텐츠를 맞춤형으로 서비스한다. 고객에게 서비스할 수 있는 인터넷 기반 시스템을 만들고 빅데이터 정밀 분석, 추천시스템, 큐레이션, 검색기술을 활용한다. 넷플릭스는 고객 취향을 분석하는 노력을 강화한다. 고객의 동영상 이용 정보를 정밀 분석해 고객이 원하는 서비스를 찾아내는 방식을 넷플릭스 양자이론(Netflix quantum theory)이라고 한다. 마치 수험생이 정답을 먼저 알고 시험을 보는 것이나 마찬가지다.

넷플릭스의 맞춤형 추천 시스템은 아마존과 함께 세계 최고 수준으로 평가받는다. 인공지능을 활용한 넷플릭스의 추천 시스템 알고리즘은 사람과 사람 간 연결 관계에 기초한 협업 필터링(collaborative filtering)을 기반으로 한다. 변화하는 시청 패턴을 통해 사용자의 감정변화까지 읽어내려는 시도다. 또한 입소문 효과도 무시할 수 없다. 넷플릭스 서비스에 만족하는 회원은 주변의 다른 사람들에게 소개하고 추천한다. 빅데이터 활용은 콘텐츠 재고관리와 고객의 소량 주문에도 대응할 수 있는 롱테일 마케팅이란 두 마리 토끼를 잡는다. 최신작에 몰리는 수요를 조절하면서 마진율이 높은 오래된 영화로 고객의 시청을 유도한다.

미디어 플랫폼 시장은 승자가 콘텐츠와 서비스를 독점한다. 넷플릭스는 다음과 같은 전략으로 성공했다(문성길, 2017). 첫째, 시청자들의 TV 드라마 몰아보기(binge watching) 시청습관을 간파하고 정확하게 대응했다. 넷플릭스는 시청자의 몰아보기가 새로운 콘텐츠 소비문화로 자리 잡자 고객을 계속 묶어두기 위해 드라마 제작에 과감하게 투자했다. 막대한 제작비를 쏟아부으며 거장 감독들과 손잡고 작품성이 뛰어난 콘텐츠를 쏟아낸다.

둘째, 독점적으로 오리지널 콘텐츠를 확보하고 다양한 프로그램보다는 러닝타임을 연장했다. 넷플릭스는 영화와 드라마 등 오리지널 콘텐츠 러닝타임을 늘리는 방법으로 고객의 시청시간 확장을 유도했다. 나아가 넷플릭스는 1인 방송 창작자들을 종합적으로 관리하는 인터넷 방송 서비스, MCN(Multi-Channel Network, 다중 채널 네트워크) 콘텐츠 확보에도 열을 올린다.

셋째, 넷플릭스는 지역독점 콘텐츠에 오리지널 타이틀을 붙였다. 자체 제작뿐만 아니라 콘텐츠 제작사와 지역독점권을 확보하는 계약을 맺어 시청자가 선호하는 오리지널 콘텐츠를 늘려 나가는 전략이다. 넷째, 콘텐츠를 보고 싶은 시간과 장소를 스스로 결정할 수 있는 시청자는 본방사수에 연연하지 않는다. 넷플릭스는 정교한 추천엔진을 활용해 시청자가 원하는 콘텐츠를 전달함으로써 평범한 콘텐츠로도 방송의 황금시간대를 점령할 수 있었다.

다섯째, 고전 중인 해외 시장은 최고의 현지화로 돌파한다. 해외 지역마다 방송에 대한 규제가 다르다. 시장 확장을 위해 현지 콘텐츠의 비중을 늘리기 위해 합작 투자 등 협업을 강화한다. 여섯째, 적과의 동침이다. 과거 원수지간이었던 케이블TV, IPTV, 위성방송 등 유료방송사를 오리지널 콘텐츠의 서비스 파트너로 끌어들인다. 또한 콘텐츠 제공자도 개인의 수요가 다른 사람의 수요에 의해 영향을 받는 가입자 네트워크 효과를 고려해 넷플릭스에 콘텐츠를 제공할 수밖에 없는 상황이다.

디즈니 공세로 달아오른 콘텐츠 산업

애니메이션과 오락 영화의 강자, 월트디즈니의 공세도 거세다. 디즈니가 21세기폭스를 인수한 것은 넷플릭스를 견제하기 위한 전략이다. 21세기폭스가 보유한 방대한 콘텐츠도 위력적이지만 디즈니가 동영상 스트리밍 서비스 업계 3위인 훌루를 동시에 손에 넣게 된 점이 더 큰 의미를 갖는다. 디즈니는 훌루에 대한 지배력을 바탕으로 넷플릭스의 아성에 도전할 수 있게 됐다.

콘텐츠 제국 디즈니는 2019년 역대급 성과를 거뒀다. 〈어벤져스 엔드게임〉〈라이온 킹〉〈겨울왕국2〉〈캡틴마블〉〈알라딘〉 등 개봉된 대부분의 영화가 대박을 냈고 월트디즈니는 696억 달러(약 83조 원)의 매출을 올

코로나19 창궐과 맞물려 한국형 좀비에 대한 전 세계 관심을 높인 넷플릭스의 킹덤 시즌2

렸다. 디즈니에서 가장 높은 매출 실적을 거둔 사업은 지식재산권을 활용한 테마파크·캐릭터 상품 부문(37%)이다. 이어 TV 미디어 네트워크(35%), 스튜디오·극장영화(15%), 디즈니 플러스가 포함된 DTC 부문(13%) 순으로 구성된다.

디즈니의 핵심 성장동력은 장르의 확장, 업종 간 융합, 포맷 다변화 등을 통해 글로벌 시장에서 이뤄지는 원 소스 멀티유스(one source multi-use) 전략이다. 이 전략은 1차 창작물을 다른 매체로 옮겨 이를 제작하고 활용하는 것을 의미한다. 영화 〈알라딘〉을 예로 들어보자. 애니메이션으로 제작됐던 〈알라딘〉이 실사 영화로 제작되고 다시 〈알라딘〉 오리지널 사운드트랙(OST)이 음원 차트를 휩쓸고 다양한 알라딘 캐릭터 라이선싱 사업을 통해 지식재산권 매출을 올렸다.

국내에서도 온라인 동영상 서비스 시장에서의 경쟁은 점점 치열해진다. 넷플릭스는 오리지널 콘텐츠 제작에 사활을 걸고 있다. 넷플릭스는 CJ ENM과 손잡고 메이드 인 코리아 K-콘텐츠를 키운다. 영화와 TV의 경계를 허무는 시도가 이어진다. 넷플릭스는 봉준호 감독의 〈옥자〉에 한국 영화사상 최고액인 579억 원을 투자했다. 이어 제작한 드라마 킹덤은 글로벌 히트작이 됐다. 코로나19의 창궐과 맞물려 한국형 좀비에 대한 관심이 높아졌다. 2019년 킹덤 시즌1에 이어 2020년 3월에는 킹덤 시즌2가 세계 190여 개국에서 공개됐다. 〈뉴욕타임스〉는 2019년 '최고 인터내셔널 TV쇼' 톱 10에 킹덤을 선정하며 '한국 사극의 관습을 파괴한 작품'이라고 평가했다.

게다가 SK텔레콤과 지상파 3사의 연합 플랫폼인 웨이브(wavve), KT의 시즌(Seezn) 등 토종 온라인 동영상 서비스도 독점 콘텐츠를 선보이며 넷플릭스의 아성에 도전한다. 온라인 동영상 서비스 업계는 콘텐츠 제작으로 시청자 확보 전쟁에 나선 것이다. 2020년 디즈니 플러스의 한국 시장 상륙 이후 국내 미디어 콘텐츠 산업은 예측불허의 국면으로 접어들 전망이다. 한편, 매일 홍수처럼 쏟아지는 방대한 콘텐츠에 직면한 시청자들은 결정장애와 같은 넷플릭스 증후군에 빠져 고민한다. 한 편의 드라마, 영화에 집중하는 대신 더 나은 콘텐츠를 찾아 채널을 검색하다 시간만 허비하고 정작 아무것도 제대로 보지 못하는 현상이다. 그래서 추천 서비스의 중요성이 커지는 것이다.

06

모빌리티 혁신
발목 잡은 「타다금지법」

인구구조 변화, 빠른 도시화, 거대 도시로의 인구 집중은 환경 악화, 교통 혼잡, 교통산업의 효율성 저하 등 수많은 문제를 낳는다. 도시 문제를 해결하기 위한 새로운 모빌리티(운송) 시스템이 주목받는다. 전기차, 수소차, 자율주행차, 로봇셔틀, 플라잉카, 드론택시 등 모빌리티 산업에서 혁신 기술이 비약적으로 발전한다.

이제 모빌리티 혁신은 4차 산업혁명의 핵심으로 부상한다. 교통 시스템과 첨단기기의 융합으로 스마트 모빌리티, 운송수단의 서비스화가 미래 산업 가운데 가장 촉망받는 분야로 자리매김한다. 카카오모빌리티의 질주에 맞서 SK텔레콤은 월간이용자수 1,250만 명의 국민 내비게이션 T맵을 허브로 모빌리티 통합 플랫폼을 구축한다.

모빌리티 혁명의 주역인 글로벌 자동차 업계는 새로운 발상과 차원을

뛰어넘는 기술혁신에 기초해 CASE라는 새로운 전략을 선택한다. CASE
란 양방향 연결성(Connected), 자율주행(Autonomous), 차량공유와 서비스
(Shared & Service), 완전 전동화(Electric)라는 모빌리티 분야의 4대 빅트렌
드를 의미한다. 스마트 기기와 사물인터넷을 결합한 모빌리티 서비스 이
용 플랫폼을 소비자 맞춤형으로 바꾸는 디지털 전환 전략인 셈이다.

　　공유경제는 모빌리티와 연결된다. 소비자 중심 모빌리티 서비스 이용
플랫폼에서 패러다임 변화가 일어난다. 생산된 제품을 여러 사람이 나눠
쓰고 함께 사업을 하는 경제 방식이 모빌리티 서비스를 바꾼다. 모빌리티
서비스 이용 형태는 소유에서 공유를 통한 광범위한 운송수단의 활용으
로 개념이 확장되는 추세다. 개인의 편의를 극대화하는 방향으로 모빌리
티 분야에서 혁신이 이루어진다. 독일, 프랑스, 일본 등 주요국은 과감한
규제 철폐로 차량공유 서비스를 빠르게 정착시키며 산업화에 성공해 나
간다. 해외 모빌리티 기업들은 공룡으로 성장했다. 우버는 미국에서 우버
X를 기반으로 자율주행차, 개인용 비행체까지 아우르는 운송공유 플랫
폼을 구상 중이다. 동남아 최대 모빌리티 기업인 그랩은 음식배달, 주거관
리, 모바일 결제 등 슈퍼 플랫폼으로 변신해 나간다.

　　국내에서 혁신기업이 비즈니스 모델을 성공시키기까지는 험난한 가시
밭길을 거쳐야 한다. 한국은 세계 7위 자동차 생산국이지만 차량공유 시
장에서는 후진국이다. 모빌리티 혁신은 국내에서 수많은 장애물에 직면한
다. 정부는 혁신적인 신산업을 규제하면서 스타트업 육성에 나서는 모순
된 정책을 펼친다. 규제가 심해 비즈니스 전망과 수익성을 기대하기 어렵
다 보니 스타트업 투자에 나서는 벤처캐피털 업계는 모빌리티 산업을 외
면한다. 더브이씨에 따르면 한국에서 2019년 분야별 스타트업 투자 유치

금액은 헬스케어가 1조 1,958억 원으로 가장 많았고 라이프스타일(7,232억 원), 커머스(6,759억 원)에 이어 모빌리티는 3,832억 원에 그쳤다.

2017년 말 기준 서울의 인구 1,000명당 택시 수는 7.3대다. 이는 뉴욕(1.7대), 런던(2.3대), 파리(1.6대), 도쿄(4.7대) 등 세계 대도시들과 비교했을 때 압도적으로 많은 수치다. 전국의 택시 26만 대 가운데 6만~7만 대가 공급 과잉으로 추산된다. 그런데도 택시를 이용하는 고객의 불만은 좀처럼 해소되지 않는다. 고객은 운전기사가 불친절하거나 야간 승차거부 등으로 불만이 상당해 서비스 개선을 요구하는 실정이다. 태동하는 모빌리티 혁신 과정에서 대중교통 사업자와 신개념 차량공유 업체 간 대립이 극에 달한다. 첨예한 이해상충에 절충점을 찾기 힘들다. 사회·경제적인 변화를 법이 따라가지 못한다. 이해관계 집단마다 법령 해석이 다르고 사업 근거 법령이 기술 진보를 따라가지 못한 채 제대로 정비되지 않아 문제를 낳는다.

「타다금지법」에 운행 중단되다

한국에서 새로운 형태의 모빌리티 서비스들이 줄줄이 좌초되거나 폐업 위기에 직면하는 수난의 역사가 전개된다. 2013년 8월 승차공유의 원조인 우버가 한국 시장 문을 두드리자 택시업계는 "생존권을 위협받는다"고 격렬하게 반대했다. 서울시는 2014년 우버를 불법 여객운수혐의로 검찰에 고발했다. 같은 해 12월 검찰이 기소에 나서면서 결국 우버는 2015년 3월 서비스를 중단하며 백기를 들었다. 이후 모빌리티 혁신은 이렇다 할 성과를 이루지 못했다.

중고차 모바일 경매 스타트업 헤이딜러가 2016년 문을 닫았다. 2017년 카풀 스타트업인 풀러스가 고발당했고, 불법 논란에 경영난까지 겪었

그림 6 '타다' 서비스 시작에서 1심 무죄 판결까지

2018년	
10월	쏘카 자회사 VCNC, '타다' 서비스 시작
2019년	
2월 11일	서울개인택시조합 전·현직 간부, 타다 모기업 쏘카 이재웅 대표·VCNC 박재욱 대표 서울중앙지검에 고발
4월 4일	서울개인택시운송사업조합, 서울시에 '타다 프리미엄' 서비스 인가 불허 요구
5월 15일	서울광장 인근서 택시기사 안모(76)씨 분신 사망
	서울개인택시조합 타다 퇴출 요구 대규모 집회
6월 11일	서울시, 준고급 택시 서비스 '타다 프리미엄' 인가
7월 17일	국토교통부, 면허총량제 등 택시제도 개편 방안 발표
8월 6일	VCNC, 서울개인택시조합·서울택시운송사업조합 공정위에 신고
10월 23일	서울개인택시운송사업조합, 타다 금지 법안 마련 촉구 대규모 집회
10월 24일	박홍근 의원(더불어민주당), 타다 영업방식 금지하는 「여객자동차운수사업법」 개정안 발의, 이른바 「타다금지법」
10월 28일	검찰, 「여객자동차운수사업법」 위반 혐의로 이재웅·박재욱 대표 불구속 기소
12월 5일	공정거래위원회, 「타다금지법」에 공식 반대 의견 제출
	「타다금지법」, 국회 국토교통위원회 교통법안심사소위 만장일치 통과
12월 6일	「타다금지법」, 국회 국토위 전체회의 통과
12월 10일	플랫폼 드라이버들, 「타다금지법」에 첫 반대 집회
2020년	
2월 12일	타다, 쏘카에서 분할
2월 29일	서울중앙지법, 타다 1심 무죄 판결
3월 6일	「타다금지법」 국회 본회의 통과

그림 7 「타다금지법」(「여객자동차운수사업법」 개정안) 주요 내용

❶ 49조 2항	플랫폼 운송사업	기여금을 내면 택시 총량 내에서 플랫폼운송면허 부여 렌터카로도 영업 가능
	플랫폼 운송가맹사업	기존 택시와 결합하는 방식 외관·요금·차량 등의 택시 규제 완화
	플랫폼 운송중개사업	앱을 활용한 승객과 운수사업자 중개
❷ 34조 2항	11인승 이상 15인승 이하 승합차로 영업하는 경우	1) 관광 목적으로 대여 시간이 6시간 이상 2) 대여 또는 반납 장소가 공항, 항만 3) 임차 운전자의 부상이나 주취 택시 총량 규제를 받지는 않지만 1~3 중 하나에 해당돼야 기사 알선 가능

다. 카카오도 2018년 택시 파업에 결국 카풀 서비스를 중단하고 택시회사를 인수하며 새 방향을 모색했다. 2019년에 사업을 중단하거나 축소한 모빌리티 서비스 업체는 위풀, 어디고, 셔틀링, 콜버스랩 등 10여 곳이다.

급기야 기사를 포함한 렌터카(승합차) 호출 서비스인 타다 운행 중단이 사회적 이슈로 부각됐다. 정부가 혁신을 도외시한 채 택시업계의 면허권과 재산권을 보호하는 방향으로 기존 체제만 고집하다 보니 혁신적인 사업자가 수익을 낼 수 없는 구조가 되고 말았다. 한국은 규제의 벽에 가로막혀 테스트베드 기능이 사라지고 벤처기업의 싹이 다 잘렸다. 결국 다양성이 상실된 국내 모빌리티 신산업의 성장판이 닫힐 판이다.

쏘카와 타다는 고객이 인터넷, 전화를 이용해 차량을 1~2시간 빌리던 것을 더 짧은 시간과 모바일 앱으로도 이용이 가능케 한 서비스였다. 쏘카는 시간을 짧게 나누어서 여러 고객 운전자가 렌터카를 공유하는 카셰어링(car sharing) 서비스다. 전 세계적으로 카셰어링 서비스 이용자 수는 2015년 700만 명에서 2025년 3,600만 명까지 급증할 것으로 추정된다. 타다는 카셰어링을 운전기사와 함께 제공하는 신종 서비스로 주목을 끌었다. 고객이 앱으로 차량을 부르면 기사가 딸린 승합차가 목적지까지 데려다주는 승합차 호출 서비스였다.

하지만 타다 사업은 결국 좌초되는 운명을 맞았다. 불법 논란에 모빌리티 규제 완화를 표방한 정부의 오락가락 행정이 혼란을 더했다. 주무부처인 국토교통부는 지난 2012년 7월 "소비자가 더 쉽게 렌터카를 이용할 수 있도록 자동차 대여사업자에게 운전자 알선을 원칙적 허용으로 전환하겠다"고 밝혔다. 당시에는 렌터카를 빌리는 사람이 외국인이나 장애인, 65세 이상 고령자일 때만 렌터카 회사가 운전자를 알선해 줄 수 있도록 제한하고 있었기 때문에 「여객자동차운수사업법」을 개정하겠다는 취지였다. 개정안은 2013년 6월 국회에 제출됐지만 렌터카 운전 알선 허용과 관련된 내용은 빠진 채 2013년 12월 국회를 통과했다. 정부는 2014년 10월 법 개정 대신에 "11~15인승 승합차를 대여할 경우 운전기사를 알선할 수 있다"는 내용을 시행령 예외조항에 포함시켰다. 입법 취지도 관광 목적뿐 아니라 고객 편의 증진을 반영했다. 기사를 포함한 렌터카 시장을 허용하겠다는 정부 의지를 담은 것이다. 이 시행령 규정은 2018년 10월 타다가 승합차 호출 서비스를 시작하게 된 법적 근거가 됐다.

어렵사리 영업을 시작한 타다는 시련과 고난의 길을 겪었다. 2019년 타다는 기존 택시기사들의 강력한 반발에 불법 콜택시라는 혐의로 검찰에 기소돼 법정 다툼을 벌였다. 검찰은 1심에서 타다 서비스를 다인승 콜택시 영업으로 정의했다. 하지만 재판부는 타다 서비스를 '모바일 앱을 기반으로 이용자의 편의를 위해 분 단위 예약으로 제공하는 주문형 렌터카 서비스'라고 정의했다. 「여객자동차운수사업법」 위반 혐의로 기소된 이재웅 전 쏘카 대표와 타다 운영사 VCNC의 박재욱 대표는 1심에서 무죄를 선고받았다.

법정 다툼에서는 이겼지만 타다는 곧바로 정부·여당과의 싸움에서 패해 주력사업이 좌초되는 운명을 맞았다. 국토교통부는 사회적 갈등 해소를 위해 박홍근 더불어민주당 의원이 대표 발의한 「여객자동차운수사업법」 개정안(이하 「타다금지법」)을 지지했다. 2019년 10월 발의된 「타다금지법」은 5개월 만인 2020년 3월 6일 국회 본회의를 통과했다. 1년 6개월의 유예기간이 남았지만 타다는 치명타를 맞았다. 장애인, 고령자 전용 이동 서비스인 타다 어시스트는 곧바로 운행이 중단됐다. 앞길이 막힌

VCNC 측은 주력 서비스인 타다 베이식 사업을 4월 11일 중단했다. 18개월 만에 모빌리티 혁신의 꿈이 끝나고 만 것이다.

새로 제정된 「타다금지법」에 따라 허가받은 플랫폼 사업자는 단순 운송 서비스를 넘어 스마트폰 앱을 통해 사전예약, 실버케어, 여성안심, 반려동물 동승 등 생활 밀착형 서비스를 제공할 수 있다. 택시·대형차와 승합차 등 차종이 다양해지고 차량 디자인을 차별화할 수도 있다. 기존 택시 또한 가맹사업의 형태로 플랫폼 택시가 될 수 있다.

하지만 「타다금지법」에는 차량 렌털과 대리기사 영업을 차단하는 독소 조항들이 담겼다. 핵심 조항을 보면 △11인승 이상 15인승 이하 승합차로 영업하는 경우 대여시간을 6시간 이상으로 규정하면서 △운전기사 알선을 관광 목적으로만 엄격히 제한하는 내용이다. 또한 △승합차 대여, 반납 장소도 공항·항만으로 제한된다. 그래서 주취나 부상 등으로 운전을 할 수 없는 경우가 아닌 일반 승객이 플랫폼 업체가 운영하는 렌터카를 6시간 이내의 짧은 시간에 시내에서 이동 목적으로 이용할 수 없게 된다.

아울러 플랫폼 운송사업자가 운송업을 할 경우 차량을 확보하고 운송시장 안정 기여금을 내도록 하는 내용이 「타다금지법」에 담겨 있다. 정부는 모빌리티 사업자에게 택시 사업자 자격을 부여하기로 한 대신, 해당 사업자가 수익의 일부를 사회적 기여금 명목으로 납부하도록 의무화한 것이다. 26만 대 규모인 택시면허 숫자 안에서 신규 모빌리티 서비스가 운용돼야 한다는 것이 법의 기본 틀이다. 이 같은 취지에 따라 플랫폼 업체가 합법적으로 영업을 하려면 택시 면허를 확보하거나 영업용 택시를 구입해야만 한다. 정부나 지방자치단체는 플랫폼 업체가 낸 기여금으로 택시 면허권을 매입해 기존 택시는 줄이고, 플랫폼 업체로 하여금 감차한 범위

내에서 차량을 운영하도록 하는 구조다.

플랫폼 운수업에 종사하는 기사에 대한 자격 요건도 강화된다. 「타다금지법」에 따르면 플랫폼 사업자는 택시 운전자격을 보유한 사람만 기사로 채용해야 한다. 타다는 차량을 호출한 개인에게 차량을 렌트해주며 기사도 같이 배차하는 방식으로 영업을 해왔는데 기사는 자동차 운전면허만 보유해도 영업을 할 수 있었다. 정부는 범죄 및 사고 예방을 위해 성범죄, 절도, 음주운전 등 280개 범죄에 대한 경력 조회를 매달 진행하고 부적격자에 대해선 행정처분을 내릴 방침이다.

기본적으로 「타다금지법」에서는 세 가지 사업 형태가 허용된다. 먼저 자체 차량을 확보해 승객 운송업을 운영하는 플랫폼 운송사업은 앞서 설명한 까다로운 조건을 충족해야만 면허가 발급된다. 정부 시책에 순응하는 국내 1위 카카오모빌리티는 법인택시를 인수해 가맹사업형 플랫폼 택시(가맹택시)를 운영한다. 카카오는 23만 명의 가입자와 풍부한 실탄을 기반으로 '쩐의 전쟁'에서 생존에 성공했다. 카카오는 2017년 글로벌 사모펀드 운용사인 TPC로부터 5,000억 원을 투자받았다. 카카오는 2019년 하반기 서울 지역 9개 법인택시를 인수하고 1,000여 대에 가까운 택시면허를 확보했다. 법인택시 인수에 지불한 돈은 면허당 5,000만 원꼴이다. 카카오는 11인승 택시 카카오 벤티 운행 규모를 적극적으로 늘리면서 대형 승합 모빌리티 시장공략에 나섰다. 카카오는 택시 가맹사업자인 타고솔루션즈를 인수해 가맹사업을 위한 면허 4,500여 개도 확보했다. 타다 베이식 영업중단 이후 자본과 기술력, 플랫폼으로서의 높은 인지도를 보유한 카카오가 시장 지배적 사업자가 될 가능성이 크다.

이와 함께 「타다금지법」에서는 택시 면허 기반 중개·가맹 운송사업이 허용된다. 하나는 카카오T처럼 모바일 앱을 활용해 승객의 호출을 단순히 택시에 연결만 해주는 플랫폼 운송중개사업이다. SK텔레콤 택시 호출 서비스인 티맵택시 가입자는 2020년 3월 300만 명을 넘었다. 티맵택시 가입 기사 수는 20만 명으로 택시호출 앱을 사용하는 전국 택시기사(23만 명)의 87% 수준이다. 다른 하나는 기존 택시와 결합하는 방식으로 여러 운송업체가 하나의 플랫폼에 참여해 동일 브랜드로 운영되는 플랫폼 운송가맹사업이다. 마카롱은 전국 2,000여 대 택시 호출 서비스에 NHN이 운영하는 간편결제 페이코를 도입하고 티켓링크·여행박사 등 예약·이동서비스의 결합도 추진한다. 타다도 가맹택시 모델인 타다 프리미엄 서비스를 강화할 수 있다. 타다는 대형 세단에 한정했던 타다 프리미엄 차량을 승합차와 전기차 등으로 확대할 예정이다.

타다가 플랫폼 운송사업을 포기한 이유

타다가 플랫폼 운송사업을 포기하게 된 이유를 살펴보자. 2020년 1월 기준 개인택시 면허 매입비용은 서울의 경우 대당 7,500만 원에 달한다. 운행 대수를 늘려 사업 규모를 키우기 위해서는 비용 부담이 크다. 일정 수준 이상의 자금력을 확보한 경우에만 새로운 운송사업을 시작할 수 있다는 점에서 플랫폼 운송사업자에게는 커다란 진입장벽이 될 수밖에 없다. 제2의 타다가 법인택시 면허를 대당 5,000만 원에 사서 1,500대를 운영한다면 최소한 750억 원이 필요하다. 사실상 폐업한 타다는 2018년 150억 원, 2019년 300억 원의 손실을 각각 기록했다. 여기에 현재 운영 중인 차량에 대한 택시 면허 매입비용(기여금)까지 합하면 대당 월 40만 원 수준의 비용 부담이 추가 발생한다. 제2의 타다가 기여금을 내고

1,500대를 운영한다면 연간 72억 원을 더 내야 한다. 거대 자본만이 기여금을 내고 플랫폼 운송면허를 받을 수 있는 조건이다. 비운을 맞은 타다의 연간 매출은 300억 원 수준으로, 경영 실적만으로 기여금을 감당하기에는 턱없이 부족했다. 당초 타다가 해외 사모펀드에서 5억 달러(약 5,800억 원) 규모의 자본을 유치하려던 계획은 법정공방과 함께 「타다금지법」안이 발의되면서 무산됐다. 타다의 후발주자로 나서 500여 대를 운영해온 차차(차차크리에이션), 파파(큐브카) 등 렌터카 기반 플랫폼 택시는 자본력이 더 열악하다.

정부는 초기 사업자에 한해 기여금을 일부 깎아주거나 완화해주는 방안을 검토한다. 정부는 일정량의 면허를 확보한 뒤 업체들의 사업계획서를 검토해 면허를 배분할 계획이라고 밝혔다. 그러나 플랫폼 운송사업이 규모의 경제를 확보하려면 서울에서만 업체당 2,000대를 운영해야 하는데, 전국적으로 연간 감차되는 택시는 900대 수준에 불과하다. 결국 택시 총량제·면허제가 지속되는 한 정부 시책에 맞춰 시장을 선점해 놓은 카카오를 제외한 신규 모빌리티 비즈니스는 성장의 기회를 잡기 어렵게 된다.

「타다금지법」은 기존 택시면허 체계 안에 타다를 묶는 것이어서 혁신을 가로막는다는 비판을 산다. 타다 사업에 제동이 걸린 쏘카의 이재웅 전 대표는 「타다금지법」은 혁신금지법이라고 주장했다. 법이 기술 발전의 발목을 잡는 현실을 보여준다. 「타다금지법」은 150년 전 영국에서 시행된 붉은 깃발법과 다를 바 없다는 지적이다. 영국의 붉은 깃발법은 19세기 영국에서 마차업 보호를 위해 자동차 최고 속도를 도심에서 시속 3킬로미터로 제한하고 기수가 붉은 깃발을 들고 자동차의 55미터 앞에서 차를 선도했던 제도다. 이 전 대표는 "타다는 쏘카와 함께 자동차 소유를 공유 인프라로 바꿔서 시장을 키우고, 사회를 더 효율적으로, 국민의 이동권을 더 편리하게 만들고 싶은 생각밖에 없다"고 강조했다.

사실 기존 택시사업도 여러 규제를 받고 있다. 택시는 총량제에 묶여 있고 요금, 운행 지역 규제를 받는다. 택시는 이용 데이터를 하나도 쌓지 않는 아날로그 산업이다. 택시회사는 정부가 짜준 대로만 움직이는 수동적인 객체다. 이용 고객의 후생은 뒷전이다. 그래서 규제 밖에 있는 타다와 같은 플랫폼 운송업자가 무임승차하도록 특혜를 줘서는 안 된다는 주장이 거셌던 것이다. 반면 택시에 대해서는 정부 지원책도 뒤따른다. 택시는 저렴한 가격으로 차량과 연료를 쓸 수 있다. 또 연간 택시업계에 주는 정부 보조금이 8,000억 원에 이른다. 운송사업에서 규제와 지원책이 보다 합리적이고 투명해질 필요가 있다. 자율과 혁신, 경쟁 시스템으로 이용자 편익이 더욱 증진돼야 한다. 고객 자신이 선호하는 운송 서비스를 선택할 수 있도록 비즈니스 기회를 확 넓혀야 한다.

핀란드는 운송사업 규제 완화로 택시 서비스의 질을 향상하고 우버와의 갈등 문제를 해결했다. 2018년 7월 운송 서비스에 대한 새로운 법이 발효됨에 따라 기존 택시는 지역에 상관없이 자유롭게 운행할 수 있고, 지방자치단체별 택시의 숫자도 규제받지 않으며 택시 요금의 상한선이 없어졌다. 핀란드에서 운송 서비스를 제공하기 위해서는 면허증을 발급받아야 하지만, 우버 같은 운송 플랫폼은 자유롭게 설립할 수 있으며 모든 택시는 운행요금 및 할증요금을 자유롭게 책정할 수 있다.

플랫폼 운송사업은 택시와 시장이 다른 만큼 별도의 새로운 면허 체계를 도입해야 한다는 지적도 있다. 타다 운영의 내막을 들여다보자. 서울시 택시는 7만 5,000대다. 타다 차량은 1,500대에 불과했다. 170만 명의 가입자를 확보했던 타다가 만든 시장은 택시와 다른 시장이라는 주장이다. 서비스 이용자층의 경우 택시 이용자는 50대 이상이 절반가량인데 타다는 이용자의 70~80%가 30~40대라는 설명이다. 한국에서도 20~30대 젊은 층에서 운전면허를 따거나 신차를 구매하는 비중이 줄고 있다. 밀레니얼 세대에서 자동차를 필수재로 여기지 않는 문화가 확산하는 것이다. 법인 장기 렌터카를 이용하던 고객이 타다로 바꿔 탄다는 얘기다. 타다 출범 이후 택시 사업에 피해가 있었다면, 택시가 벌어들인 수입이 줄어야 하는데 택시 매출은 오히려 늘었다는 설명이다.

타다는 첫 서비스 때부터 택시와 요금 경쟁을 하지 않으려고 고급화 전략으로 20% 비싼 값에 시작했다고 한다. 타다는 3무(無) 서비스를 내세웠다. 승차거부를 하지 않고, 난폭운전을 하지 않으며, 승객에게 말을 걸지 않는다. 타다 차량을 한 번 이상 운행한 기사는 1만 2,000명이고, 그 중 25%가 법인택시 운전자다. 법인택시 기사 한 달 수입이 평균 160만 원에 그치지만 타다 기사는 평균 월급이 300만 원 이상이었다.

기존 산업과 시장에 미친 영향에 대한 실태조사를 해서 새로운 면허를 허용한 뒤 규제방식을 채택해야 한다는 주장도 업계 일각에서 나온다. 승차공유 사업이 소비자 편익, 기존 사업자 매출, 교통량 변동, 일자리 창출 등에 미치는 영향을 조사해야 한다는 것이다. 플랫폼 운송사업자는 택시와 경쟁이 아닌 상생 모델을 찾아야 한다. 고객 니즈를 택시업계와 나눠 플러스 알파 수익을 낼 방법을 찾는 게 바람직한 방향이다. 미국 뉴욕시는 이 같은 과정을 거쳤다. 뉴욕시는 우버 운행이 전체 시민들 편익을 높여준다고 판단, 일단 허용하고 택시리무진협회(TLC)의 면허를 받도록 하는 방식을 택했다. 우버 허용 이후 뉴욕 전체로는 탑승, 라이더 시장이

2배 정도로 커졌다. 새로운 면허를 허용하면 신규 사업자 매출이 늘어나고 여기서 나오는 확대된 기여금을 기존 택시산업의 구조조정 재원으로 쓸 수 있다는 분석이다.

한편 자율주행차 운행 허가와 관련, 국토교통부 정책이 모순된 상황에 놓였다. 「타다금지법」은 2020년 5월 1일부터 시행된 「자율주행차 상용화 촉진 및 운행 기반 조성에 관한 법률」(「자율주행차법」)과 배치된다는 지적이다. 예컨대 타다가 자율주행차를 대여해 차량호출 서비스에 나서면 「타다금지법」에선 불법이지만, 「자율주행차법」에선 합법이다. 「타다금지법」에서 합법과 불법을 가르는 기준인 '기사를 포함한 차량 운송이냐' '기사가 없는 차량 대여냐'가 자율주행차에서는 무의미하다. 자율주행차는 운전자가 조작하지 않아도 목적지까지 찾아가는 자동차로 차량 대여만으로 유상 운송(예를 들어 로보택시 서비스)이 가능하다. 미국에서는 자율주행차 기반 차량호출 서비스가 속속 등장한다. 애리조나주는 운전자가 없는 완전자율주행차 호출 서비스 상용화를 허용했다. 구글 웨이모는 2018년부터 애리조나주 피닉스에서 로보택시 서비스 웨이모 원을 운영하고 있다. 국내에서도 조만간 자율주행과 운전을 병행하는 레벨3 자율주행차를 대여해 유상 운송하는 택시가 등장한다. 카카오모빌리티는 레벨4 자율주행차를 활용해 호출-탑승-이동-하차-결제까지 이뤄지는 완전자율주행 기반 택시 서비스를 내놓을 방침이다.

07

비즈니스 레볼루션에
고전하는 플랫폼들

격동의 시대다. 비즈니스 레볼루션에 대마불사(大馬不死) 신화가 깨진다. 승승장구하던 기업도 한순간에 고꾸라진다. 제조업의 대부로 불리던 GE는 미국을 대표하는 간판기업이었다. GE는 발명왕 토머스 에디슨이 1892년 설립한 세계 최대 전자회사로 제조업 혁신의 대명사였다.

2018년 6월 26일, 미국 뉴욕증시의 30개 대표 종목을 편입한 다우지수에서 GE가 퇴출됐다. GE가 안정적으로 다우지수에 안착한 1907년 이후 무려 111년 만의 일이다. GE는 △화석연료 발전소 중심 전략적 투자 판단 미스 △과도한 기업 인수·합병 부작용 △문어발식 확장 정책을 펼친 금융업 부문 실적 악화 △경영진의 집단적 낙관주의에 구조조정 실기 △행동주의 투자자의 경영 간섭 심화 등이 발목을 잡았다.

잘나가던 플랫폼 기업도 방심하다간 성장궤도에서 이탈하고 난관을 겪는다. 페이스북은 지구촌 소셜미디어의 최강자로서 폭발적인 성장을 지속해온 사회관계망서비스(SNS) 기업이다. 페이스북은 지구촌 인터넷 인구 3분의 2인 25억 명의 이용자를 끌어모았다. 하지만 소셜미디어 사업의 네트워크 효과는 한계에 직면했다. 포화 상태에 도달한 SNS 사업에서 성장통이 커진다. IT 거대 기업이 항상 성장하리라는 신화가 깨졌다. 더욱이 페이스북은 신뢰 위기에 직면했다. 2016년 대규모 이용자 정보 유출 파문, 러시아의 미국 대선 개입 연루설, 범람하는 가짜뉴스를 방관한 사실 등이 페이스북 신뢰에 먹칠을 했다. 마크 저커버그 페이스북 CEO를 비롯한 고위 임원진이 실적 발표 전 보유 지분을 대량 매도한 행위도 투자자의 공분을 샀다.

소통에서 마케팅 공간으로 변질된 페이스북의 비즈니스 모델은 기로에 섰다. SNS 이용자 관심사와 구매 행동에 관한 데이터를 모으고 맞춤형 광고를 기업에 판매하는 사업이 시련을 맞게 된 것이다. 이용자의 공짜 데이터를 이용해 손쉽게 돈을 벌던 시대는 저물어간다. 페이스북에 있어서는 이용자와 투자자의 신뢰가 소중한 무형의 자본이다. 하지만 공공성을 상실한 SNS에 신규 가입자는 점점 줄어든다. 피로감이 쌓인 이용자들은 SNS 플랫폼을 떠난다. SNS에 대한 사회적 불신이 커질수록 정보 보호, 경쟁 정책, 조세 행정상 규제의 칼날은 한층 날카로워진다. 게다가 망 중립성 폐지와 비용 상승으로 '인터넷 온리' 기업의 성장성과 수익성은 떨어질 수밖에 없다.

지방 정부가 주도한 간편결제 제로페이

금융산업에서 결제부문은 대표적인 플랫폼 사업이다. 카드회사는 플랫폼 사업자다. 소비자와 가맹점을 연결하는 사업으로 수익을 창출한다. 카드 사업에서의 성패는 소비자와 가맹점을 최대한 많이 확보하는 일에 달렸다. 그래야 규모와 범위의 경제를 확보하고 이윤을 창출할 수 있다. 한국에서는 지하경제 양성화와 세수 확보를 목표로 신용결제 활성화를 추진해온 정부 정책에 힘입어 신용카드 이용이 제자리를 잡았다. 소비자에게 세제상의 혜택을 부여하면서 카드를 받지 않는 가맹점에는 세무조사 등 불이익을 줌으로써 과표 양성화를 달성했다.

하지만 정부의 의지만으로 금융결제 플랫폼 구축이 모두 성공하는 것은 아니다. 정부의 후광을 배경으로 사업에 나섰다가 성과를 내지 못하는 사례도 적지 않다. 서울시는 영세한 소상공인의 카드 수수료 부담을 없애 준다는 취지 아래 파격 실험에 칼을 뽑았다. 서울시는 2018년 12월 제로페이라는 새로운 간편결제 시스템을 선보였다. 제로페이는 중소벤처기업부가 전국 단위 기본 계획을 수립하는 등 정부의 핵심 사업으로 이관되고 있다.

서울시는 그동안 제로페이 사업 추진에 막대한 예산을 쏟아부었다. 그리고 다양한 프로모션을 추진하고, 대대적인 홍보에 나섰다. 서울시는 2020년 제로페이와 연동되는 지역화폐인 서울사랑상품권을 발행했다. 제로페이 가맹점에서 물품 구매 시 20%까지 할인혜택을 준다. 서울시는 또한 지방자치단체, 공공기관과 제휴를 통해 제로페이 보급을 확대해 나가는 계획을 밀어붙인다. 다른 지방자치단체도 제로페이 연계 사용을 위해 예산을 증액 편성했다. 시·도·군 지방자치단체마다 업무추진비, 급량비 등 현금성 지출예산을 제로페이로 사용한다.

그러나 서울시가 2019년까지 받아든 성적표는 신통치 않다. 서울시가 제로페이 활성화에 쓰는 예산은 매년 100억 원이 넘는다. 이에 반해 실제 시민이 사용하는 금액은 기대에 크게 못 미친다. 비즈니스 모델로는 배보다 배꼽이 더 큰 속 빈 강정인 셈이다. 서울시의 2019년 제로페이 결제액 목표치는 8조 5,300억 원이었다. 그러나 목표 대비 사용액 달성률은 1%도 안 된다. 제로페이 운영법인인 한국간편결제진흥원에 따르면 제로페이 서비스가 시작된 이후 1년간 누적 결제액은 696억 원에 그쳤다. 제로페이 누적 결제액이 1,000억 원을 넘어선 것은 출시 14개월 만의 일이다.

초라한 실적은 경쟁상대 간편결제 수단과 비교하면 더 두드러진다. 여신금융협회에 따르면 2019년 국내 신용·체크카드 결제액 추정치는 910조 원에 달한다. 제로페이는 전체 결제시장에서 0.01%도 차지하지 못했다. 그래서 '낙제점에 가깝다'는 냉엄한 평가가 나온다. 궁여지책으로 정부와 서울시는 2020년 코로나19로 피해를 본 저소득층에 지급하는 현금성 수당(지역사랑상품권 혹은 선불카드)을 제로페이 가맹점에서 오프라인으로만 쓸 수 있도록 했다. 제로페이는 코로나19와 맘카페 덕에 기사회생 했다.

이 같은 정부 차원의 노력에도 불구하고 제로페이가 특별한 존재감을 보여주지 못한 이유는 무엇일까. 지급결제 플랫폼에서 혁신의 성패는 가맹점, 소비자, 다양한 참여자의 협력과 상호작용에 좌우된다. 플랫폼 이론을 통해 분석해보면 다음 다섯 가지 측면에서 제로페이가 시장 기능에 의한 성장세를 보이지 못하는 이유를 갖는다.

① 치열한 경쟁 환경에서 출범 시기가 늦었다. 제로페이가 2~3년 전에 출시됐다면 간편결제 시장의 태풍이 될 수도 있었다. 경쟁이 덜 치열한 시기에 등장했다면 간편결제 시장을 선점했을 가능성도 충분했다. 애초에 승산이 낮은 승부였다. 네이버페이, 카카오페이 등 네트워크가 강한

민간 간편결제 업체들이 이미 시장에 진출해 영역을 확장하는 상황에서 정면 대결을 벌여야 했다. 한국기업평판연구소가 2020년 3월 발표한 간편결제 브랜드에 대한 소비자 평판 순위는 1위 네이버페이, 2위 카카오페이, 3위 토스 순으로 분석됐다. 그 뒤를 삼성페이, LG페이, SK페이, 쿠페이 등이 이었고 제로페이는 8위에 머물렀다. 플랫폼 기업의 O2O(온·오프 연계사업) 사업 확대에 있어 페이 서비스는 필수적이다. 앞으로 제로페이가 1~2년 이내 치열한 경쟁을 뚫고 괄목할 만한 성공을 거두지 못한다면 단명 페이가 될 가능성이 크다는 지적이다.

② 제로페이는 결제수단이 제공하는 중요한 가치인 소비자 편의성이 미흡하다. 앱을 실행해 QR코드를 찍고 사용자가 직접 결제금액을 입력하는 번거로운 방식으로 사용자경험이 떨어진다는 평가를 받는다. 카드 리더기에 대거나 꽂기만 하면 되는 기존 간편결제 방식보다 QR코드는 처리 속도와 편의성이 뒤진다. QR코드 방식은 체크카드와 기능이 흡사하다. 하지만 신용카드사 망을 거치지 않는다. 대금 결제 과정에서 카드회사와 밴(VAN)사, PG사 등 중간 단계가 배제된다. 또한 소비자는 후불 결제인 신용카드 이용 시 무이자 할부 혜택, 각종 부가 서비스를 받을 수 있다. 은행 계좌에 돈이 있어야만 사용이 가능한 선불·직불 방식을 소비자가 후불 방식보다 선호하기는 힘들다.

③ 소비자 이용을 유발하는 인센티브가 제한적이다. 경쟁상대인 민간부문 간편결제 업체는 이용자에게 5%의 적립금을 쌓아주고, 품목별로 20~30%를 할인해주는 이벤트를 실시한다. 연말정산 시 소득공제 30% 혜택 등 세제상의 인센티브를 앞세운 제로페이는 서울대공원, 서울미술관, 서울식물원, 시청 앞 스케이트장 등 서울시가 운영하는 시설을 이용하

면 20~30% 할인해준다. 무인 공공 자전거 대여 서비스인 따릉이 이용 시에는 일일권 50% 할인 혜택이 있다. 코로나19 확산으로 서울시는 지역 화폐인 서울사랑상품권을 발행하면서 최대 20% 할인(15% 할인에 5% 캐시백) 혜택을 부여해 제로페이 가맹점에서 사용하도록 해 실적제고 효과를 톡톡히 거뒀다. 하지만 제로페이는 간편결제의 한 브랜드일 뿐 신용카드처럼 보편적인 망 사업이 아니기 때문에 성장에 내생적인 한계가 있다. 제로페이는 간편결제 서비스 중 두드러지지 않은 하나로 평가된다. 일반 소비자에게 유효한 결제수단으로 인정받으려면 갈 길이 멀다.

④ 제로페이 가맹점은 2019년 12월 기준 31만여 곳으로 신용카드 대비 31.8%에 그쳤다. 가맹점 입장에서는 사용자가 많지 않은 결제수단에 가입하는 것보다 사용자가 많은 결제수단을 선호한다. 양면시장에서 소비자가 늘어나면 공급자도 함께 증가하게 되는 교차 네트워크 효과 때문이다. 또한 가맹점 입장에서 수수료 제로라는 본연의 목적을 온전히 달성하는지 의문을 갖는다. 한국마트협회는 1년여간 도입을 주저하다 가맹점에 합류했다. 제로페이는 "연매출 8억 원 이하 소상공인에게는 수수료를 받지 않는다"고 설명한다. 혜택을 받으려면 '상시 근로자 5인 이하'라는 소상공인 기준을 만족해야 한다. 이 조건에 해당하지 않는 일반가맹점은 1.2%의 수수료를 물어야 한다. 체크카드 수수료율(1.3%)과 별반 차이가 없다.

⑤ 플랫폼 참여 업체에 대한 인센티브가 없다는 점도 사업 동력이 떨어지는 이유다. 제로페이는 은행 앱(응용프로그램), 핀테크(금융기술) 앱의 부가 기능 중 하나로 운영된다. 은행과 핀테크사가 자사 서비스 대신 제로페이를 활성화할 이유가 없다. 제로페이로 결제할 때 수수료와 비용을 상계해 보면 손해를 보는 구조다. 은행 등 협력업체들이 서울시 압박에 울며 겨자

먹기 식으로 사업에 참여했다는 건 공공연한 비밀이다. 사실 서울시는 결제 과정에서 발생하는 비용을 시 재정뿐만 아니라 은행 등 민간 참여 업체에 떠넘긴다. 제로페이에 참여하는 은행은 계좌이체 수수료를 정상적으로 받을 수 없다. 그래서 "관 주도 서비스 비용을 민간 회사에 전가한다"는 지적을 받는다.

플랫폼이 사업에 실패하는 이유는

세상에는 수많은 플랫폼이 등장하고 사라진다. 성공에 이르는 플랫폼 비즈니스는 손꼽을 정도다. 실패는 성공의 뒷면이다. 경쟁이 치열한 비즈니스 세계에서 성공하지 못하면 실패하는 운명을 맞는다. 일반적으로 비즈니스 모델과 전략이 시장과 기술, 역량에 부합되지 않는다면 성공하기 힘들다. 경영학자들은 실패하는 플랫폼 비즈니스의 사례를 면밀히 분석한다.

플랫폼이 실패하는 여섯 가지 이유(Alstyne et al., 2016)로 △개방성을 최적화하지 못하는 경우 △개발자를 제대로 끌어들이지 못해서 △수익 배분에 실패해서 △참여자 유인을 잘못해서 △수익화 전에 임계점에 도달하지 못해서 △혁신적인 아이디어를 창출하지 못하는 경우 등을 들 수 있다.

양면시장 이론과 네트워크 효과를 플랫폼 성공 요인으로 중시하는 학자들은 다음과 같은 공통된 이유들이 플랫폼의 실패를 낳는다고 설명한다(Yoffie et al, 2019).

첫째, 경쟁이 심해 블루오션으로 바뀌는 시장으로의 너무 늦은 진입은 플랫폼이 실패하는 이유가 된다. 플랫폼 사업자가 성공하기 위해 꼭 선도자(first mover)일 필요는 없지만, 너무 늦으면 불리한 전세를 역전하기

그림 8 시장 실패의 세 가지 원인

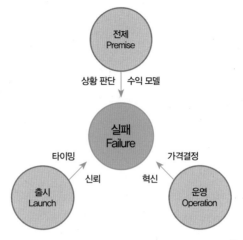

전제
Premise

상황 판단 | 수익 모델

실패
Failure

타이밍 | 가격결정

신뢰 | 혁신

출시
Launch

운영
Operation

자료: 사보이아(2020) 수정

어렵다. 신제품 개발, 시장 진입, 고객 확보 등에서 신속함은 매우 중요한 요소다.

둘째, 양면시장에서 참여자에게 적용한 가격결정(pricing)이 잘못돼 플 랫폼 운영의 실패를 낳는다. 소비자나 공급자에 대한 수수료 부과와 보 조금 지급이 올바른 방향과 수준으로 설정돼야 최적의 가격결정이 이루 어진다. 네트워크 효과를 촉진하는 데 있어 가격은 가장 중요한 전략적 의사결정이다.

셋째, 사용자와 협력자들에 대한 신뢰를 구축하지 못한 경우도 플랫 폼의 실패를 이끈다. 입소문을 통해 좋은 평판과 신뢰를 얻어야만 신상품 이 팔리고 새로운 시장에서 성장할 수 있다. 플랫폼 운영과 핵심가치에 대 한 참여자의 공고한 신뢰가 없으면 시장에서 지속가능한 지위를 확보하기 힘들다. 플랫폼에 인공지능 기반 신용 시스템이 구축되면 신용이 있는 사람은 무엇이든지 할 수 있지만 신용이 떨어져 낙인찍힌 사람은 단 한 걸음도 떼기 어렵게 된다.

마지막으로 경쟁자보다 뛰어나지도 않은데 지나친 자만심을 앞세워 경쟁 환경을 오판, 무모한 사업 전개에 나서는 경우도 플랫폼을 재앙으로 몰아넣는 결과를 낳는다. PC 운영체제 시장을 석권한 MS는 독점적인 지위를 강하게 내세워 PC업체들에 비싼 윈도 이용료를 부과했다. 이후 MS는 모바일용 운영체제를 만들었지만 모바일 기기 업체들은 MS의 횡포가 재연될 것을 우려해 윈도 모바일을 받아들이지 않았다.

특히 플랫폼에서 신뢰를 구축하는 일은 7C 관점에서 주의를 기울여야 한다(Choudary, 2016). ① 정체성 확립(confirmed identity)은 차별화된 상호작용을 통해 가능하다. ② 통제된 절제(centralized moderation)는 신뢰를 구축하는 데 최우선적인 요건이다. ③ 커뮤니티 피드백(community feed-back)은 신뢰 구축에 있어서 가장 생산적인 메커니즘이다. ④ 명문화된 행동(codified behavior)은 플랫폼 근로에 대한 명시적인 규율을 집행하는 일이다. ⑤ 좋은 조직문화(culture)는 플랫폼의 수준 높은 신뢰 환경을 만든다. ⑥ 정보 완전성(completeness of information)은 상호작용에서 일어나는 마찰, 갈등을 제거해 신뢰를 높인다. ⑦ 보험(cover)은 참여자가 극단적인 손실을 보지 않도록 보호하는 기능을 하는 신뢰 구축의 최후 보루다.

승자독식으로 가는 길은 험난하다. 모든 플랫폼은 성장 과정에서 경쟁상대의 거센 도전을 받는다. 플랫폼이 지속적으로 혁신하지 못하면 사업 초기에 선보였던 참신성과 인기는 시간이 흐를수록 감퇴하고 소비자가 느끼는 매력은 시들해진다. 동태적인 관점에서 실패하는 플랫폼 운영은 세 가지 측면에서 성장 궤도를 이탈한다. 첫째, 내부 개발과 외부 참여자 간 협력의 부조화로 모든 가치창출 과정에서 혁신동력이 약화된다. 둘째, 차별화되고 편리하며 인기 있는 특성의 제품과 서비스를 고객에게 공급·제공하지 못해 시장 내 경쟁에서 뒤처진다. 셋째, 플랫폼 참가자의 상호작용과 협력을 촉진하는 활동이 감퇴되면서 신규 유입보다 기존 멤버의 이탈이 늘어 고객에 대한 지속적인 가치창출에 실패한다. 플랫폼이 제대로 꽃을 피우지 못한 상태에서 성장은 둔화되고 매출이 감소하는 과정으로 접어든다. 퇴행적인 단계에서 플랫폼은 나선형 사업 실패 과정을 겪으며 결국 붕괴되는 운명을 맞게 된다.

플랫폼 생태계적 관점에서 실패의 원인을 살펴볼 필요가 있다. 다음과 같은 현상은 플랫폼의 세부 운영에 있어서 실패로 귀결되는 원인들이다. ① 플랫폼 참여기업들이 공동의 가치를 창출해 생태계를 키우려 협력하는 대신, 자신들의 지대추구(rent seeking) 행위에만 몰두함으로써 하위최적화(Suboptimization)에 그치는 경우가 많다. ② 소프트웨어 공학 기술과 새로운 제품 개발공정의 미비로 플랫폼 주변 서비스를 속도감 있게 제공하지 못하면 고객이 외면하게 된다. ③ 플랫폼과 생태계가 긴밀히 상호작용해야 하는 핵심 역량에 공유에 대한 철학과 의지가 없으면 실패의 원인이 된다. ④ 플랫폼 경영진이 비즈니스에 대한 비전이 취약하면 외부투자자 유치에 성공하기 힘들다. ⑤ 콘텐츠에 대한 미흡한 투자와 새로운 사업기회의 신념을 강화하는 후원 세력이 부족할 때 성장동력이 약화된다. ⑥ 자체 기술보다 공개된 외부 응용프로그램에 지나치게 의존하는 경우도 예상치 못한 위험을 낳는다. ⑦ 내부 최고재무책임자(CFO)의 협조가 부족하면 변화하는 비즈니스 모델에 대응하기 힘들어진다.

플랫폼 실패의 사례는 많은 교훈을 준다. 성공하는 디지털 플랫폼을 만들려면 기존의, 혹은 잠재적인 경쟁상대에 앞서 새롭게 열리는 시장에 먼저 진입해서 고객을 확보하는 선점전략을 신속하게 구사해야 한다. 일단 외생적인 요인에 의해 양적 성장에 수월하게 성공했다고 하더라도 내생적으로 창조되는 차별화된 가치가 없다면 후발 플랫폼이 시장 지위를 계속 확보하고 수성해 나가기는 더 힘들게 된다. 막강한 경쟁 플랫폼의 공세와 신흥 플랫폼의 공격적인 시장 진입을 버텨낼 역량이 없으면 사업이 무너지고 만다. 결국 지속적인 경쟁우위는 플랫폼과 네트워크 간 가치창출형 상호작용에서 확보된다. 디지털 경제에서 제품과 서비스를 제공하는 플랫폼이 장기적으로 성공하려면 방어벽이 공고하며 경쟁력을 갖추고 고객의 신뢰를 얻어 건강한 생태계를 구축하는 일이 최우선이다. 예상보다 실적이 부진하다면 실패의 징후가 있는지 면밀히 살펴서 궤도를 이탈하는 상황이 벌어지기 전에 선제적인 치유와 경쟁력 강화에 나서는 일이 필요하다.

08

일탈한 공유경제
위워크의 몰락

새의 깃털과 밀랍으로 만든 날개를 펄럭이며 하늘을 날던 이카루스는 아버지의 경고를 잊고 하늘 높이 훨훨 날다가 태양 근처에 도달했다. 그러자 날개가 뜨거운 열을 견디지 못하고 그만 녹아내리고 말았다. 이카루스는 하늘에서 추락해 에게해에 빠져 죽었다.

도심 한복판의 웅장하고 멋들어진 고층 빌딩, 외관만큼 세련된 인테리어, 실내에서 자유롭고 혁신적으로 일하는 젊은 인재들…. 위워크(wework)는 과거 사무실 하면 떠올랐던 칙칙한 이미지에서 벗어나 누구나 일하고 싶은 공간을 만들어 내려 했던 공유경제의 아이콘이었다. 하지만 부동산계의 우버로 통하던 위워크는 그리스 신화의 이카루스처럼 추락하고 말았다.

이스라엘 출신 애덤 뉴먼은 미겔 맥켈비와 함께 지속가능성에 중점을 둔 사무실 공유기업을 모토로 위워크의 전신인 그린데스크를 창업했다. 뉴먼은 2010년 그린데스크를 매각하고 물리적 소셜네트워크라고 불리는 비즈니스 공동체 위워크를 출범시켰다. 당시 뉴먼이 주목받은 이유는 인류가 일하는 방식을 획기적으로 바꿀 수 있을지도 모른다는 위워크에 대한 막연한 환상 때문이었다.

사실 직장인은 일정한 시간에 출근해 각자 맡은 일을 하다가 때가 되면 퇴근해서 집에 돌아오는 삶을 반복해왔다. 직장인은 조직에서 부품이 아닌 성취감을 느끼기를 바란다. 공동체의 일원이라는 소속감과 자부심을 갖기 원한다. 그러나 비정규직 프리랜서의 근로 형태가 확산하는 경제 현상인 긱 경제의 도래로 샐러리맨이 직장에서 보람을 느끼는 것은 더욱 어려운 상황이 됐다. 이때 등장한 것이 위워크였다.

공유사무실 서비스로 부상한 위워크

위워크는 뉴욕에서 시작해 전 세계로 공유오피스를 확장하며 관심을 모았다. 사업 초기에 손정의 소프트뱅크 회장을 비롯한 많은 벤처캐피털이 위워크를 높이 평가한 이유는 이 회사가 프리랜서나 작은 스타트업 종사자들에게 공동체 의식을 심어주며 일의 새로운 패러다임을 만들 것이라는 기대감이 컸기 때문이다. 손 회장은 '기업 잠재력은 창업자 야망의 크기보다 클 수 없다'는 생각을 가진 자수성가형 기업인이다. 손 회장은 미래 가능성이 있는 벤처기업에 대해서는 공격적이고 대담한 묻지마식 투자를 감행했다.

위워크는 임대 사무실에 공짜 커피와 맥주를 구비해 놓고 "위워크로 출근하는 월요일이 돼서 기쁘다(TGI, Thanks God, It's Monday)"는 모토를 내세웠다. 위워크는 누구나 일하고 싶어 하는 멋진 공간을 만들기 위해 지출을 아끼지 않았다. 마치 룸서비스가 공짜인 호텔과 같은 느낌을 줬다. 함께 세 들어 사는 사람들이 네트워킹하고 정보를 공유할 수 있도록 함으로써 하나의 공동체에 소속된 느낌을 주도록 설계했다. 팽창 일변도의 글로벌 시장 선점 전략으로 위워크는 뉴욕, 런던 등 전 세계 120개 도시에서 50만 명 이상의 회원을 가진 공유사무실 서비스 기업으로 부상했다.

중국 알리바바의 무명시절, 선견지명을 갖고 투자해 대박을 냈던 손 회장은 위워크가 제2의 알리바바가 될 것이라고 공언했다. 하지만 손 회장은 단순한 부동산 기업에 지나지 않았던 위워크 가치를 과대평가하면서 거품을 자초했다. 손 회장은 위워크의 빠른 성장 외에 아무것도 요구하지 않았다. 시장 선점과 성장에 집착한 나머지 기본적인 경영 활동에는 눈을 감았다. 그동안 경영진에게 기업 내실을 다지고 수익을 내라고 종용한 적이 없었다.

손실이 누적되고 자본잠식 규모가 커지는데도 손 회장은 위워크의 환부를 방치해 곪아터질 때까지 놔두고 말았다. 2018년 위워크 순손실은 19억 달러로 매출 18억 달러를 크게 웃돌았다. 초기에 적자가 크게 나더라도 미래가 있는 공간 플랫폼이 될 것으로 위워크를 맹신했다. 같은 해 소프트뱅크는 위워크의 기업가치를 470억 달러까지 인정했다. 손 회장은 실속 없이 겉만 번지르르한 벤처기업에 120억 달러가 넘는 천문학적인 거금을 쏟아부으면서 창업자를 응석받이로 만들었다. 헝그리 정신이 부족한 창업자가 쉽사리 독선에 빠질 수 있는 환경을 만들어 준 셈이 됐다.

무엇보다 위워크는 CEO의 모럴해저드가 극심했다. 슈퍼스타 CEO로 불린 뉴먼은 강한 카리스마의 소유자다. 그는 비상장 기업의 CEO로서 투자자들의 기대를 배신하는 부도덕의 극치를 보여줬다. 뉴먼은 자신이 보유한 부동산을 위워크에 임대해 1,200만 달러를 벌었다. 'We'가 자신의 아이디어라며 트레이드마크로 만들어 490만 달러의 브랜드 값을 위워크에서 받아냈다. 그는 자신의 처를 계열사인 위그로 사장에 앉혔다. 그는 최고급 승용차 마이바흐를 타고 다니면서 회삿돈 6,000만 달러를 들여 자가용 비행기를 이용했다. 심지어 자신의 뉴욕 사무실에는 사우나와 함께 호화 욕실을 설치했다. 뉴먼은 자신의 지분과 이득을 극대화하는 방향으로 위워크 지배구조를 만들어 놓은 뒤 전권을 쥐고 회사를 좌지우지했다. "세계 최초로 조(兆)만장자가 되고 영원히 살며 위워크를 화성까지 확장하고 세상의 대통령이 되겠다"고 떠벌렸던 그였다. 허황된 경영인의 CEO 리스크는 기업 실패의 지름길이 되고 말았다.

설상가상으로 2020년 3월 코로나19 사태 확산 과정에서 공유사무실 내에서 확진자가 나오는 등 악재가 겹치면서 위워크는 최대 위기에 봉착했다. 당시 위워크 뉴욕점에서 일하는 직원이 코로나19 확진 판정을 받자 2개 층을 통째로 폐쇄했다. 가뜩이나 상장 무산 여파로 자금줄이 막힌 데다 전염병 확산에 결정타를 맞은 것이다. 공간과 시설, 집기 등을 함께 쓰는 차량·숙박 공유경제 업체들에 바이러스는 생존을 위협할 정도로 치명적이다. 위워크는 회사채 금리가 연 36%까지 치솟으며 부도 가능성까지 언급되자 30억 달러 투자 계획을 철회한 대주주, 일본 소프트뱅크에 소송을 제기하기도 했다.

사실 위워크에 대해서는 전통적인 산업을 완전히 뒤바꿀 수 있을 만큼 혁신적인 기업인지에 대한 의구심이 많았다. 위워크는 기술을 통해 혁신을 창출하는 기술기업(tech company)이 아니라 전통적인 부동산 임대업과 크게 다르지 않은 기업이라는 지적이 나왔다. 래리 엘리슨 오라클 회장은 "위워크는 내가 빌려준 건물을 다시 빌려주는 회사인데 기술도 없으면서 왜 스스로 기술 회사라고 하는지 이상하다"며 "위워크의 사업 모델은 거의 쓸모가 없다"고 혹평했을 정도다. 위워크는 근본적으로 부동산 임대업이라는 한계를 극복하지 못했다. 여러 면에서 위워크는 혁신적인 가치를 창조하는 기술기업이 될 수 없었다.

기술기업으로 위장한 부동산 임대업체

기술기업은 플랫폼 전략을 활용해 기하급수적 성장을 이루어 승자독식을 실현한다. 기술기업은 △새로운 아이디어와 기술을 개발해 △대규모 장치에 자금을 투자할 필요 없이 △규모의 경제를 실현하며 △빠른 속도로 다른 서비스로 범위를 확장하는 동시에 △막대한 이윤을 창출하고 △산업 자체를 변화시키는 특성을 갖는다. 기술기업은 한마디로 제로 수준의 한계비용을 활용해 높은 마진율을 향유하며 고성장을 구가한다. 이들 기업은 대체로 토지, 건물, 공장, 창고 등 부동산과 관련된 자산을 대규모로 보유하지 않는다. 그래서 초기 자본 투자율이 낮고 별다른 추가 비용 없이 시장을 크게 확장할 수 있다(Govindarajan & Srivastava, 2019).

현대적인 기술기업은 또한 고객 데이터를 축적해 마케팅에 활용한다. 기술기업은 고객 데이터를 취합, 저장, 분류, 분석해서 새로운 가치를 창출하는 동시에 고객 맞춤형 제품과 솔루션까지 내놓는다. 성공적인 기술기업은 고객과의 관계를 지렛대로 삼아 고객의 취향과 선호를 제품과 서비스로 제공하는 데 탁월한 역량을 발휘한다. 이런 맞춤형 솔루션에 만족한

위워크의 한 사무실 내부에서 입주 고객들이 대화를 나누고 있는 모습.

〈출처: 위워크 홈페이지〉

고객들은 쉽게 다른 경쟁사로 이탈할 생각을 하지 않는다. 한번 특정 기술기업 제품에 익숙해진 고객은 다른 제품으로 구매행동을 바꾸는 데 드는 전환비용이 비쌀 수밖에 없다. 그래서 고객관계가 오래 유지된다. 이와 함께 플랫폼 생태계에서 기술기업은 △다른 협력기업이 보유한 자산이나 기술력을 손쉽게 활용함으로써 사업에 추가적으로 드는 비용을 최소화할 수 있다.

이에 반해 위워크의 비즈니스 모델은 사무실을 꾸미고 임대하기 위해 투자비용과 자잘한 운영비가 많이 든다. 위워크는 대형 사무실을 장기로 저렴하게 빌려 잘게 쪼갠 후, 여러 임차인에게 단기로 비싸게 빌려주는 방식으로 수익을 얻는다. 이 사업 모델은 호텔이나 레지던스 사업과 매우 비슷하다. 또한 공유 공간 안에서 고객 데이터를 수집할 수는 있지만 사생활 침해 문제가 발생한다. 만약 위워크가 고객 회사들의 정보를 상세히 모니터링하겠다고 나서는 순간 기밀 유지에 민감한 기업들은 십중팔구 위워크를 떠나고 말 것이다. 결국 위워크는 고객 맞춤형 서비스를 제공하는 데 있어서 경쟁력을 발휘하기 힘들다. 실제로 빌린 공간을 새로 꾸며 재임대하는 위워크의 사업 모델은 너무나도 평범해 다른 경쟁사에 순식간에 따라 잡히는 취약점을 드러내기도 했다.

위워크는 지역별로 특화한 임대사업을 전개하는 과정 중 다른 지역에서 고객이 새로 가입하더라도 기존 고객에게 새로운 가치를 제공하지는 못한다. 글로벌 플랫폼 기업이 활용하는 핵심적인 역량인 네트워크 효과가 기대보다 미약하다는 얘기다. 아울러 같은 지역에서도 치열한 경쟁 환경에서 살아남아야 하는 스타트업의 경우, 사무실 입주 업체와 내부 정보를 공유하려는 동기도 미약하다. 위워크는 범위의 경제를 확보하기 위해 다른 부동산 분야에 진출하는 사업확장 전략을 추구할 수는 있지만, 이 또한 막대한 비용 부담이 뒤따른다. 지속적인 성장을 위해서는 추가적인 자본 투자가 계속 필요한 셈인데 수익성이 보장되지 않는 사업이라는 점에서 한계가 있다.

괴짜 CEO 모럴 해저드

괴짜 CEO인 뉴먼의 방만한 경영도 문제가 됐다. 그는 위워크를 운영하며 공실(빈 사무실)에 대한 리스크 관리나 비용 절감 같은, 부동산 사업의 핵심은 소홀히 한 채 외형 확장과 마케팅에만 주력했다는 평가를 받았다. 투자자와 언론을 위한 '보기 좋은 떡'을 만드는 데만 집중했다는 의미다. 사실 사무실을 대규모로 장기 임대한 뒤 개인이나 기업에 단기 재임대하는 공간 공유서비스 기업은 무자비할 정도로 비용을 절감해야 살아남을 수 있다. 전기요금과 수도료를 비롯해 관리비는 물론, 보험과 보안 설비, 회원에게 공짜로 제공되는 간식과 커피, 맥주, 와이파이 서비스까지 모든 게 비용이기 때문이다.

게다가 위워크는 다른 경쟁사와 차별화하기 위해 설치한 값비싼 고급 가구 등 자산 과다보유에 따른 대가를 크게 치른다. 위워크는 같은 매출 규모의 기술기업보다 과도한 고정자산을 보유함에 따라 고정자산 감가상각 부담과 함께 주기적으로 사무실 가구를 신형으로 교체해야 하는 비용이 막대하게 소요된다. 매출 증가가 제한적인 상황에서 고비용 구조에 따른 현금창출 능력은 의문시된다. 위워크가 최근 수년 동안 매출액에 상응하는 손실을 기록한 것은 기술기업의 높은 마진율과 뚜렷하게 대조되는 점이다.

실제 위워크가 10년도 안 되는 짧은 기간에 전 세계 수백 개 지점을 운영하는 부동산 회사로 거듭난 배경에는 공실에 대한 리스크를 모두 떠안는 위험한 경영계약이 숨어 있었던 것으로 밝혀졌다. 대부분 부동산 회사는 사무실이 빌 경우에 발생할 수 있는 손해를 건물주와 부동산관리회사가 일정 부분 함께 떠안는 구조로 계약을 하는데 위워크는 건물 임대료를 낮추는 대신 공실도 모두 책임지겠다는 방식으로 계약한 것이다. 이런 방식의 계약은 경기가 좋을 때는 큰 수익을 낼 수 있지만 부동산 시장이 고꾸라지는 불경기 때는 손실이 눈덩이처럼 커질 수 있는 양날의 검이 된다.

한마디로 위워크는 기술기업이 아니라 아날로그적인 특성이 강한 기업이다. 겉으로 잘나가는 것처럼 보였던 위워크가 무너지는 데는 3개월도 걸리지 않았다. 2019년 9월 17일 기업공개가 무기한 연기됐고 같은 달

24일 뉴먼은 쫓겨나듯이 CEO에서 사퇴했다. 소프트뱅크는 자금난에 시달리는 위워크의 파산을 막기 위해 긴급 구제금융을 제공했다. 기업가치가 폭락한 와중에서도 뉴먼은 자신이 가진 경영권을 소프트뱅크에 넘기는 조건으로 17억 달러를 챙기는 수완을 발휘해 눈총을 샀다.

유니콘은 스타트업의 꿈이다. 유니콘은 기업가치가 10억 달러(약 1조 1,150억 원)에 달하는 비상장 스타트업을 말한다. 매출과 이익이 거의 발생하지 않는 스타트업에 투자자가 10억 달러의 가치를 인정해서 1억 달러를 투자해 지분 10%를 확보했다면 바로 유니콘이 될 수 있다. 게다가 상장을 앞두고 매출만 늘려왔을 뿐, 실제로는 이익창출 능력이 떨어지는 벤처기업은 주가에 형성된 과도한 거품의 붕괴에 직면한다. 초기 벤처는 기존 공급망에 진입하거나 새로운 공급망을 구축할 때까지 큰 비용이 들기 때문에 적자가 불가피한 측면이 있다. 실리콘밸리는 월가로부터 지속적인 성장과 함께 이익 내기를 보여 달라는 압력을 받는다. 창업 후 일정 기간이 지나 외부자금을 수혈받은 스타트업은 투자를 받고 2~3년 뒤부터는 수익성을 증명해야 투자자의 신뢰를 얻을 수 있다.

위워크 몰락으로 기업공개에 나선 글로벌 유니콘들의 민낯이 드러났다. 공유경제 업계 기업가치를 전면 재평가하려는 움직임이 확산한다. 투자자금 회수를 위해 기업공개에 나섰던 공유경제 업체가 시장에서 쓴맛을 보자 이들의 가치를 꼼꼼히 살펴보게 하는 계기가 됐다. 그동안 투자자들은 공유경제 스타트업의 내실보다 미래 청사진만 보고 큰돈을 선뜻 투자했다. 하지만 기업공개를 추진하는 공유경제 업계의 고질적 문제인 고비용·저수익 사업 모델의 지속가능성에 대한 불신이 커졌다. 월가에서는 빨리 크는 유니콘보다 돈을 제대로 버는 유니콘을 원한다. 위워크를 비롯해 승차공유 서비스인 우버와 리프트, 음식배달 서비스인 도어대시와 포스트메이트, 이커머스 스타트업 브랜드리스 등이 수익성 없는 성장기업의 대표적인 사례로 꼽힌다. 신규 자금을 유치하기 위한 보조금 거품은 끝났다. 일확천금의 보조금은 스타트업들을 재앙으로 이끈다.

위워크의 경우, 낡고 고루한 부동산 사업에 혁신적인 기술기업이라는 이미지를 씌워 투자 러브콜 올라타기에 나섰지만 일종의 위장술이라는 정황들이 기업공개 실패를 계기로 만천하에 들통나고 만 셈이다. 기존 부동산 업계에서는 파괴적인 혁신을 낳았을지 모르지만 위워크는 임대-재임대라는 일차원적 사업 구조와 낮은 수익성, 막대한 임차료를 수반하는 고비용 구조 등이 핵심적인 문제점으로 부각됐다. 포지티브섬(positive sum)이 아닌 네거티브섬(negative sum)인 비즈니스 모델의 실체가 드러난 것이다. 근본적 실체와는 달리 무모할 정도로 꿈이 크고 허황된 벤처기업가의 몰락은 유니콘 거품 붕괴에 대한 경고음을 울린다.

그래도 공유오피스 시장의 미래에 대한 기대가 완전히 무너진 것은 아니다. 위워크 사태가 공유경제 전체의 몰락을 의미하는 건 아니라는 분석이다. 전문가들은 쇼핑은 물론 의료, 교육, 금융 등 대부분 분야에서 온라인 비중이 커지고 다양한 플랫폼 비즈니스가 꽃을 피우는 만큼 사무실 공간을 합리적으로 사용하는 공유오피스 시장이 점점 늘어날 전망이라고 밝힌다. 미국 상업용 부동산 회사 CBRE는 2030년까지 미국 전체 사무실에서 공유사무실이 차지하는 비중이 2%에서 13%까지 증가할 것으로 내다보고 있다. 과연 위워크는 지금의 실패를 경험 삼아 비즈니스 모델을 다시 개편해 공유사무실 시장의 최강자로 우뚝 설 수 있을까? 위워크의 재기가 성공할지, 아니면 완전한 실패로 끝나고 새로운 강자가 등장할지 지켜보는 것도 흥미로운 일이 될 것 같다.

구글의 엔지니어링 디렉터면서 혁신 챔피언인 알베르토 사보이아는 제품과 서비스의 실패는 크게 전제, 출시, 운영 등 세 가지 잘못으로 귀결된다고 주장했다(사보이아, 2020). 첫째, 비즈니스 모델에 대한 전제 때문에 실패하는 경우는 신제품이나 서비스 등 사업 아이디어가 잘못되어 사람들이 관심을 갖지 않을 때에 발생한다. 제대로 만들기 전에, 될 놈(the right it)을 만들어야만 성공한다는 것이다. 대량생산에 들어가기에 앞서 마켓테스트를 해서 시장 반응을 보는 시제품 만들기(prototyping)가 중요하다. 이때 될 놈을 찾는 데 주력한다. 그러나 현실적으로 어려워 옳지 않은 일을 빨리 제거하는 데에 모든 노력을 집중해야 한다. 초기 아이디어를 일찍 시장기반으로 평가해 큰돈이 헛되이 낭비되는 일을 조기에 차단하는 것이다. 둘째, 출시 때문에 실패하는 경우는 신제품의 세일즈, 마케팅, 유통을 위한 노력이 의도한 시장에서 충분히 눈에 띄지 않을 때에 발생한다. 셋째, 운영이 잘못되는 경우는 신제품의 디자인, 기능, 안정성이 이용자들의 최저 기대치에 미달하는 때에도 발생한다. 기업이 그럴듯하게 포장해서 내놓은 서비스가 차별화된 핵심가치를 갖지 못하고 혁신적인 기능을 소비자에게 제공하지 못한다면 치열한 경쟁에서 도태될 수밖에 없는 것이다.

n번방의 비밀: 플랫폼의 범죄학

　플랫폼 비즈니스가 궤도를 이탈해 악마적 모습을 드러냈다. SNS가 불법행위의 온상이 됐다. 2020년 봄 텔레그램 대화방, 이른바 n번방 사건이 만천하에 공개됐다. 대한민국은 큰 충격과 분노에 빠졌다. 범법자들은 미성년자를 포함한 수십 명의 여성을 협박해 성적 착취 동영상을 만들고 유포했다. 집단 성착취 동영상을 온라인상에서 거래하고 부당이득을 취하는 범죄 행위를 저질렀다. 신종 디지털 성범죄와 불법촬영은 피해자의 영혼을 파괴하는 잔인하고 끔찍한 행위다. 최소한의 양심, 도덕과 윤리가 붕괴됐다. 플랫폼 비즈니스가 돈벌이에만 급급한 세력에 의해 극악무도한 범죄 수단으로 활용되고 말았다.

　n번방은 디지털 공간에서 성착취를 당하는 여성 노예들의 감옥이었다. 현실/가상, 강제/자발, 주체/객체의 경계가 무너진 곳에 성폭력, 음란

그림 9 n번방 사건의 구조

피해자 모집/ 트위터	• 고액 아르바이트 등을 미끼로 피해자 모집 • 위장 사이트를 통해 아이디와 비밀번호 수집 • 경찰 등을 사칭해 '조사에 필요하다'며 사진 등 요구 • 불응하면 '주변에 알리겠다'고 협박
가해자 모집/ 텔레그램	• 해외에 서버를 둔 메신저 텔레그램에 'n번방', '고담방', '박사방' 등 단체방 개설 • 입장료를 받고 불법 동영상을 유포
입장료 결제/ 암호화폐	• 입장료를 추적이 어려운 암호화폐로 받아 • 비트코인, 이더리움, 모네로 등 활용

자료: 중앙일보(2020.4)

물, 성착취가 난무하는 상황이 만들어졌다. 이번 사건의 구조는 피해자 모집, 가해자 모집, 성(性)의 상품화라는 세 부분으로 나뉜다. 전형적인 플랫폼 비즈니스 모델이 범죄에 활용된 셈이다. 주범 조주빈은 13명의 직원을 운영·수금책으로 박사방 관리에 동원했다. 그리고 '사마귀' '부따' '이기야' 등 자신의 범죄행위를 돕는 협업 네트워크를 조직적으로 가동했다.

'갓갓' 문형욱은 해외에 서버를 둔 메신저 텔레그램에 1번에서 8번까지 총 8개의 채팅방을 개설하고 수많은 불법 동영상을 회원에게 판매한 혐의를 받는다. 와치맨으로 알려진 회사원 J모씨는 n번방에 연결되는 고담방을 만들어 성착취물 1만여 건을 유통했다. n번방 사건이 드러나기 전 J모씨는 불법 촬영물을 게시한 사이트를 운영한 혐의로 체포됐다.

경찰에 구속된 조주빈은 미성년자 16명을 포함해 경제적 곤궁에 처한 피해자 76명을 고액의 모델 아르바이트나 온라인 데이트 등 감언이설로 유인했다. 조주빈은 나체 사진을 넘긴 피해자들을 노예로 지칭하면서 성착취물을 찍게 한 뒤 박사방이라는 텔레그램 유료 대화방을 통해 다수에게 팔아넘겼다. 조주빈은 채팅방 진입 등급을 4단계로 나눠 입장 금액을 차별화하는 방식으로 박사방을 운영했다. 여성 피해자 모집은 트위터로 이루어졌다. 먼저 고액 모델이 되는 기회를 주겠다는 미끼를 던졌다. 그리고 위장 사이트를 통해 피해자 아이디와 비밀번호 등 개인정보를 수집했다. 채팅앱으로 피해자를 유인한 뒤 스마트폰에 악성앱을 설치해 피해자의 신상정보를 입수하고 이탈을 막았다.

조주빈은 경찰, 판사 등을 사칭하면서 "조사에 필요하다"고 협박하며 나체 사진 등을 강요했다. 불응하면 "주변에 알리겠다"고 협박했다. 범행에 가담한 20대 여성 A모씨는 조주빈의 여자 친구로 알려졌다. 이 여성도 처음에는 조주빈 일당에게 성적 학대를 당한 피해자였다. A모씨 영상도 박사방에서 공유된 것으로 알려졌다. 피해자가 강요와 협박에 의해 범행에 가담된 희생양일 수 있고, 자포자기하는 심정에서 범죄자에게 자발적으로 투항해 동조한 스톡홀름 증후군에 걸렸을 가능성도 있다.

노예-회원-운영자로 구성된 불법 플랫폼

보안성과 익명성이 보장된 텔레그램을 통해 성착취물이 은밀히 유포된 n번방, 박사방 내부의 비밀방은 확인된 것만 100개가 넘는다. 하루 24시간 쉬지 않고 텔레그램 비밀 대화방에 회원 글이 올라왔다. 카피방, 파생방 등 하루에도 수십 개씩 대화방이 만들어지고 순식간에 사라졌다. n번방, 박사방은 SNS와 입소문을 타고 증식하며 세력을 확장했다. 채팅방에 들어온 회원들에게 등급을 부여하고 각 등급별로 권한을 위임, 분업화 과정을 통해 회원을 범죄의 소굴에 직·간접적으로 참여시켰다. 회원이 양심의 가책을 느끼지 않도록, 될 수 있는 한 책임 소재가 모호하도록, 익명성을 보

그림 10 텔레그램 '박사방' 구조

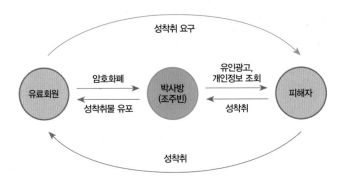

장하고 역할을 분산시켜 범죄의 구성요건을 완화했다. 단순한 동영상 시청은 불법이 아니라는 식으로 회원들에게 심리적 면죄부를 갖게 했다.

'박사'로 불린 조주빈은 "여성은 돈벌이다. 돈이 되니까, 소비자들이 많으니까 한다"고 말했다. 심지어 조주빈은 피해자들에게 '나는 박사의 노예다'라는 글을 몸에 새기도록 하고 이를 성착취물로 찍어 동영상을 유포하면서 "(회원들이) 가지고 놀아도 된다"는 설명을 붙이기도 했다. 회원들은 피해 여성을 사물화하고 종속시키는 강간의 대상으로 취급했다. 현실에서는 정상적이지 않은 여성에 대한 지배 욕구를 돈을 내고 해소하는 방식이었다. 실제 가학적인 성행위 장면을 담은 영상물(스너프 필름) 대화방 특별 입장료는 200만 원까지 올라갔다.

조주빈은 n번방 운영자 문형욱을 만나 "누구 범죄가 더 센가" 하며 논쟁을 벌였다고 한다. 그들은 약자인 어린 여성들을 철저하게 능욕하고 착취했다. 죄의식과 공감능력이 전혀 없는 소시오패스, 사이코패스 같은 반사회적 범죄형 인격의 소유자였다. 통제할 수 없는 남성 성욕의 배출구를 찾은 그들은 죄의식을 느끼지 않았다. 여성 혐오, 여성 비하와 맞물린 속물주의는 극에 달했다. 돈으로 여성의 몸을 샀으니, 노예로 삼아도 된다고 믿는다. 여성을 점령하고 사냥하는 건 자랑거리다. 여기엔 남자다움에 대한 왜곡된 영웅적 판타지가 작동한다. 강력한 남성성에 대한 숭배는 성폭력의 근원이다. 《남자다움의 사회학》에서 필 바커는 "오늘날 젊은이들은 최악의 지침서인 포르노가 가르쳐주는 섹스로 무장하고 성관계에 나서는 최초의 세대"라며 "남자들을 위해 남자들이 만든 포르노가 정상적인 섹스와 대인관계 모두를 실패하게 한다"고 말했다.

체포된 조주빈은 야누스적 두 얼굴의 행적을 통해 자신의 영역을 확장했다. 그는 언론사 카메라 앞에서 스스로의 행동을 악마의 삶이라고 정리했다. 악마의 행동을 저지른 그는 겉으론 천사의 가면을 쓰고 사회를 기만했다. 가면 속의 모습과 일상의 모습은 완전히 다를 수 있다. 그는 3년간 50번 넘게 자원봉사를 수행했으며 학내 성폭력 예방 기사를 쓰는 등 범죄자로서의 기질을 드러내지 않고 평범한 학창 시절을 보냈다고 한다. 2018년에는 보이스피싱 인출책을 신고해 검거에 기여한 공으로 경찰의 감사장을 받기도 했다.

스위스의 정신분석학자 카를 구스타프 융은 "사람은 누구나 자신의 실제 모습을 숨기고 보호하기 위해 가면을 쓴다"고 주장했다. 페르소나는 고대 그리스 연극에서 배우들이 쓰던 가면을 일컫는 라틴어다. 융에 따르면 인간의 자아(ego)가 내면세계와 소통하는 주체라면 페르소나는 일종의 가면으로 사회의 행동 규범과 역할을 수행하게 만든다. 사람들은 자기 상황에 맞는 여러 개의 가면을 그때그때 바꿔 쓴다. 소위 멀티 페르소나 현상이 빚어진다.

조주빈은 성착취물을 유통하면서 은밀하고 지능적으로 돈을 벌었다. 그는 악마의 거래인 박사방 유료 입장료를 현금으로 받지 않았다. 암호화폐와 문화상품권, 일본 엔화, 그리고 은행·가상계좌를 이용한 송금 등을 결제수단으로 이용했다. 그는 박사방 이용자들에게 유료 대화방의 입장료(20만~150만 원)를 받기 위해 비트코인, 이더리움, 모네로 등 3개의 암호화폐 지갑 주소를 알렸다.

이 중 모네로는 익명성과 보안등급이 높아 거래 추적이 어려워 불법 거래에 주로 이용되는 대표적인 다크코인이다. 비트코인이나 이더리움처럼 대중성이 높은 일반 암호화폐는 거래 과정의 추적이 가능하다. 그러나 모네로는 다크웹(인터넷 암시장)에서 무기와 마약 거래와 같은 불법 거래, 보이스피싱을 할 때 주로 사용된다. 범죄 집단은 암호화폐를 여러 차례 쪼개고 합치는 이른바 믹싱 앤드 텀블러 방식의 돈세탁으로 추적을 피한다. 모네로는 거래 내역이 암호화돼 여러 번의 거래 과정을 거치게 되면 추적 과정이 끊긴다. 암호화폐 지갑 주소를 온라인과 연동하지 않고 암호화폐를 USB 메모리에 담을 경우 추적은 더욱 어려워진다. 문화상품권 역시 게임머니로 환전하거나 상품권 구매업체를 통해 수수료를 제하고 현금화할 수 있어서 추적하기가 힘들다.

온라인 플랫폼서 성착취물 조직적 거래

n번방 사건에서 범죄자들은 돈과 폭력에 취약한 피해자에게서 확보한 성착취물을 온라인 플랫폼을 통해 조직적으로 거래되는 상품으로 활용했다는 점에서 주목된다. 「성매매금지법」이 제정된 2004년, 당시 대한민국은 찬반 논쟁으로 뜨거웠다. "인류 역사와 함께한 성매매를 무슨 수

로 막겠는가?" 반대하는 쪽의 가장 큰 논거는 법의 실효성이었다. 성범죄도 게임처럼 중독된다. 억압된 성매매는 분출구를 찾아 불법지대에서 암약한다. 처벌 강도가 약한 음란물 웹사이트 차단 정책은 n번방 사건이라는 부작용을 낳았다. 음란물 유통시장이 음성화해 문제가 더 심각해진 것이다. 국경이 없는 디지털 공간에서는 변태적인 외국산 포르노물 유통이 성행한다.

「성매매금지법」이 시행된 지 16년이 넘었지만 수요와 공급이 존재하는 한 성매매는 여전히 어두운 곳에서 버젓이 이루어진다. 2019년 7월 국내 최대의 성매매 알선 사이트 밤의 전쟁이 폐쇄됐다. 사이트 운영진은 5년 동안 2,600여 개 성매매업소에서 매달 30만~70만 원을 받고 온라인 광고를 게재해주는 수법으로 200억 원이 넘는 부당이득을 챙겼다. 밤의 전쟁 회원 수는 70만 명에 달했다. 업주들이 여성 얼굴과 몸을 찍어 홍보물로 올리고, 회원들은 후기에 인증샷이라며 불법 촬영물을 게재했다.

지난 1970~1990년대 집창촌에서 이루어진 성매매와 21세기 디지털 성범죄의 구조는 크게 다를 바 없다. 돈을 벌게 해주겠다고 어린 여성을 유인하는 수법이 똑같다. 나체 사진으로 협박해 미성년자까지 성노예로 부린 n번방 운영자들은, 과거 윤락 여성들에게 막대한 빚을 쌓게 한 뒤 폭력배를 동원해 집단 거주지에서 벗어나지 못하게 하고 성매매를 강요해 인권을 유린했던 악덕 포주의 진화된 버전이다.

성착취 범죄자들은 익명 뒤에 숨은 독버섯처럼 늘어나며 악의 연대기를 구축해 나갔다. 디지털 기술에 기반을 둔 불법 성착취 사업은 플랫폼을 바꿔가며 계속 규모를 키워왔다. 1999년부터 2016년 폐쇄될 때까지 성범죄의 진원지였던 소라넷 운영자 중 절반은 여전히 체포되지 않은 상황이다. 2013년 등장한 에이브이스누프는 46만 개 불법 영상물이 사이트에 게시됐고 유료 회원 수가 120만 명에 달했다. 2018년 불거진 '양진호 웹하드 사건'에서는 성착취물을 산업화하는 실태가 드러났다. 불법 촬영물을 올리는 헤비업로더, 이를 유통하는 웹하드 업체, 불법자료를 거르는 필터링 업체, 피해자에게 돈을 받고 영상을 삭제해주는 디지털 장의업체까지 여러 업체가 웹하드 카르텔을 형성했다. 게다가 국내 연예인, K-팝스타, 아이돌의 얼굴을 인공지능 기술로 바꿔친 딥페이크 음란물 동영상이 해외 사이트에서 조직적으로 제작·유포되는 실정이다.

n번방에 참여한 회원들은 누구

n번방에 모인 그들은 누구일까? 익명의 존재들은 공지방, 대화방, 음란물 유포방 3단계로 나뉘어 운영되는 채팅방에 모인다. 소위 운영진급 외에도 수많은 인물이 비밀의 문을 열고 들어왔다. 이들은 아동 성착취에 개입하거나 영상을 공유하는 불법을 서슴지 않았다. 불특정다수에 의한 성범죄인 것이다. n번방으로 대표되는 아동 성착취 동영상을 보거나 구매한 사람의 숫자는 모두 26만 명에 달한다고 한다.

가입자들은 10~20대부터 40~50대에 이르기까지 광범위하다. 가입자들은 중·고교생에서부터 직장인, 자영업자, 의사, 공기업 직원, 군인 등까지 다양하다. 이들 가운데 상당수는 △미성년자를 포함한 여성들의 성착취물 구매자 △영상 기반 성적 학대(리벤지 포르노) 유포자 △지인능욕(지인의 얼굴을 나체 사진 등과 합성하는 디지털 범죄) 사진 유포자와 구매자 등 다수의 성범죄 의심자들이다. 조주빈과 일당은 영상을 유포하고 거래하며 자신들의 채팅방에서 수많은 회원을 공범자로 만들어 사법당국에 신고하지 못하게 하는 치밀함을 보였다.

n번방에 참여한 회원들은 'n번방 자료 구해요'라는 글을 올리고, 영상을 돌려보면서 즐기며, 영상 품평회를 하고, 돈을 받아 타인에게 팔고, 다른 불법 영상과 교환했다. 1, 2차 피해를 넘어 n차 피해로 확산된 과정이다. 정상적인 사고를 가진 사람이라면 그 방에 처음 들어간 순간, 호기심을 느낄 것이 아니라 고발·신고했어야 했다. 수만 수십만 명의 동시접속자 중 어린 피해자들을 한계 상황에서 빠져나오도록 도우려 했다는 사례를 찾아볼 수가 없다. 잔인한 행동을 적극적으로 막으려 하지 않고 방관한 것 자체도 피해자의 삶을 짓밟은 행위나 다름없다.

미국의 정치학자 한나 아렌트는 "범죄 시스템을 무비판적으로 받아들인 것도 죄악에 해당된다"고 말했다. 악을 의도하지 않고 수동적으로 참여하는 데에도 악의 본질이 있다. 범죄자들은 항상 많은 사람을 현혹시켜 악의 소굴로 끌어들여 공범자로 만든다. 그리고 악행을 더 많이 공유하고 범죄에 대한 책임을 분산시키는 데 주력한다고 아렌트는 설명했다. 암암리에 자행되던 성적 착취는 온라인 세상에서 조직적으로 증식되며 수많은 공범을 양산했다. 이들은 태연하게 미성년자의 성착취 영상에 수십만~수백만 원을 지불하며 쾌락을 추구했다.

텔레그램 성착취 사건이 불법적이며 반인륜적인 행태로 자행된 것은 그동안 아무 접점 없이 살아오던 수십만 명의 사람들이 텔레그램을 통해 가상의 공간에 모여 동시에 범죄를 공모하고 실행할 수 있게 된 것에도 원인이 있다. 관음증적인 행위를 일삼은 가해자들은 비인권적이고 가학적인 범죄 행위에서 본인은 관전자로서 한발 물러서 있다고 착각하며 그 상황에서 인간으로서 당연히 해야 할 윤리적 판단을 하지 않았던 것으로 보인다.

반윤리적 권위를 맹목적으로 추종하는 심리적 기제를 연구한 미국 예일대 심리학과 교수 스탠리 밀그램은 가해자와 피해자 간의 거리를 가학행위의 중요한 요인 중 하나로 본다. 즉, 피해자와의 거리가 멀거나 피해자에 대한 가혹행위를 전달하는 제3의 인물이 개입되어 있다면 사람들은 타인에게 더욱 잔인해졌다. 텔레그램 같은 인터넷 공간에서는 간접적으로 범죄행위의 지시를 내리거나 멀리 떨어져 관전하는 것이 가능하다.

더욱이 이 성착취 범죄자들은 누구의 압력에 의해서가 아니라, 본인들이 적극적으로 해당 공간을 검색하고 주범이 요구하는 인증 방식을 거쳐 암호화폐 입장료를 내며 범죄 현장으로 들어섰다. n번방에 마침내 들어서 보니 여러 개의 방에 자신과 같은 의도를 가진 수만 명의 사람이 있다는 것을 일시에 목도할 때 최소한의 윤리적 경계는 사라진다. 이들은 또한 아무 이유나 붙여 피해자들을 이런 일을 당해도 마땅한 사람들 혹은 노예로 칭하며 자신의 범죄행위를 정당화한다.

나치가 유대인 학살을 최종 해결책으로 명명했듯, 범죄자는 일말의 죄책감을 방지하고 자신의 범죄행위를 정당화하기 위해 피해자와 심리적 거리를 둔다. 잠재된 사디스트적 심리는 범죄가 극단적 행태를 띠게 만든다. 사회적인 이슈가 된 뒤에 혹시라도 처벌을 받지나 않을까 걱정하며 급히 텔레그램을 탈퇴하고 행적을 지워, 빠져나갈 변명에만 고민하고 있는 이들이지만 쉽사리 자신의 잘못을 뉘우치지 않는다.

피해자의 고통과 사회적 책임론

일각에서는 피해자 행실론이 거론된다. 일부 여성이 트위터에 신체 노출 사진을 올리는 일탈계에서 활동했다든지 고액 알바와 조건만남에 응

해 성착취의 빌미를 제공했다는 것이다. 하지만 성착취 피해자들은 그동안 수치심과 가해자 보복에 대한 두려움에 떨면서 피해 사실을 제대로 수사당국에 신고하지 못했다. 그들은 '돈과 선물을 주겠다' '아르바이트를 시켜주겠다'는 달콤한 꾐에 속아 협박용 개인정보를 털린 뒤 덫에 빠졌다. 그들은 처음에는 가벼운 요구에서 시작해 점점 더 수위가 높은 영상을 찍게 하는 과정인 그루밍(grooming, 길들이기) 성범죄 수법에 넘어갔다. 대부분 외상후스트레스장애(PTSD) 수준을 넘는 트라우마에 시달린다. 극심한 우울증과 공포에 떨며 살아가고 있다. 지인 중 누군가 내 동영상을 봤을까 두려워 인터넷도 마음 편히 들여다볼 수 없다. 학교, 직장을 비롯한 그 어디에도 얼굴을 들고 갈 수가 없다. 심지어 가족들까지 피해자로 말려들어 가정생활 전체가 파탄이 난다. 모든 인간관계와 일상이 파괴되고 미래가 송두리째 짓밟힌 것이다. 수많은 가해자는 뻔뻔히 잘 살고 있는데 피해자는 죄인이 되어 숨어 살아야 하는 것이다. 불면증과 우울증, 공황장애까지 겪는 피해자들은 극단적인 선택까지 생각한다. 일부 성착취 피해자는 직접 박사방 유료회원 등 공범 처벌을 위해 증거를 확보한 뒤 고소에 나선다는 방침이다. 수사와 재판 과정에서 더욱 적극적으로 피해자의 권리를 주장해 공범들이 무거운 처벌을 받게 하기 위해서다.

사회적으로 디지털 성범죄에 대한 무지와 무관심으로 일관하고 침묵

한 모두에게도 책임이 있다. 여성을 성적 대상화하는 문화, 윤리의식 부재, 공감력 결여가 성폭력을 조장한다. 분명한 범죄 사실을 무능함 탓으로 돌리며 덮을 수는 없다. 디지털 성범죄의 배경에는 △일부 혈기왕성한 개인이 어쩌다 벌인 일탈 행동이나 몹쓸 짓으로 칭하는 '언변의 무능함' △소시오패스·은둔형 외톨이들이 벌인 범죄는 본인과 아무 상관이 없다고 생각하는 '사유의 무능함' △피해자에게도 범죄에 스스로 말려든 책임이 있지 않느냐며 역지사지(易地思之)의 입장을 버린 '공감의 무능함'이 작용한다. 이러한 무능함은 악을 재생산하는 암묵적 환경을 조성했다.

플랫폼은 변해도 성범죄는 달라지지 않았다. n번방의 수익구조를 본뜬 유해·불법 사이트는 끊임없이 생성된다. 성착취 영상을 만들고 유포시켜 돈을 번 촬영물 소지자, 회원 형태로 가입해 성착취 동영상을 즐긴 구매자에 대한 국민적 처벌 요구가 치솟는다. 성착취물을 소비하는 생태계를 발본색원해야 한다는 여론이 드세다. 실제 아동·청소년 성착취물은 소지 자체가 1년 이하 징역 또는 2,000만 원 이하 벌금에 처하는 불법행위다. 특히 소비자가 유포자가 되고, 유포자가 제작자로 변하며 범죄가 재생산되는 순환고리를 끊으려면 수요 측면에 대한 강한 처벌이 불가피하다는 지적이다. 국회에서는 2020년 4월 29일 「n번방 재발방지법」이 통과됐다. 불법 성적 촬영물을 소지·구입·저장·시청만 해도 처벌되며, 불법 성적 촬영물을 이용해 협박·강요하는 행위를 처벌하는 조항도 신설됐다. 미성년자와의 성관계를 미성년자의 동의 여부와 관계없이 강간으로 간주하는 '의제강간' 기준 연령은 13세에서 16세로 상향됐다. 여성과 아동·청소년을 대상으로 조직적이고 산업화한 성폭력 범죄는 우리 사회에서 하루빨리 근절돼야 할 것이다.

플랫폼 비즈니스는 첨단 지능정보기술을 활용해 기업을 어떻게 운영하느냐에 따라 사회에 이득이 되기도 하고 해악이 될 수 있다. 기업인은 디지털 플랫폼 사업을 전개함에 있어서 윤리성, 적법성을 갖추고 사회적 책임을 다해야 한다. 돈을 버는 데 혈안이 된 나머지 법을 어겨가며 인류 파괴적인 사업행각을 벌인 기업인은 짐승만도 못한 존재다. 패륜적 행위를 저지른 범죄자는 어떤 변명으로도 용서받지 못한다. 반드시 일벌백계로 다스리고 사회에서 영영 추방돼야 할 것이다.

PLATFORMIZATION

디지털
플랫폼과
혁신

01

정보재와
가격 결정

　세상의 모든 것은 가치가 있다. 보이는 것은 물론, 보이지 않는 것도 가치를 갖는다면 가격이 매겨져 거래된다. 일반적으로 제품 가격은 원가와 이윤의 함수다. 기계장치에 투입된 고정비를 비롯해 원재료 가격과 인건비, 영업 및 판매활동비 등 생산에 들어가는 모든 원가의 합계와 기업의 이윤이 더해져 제품 가격이 결정된다. 원가보다 제품 가격이 비싸야 이윤이 남는다. 규모의 경제가 발생하는 경우, 생산량이 늘어날수록 제품 단위당 평균비용이 하락하므로 기업은 대량생산에 따른 가격경쟁력을 확보할 수 있다.

　고객은 제품과 서비스 가격을 보고 구매 의사를 결정한다. 값이 싸면 물건을 사고 비싸면 사지 않는다. 고객은 구매 의사결정 과정에서 제품마다 고유하게 지닌 핵심 기능의 가치를 제품 가격과 비교한다. 가치는 고객이 제품 소비로 누릴 수 있는 효용을 화폐단위로 환산한 수치다. 제품을 구매하는 고객이 기꺼이 지불하려는 의사를 돈으로 표현한 것이다. 고객은 자신이 느끼는 가치보다 가격이 싸야 제품을 산다. 책을 예로 들면, 종이와 잉크 등 원재료 비용은 책값에서 차지하는 비중이 낮다. 독자가 책을 사는 이유는 책에 담겨진 정보와 콘텐츠가 책값 이상의 가치를 갖는다고 판단하기 때문이다. 책에 담겨진 정보나 콘텐츠 가치는 독자가 활용하기에 달렸다.

정보는 인간을 둘러싼 환경과 사물이나 경제주체의 유형, 특성, 행동 등에 관한 가치 있는 내용을 정리한 지식이나 자료를 의미한다. 거래 상대방이나 제품·서비스에 관한 정보는 문제 해결과 합리적인 의사결정에 도움이 된다. 정보는 경제주체 간 의사소통을 통해 생성, 수집, 저장, 가공, 전달된다. 개인이나 기업은 정보를 활용해 비즈니스에서 유용한 결과를 만들어 낸다. 그래서 정보와 데이터는 지식산업의 쌀로 불린다.

현실적으로 우리는 상대방과 구매하려는 제품에 대한 정보를 정확히 모른 채 거래하게 된다. 정보를 많이 가진 사람과 적게 가진 사람 간 비대칭성이 존재하는 것이다. 거래 상대방에 대한 정보가 부족할 때 경제주체가 바람직하지 않은 상대방과 거래해서 불이익을 볼 가능성이 큰 현상을 역선택이라고 한다. 거래당사자가 역선택을 해소하려는 노력에는 두 가지가 있다. 정보를 가지고 있는 주체가 자신에 관한 올바른 정보를 상대방에게 전달하려는 행위를 신호발송(signaling)이라고 한다. 정보를 가지고 있지 못한 거래자는 거래 상대방에 관한 정보를 얻으려고 노력하는데 이를 선별이라고 한다.

창의적 지식의 산물, 정보재의 특성

정보 자체는 보이지 않지만 제품에 담겨져 거래될 수 있다. 정보재 (information goods)란 제품에 포함된 지식, 콘텐츠가 소비자에게 도움이 되는 핵심적 가치를 갖는 상품이나 서비스를 말한다. 책이나 음반, 영화 DVD, 모바일 게임 등 정보재를 생산하는 기업은 고정비용 부담이 크다. 고정비용의 대부분은 제품 생산을 중단하더라도 회수하기 힘든 매몰비용 (sunk cost)이 차지한다(Shapiro & Varian, 1998). 정보재는 한 번 생산하기가 힘들지 재생산하는 데 추가적인 비용이 거의 들지 않는다. 영화를 제작하는 경우를 예로 들면, 제작 단계에서는 시나리오 제작비, 배우 출연료, 스태프 인건비, 영상과 음향 장비, 의상비 등 막대한 비용이 들어간다. 일단 기업이 영화를 만들고 나면 DVD를 제작하거나 스트리밍 서비스를 제공하는 데 추가적으로 드는 한계비용은 거의 제로에 가깝다.

정보재는 창의적인 지식의 산물이다. 세상에서 유일한 독창적인 콘텐츠다. 지적 생산물은 다른 사람이 마음대로 복제하거나 무상으로 사용할 수 없다. 지적 생산물에 대한 재산권은 지식재산권으로 표현되며 이를 소유한 개인이나 기업은 일정 기간 보장받는 독점적 이윤을 확보할 수 있다. 정보기술의 발전으로 지적 생산물인 콘텐츠를 다양한 채널로 고객에게 제공하는 것이 가능해졌다. 오프라인에서 온라인으로의 제품화 확산이 바로 그것이다. 전통적인 종이책은 디지털 방식 전자책의 등장으로 콘텐츠의 멀티채널 유통이 가능해졌다. 물론 새로운 기술을 적용한 신제품이 전통적인 제품 판매에 타격을 입히는 자기잠식효과(carnivalization)가 나타나기도 한다.

정보재는 완전성, 즉시성, 확장성의 특성을 지닌다. ① 디지털화(digitalization)한 제품은 복사본을 원본과 똑같이 만들 수 있다. ② 네트워크를 이용하면 정보재의 완전한 사본을 거의 즉시, 어느 곳에나 유통할 수 있다. ③ 확장성은 완전성과 즉시성을 기반으로 추가적인 비용을 들이지 않고 신규 시장으로 사업 영역을 확대할 수 있는 것이 정보재의 특성이다(맥아피·브린욜프슨, 2018).

좋은 콘텐츠는 플랫폼의 파워를 결정한다. 차별화된 콘텐츠는 고객 만족을 키우고 플랫폼 경쟁력을 강화한다. 디지털 콘텐츠는 정보재의 주류로 부상하고 있다. 디지털 재화는 기술 혁신에 의해 다음과 같은 마케팅 특성을 갖는다(스미스·텔랑, 2018). 첫째, 디지털 유통채널의 발달로 유통 기업은 무한대에 가까운 재고를 갖게 됐다. 개인별 수요에 맞춰 틈새시장에서 소규모 구매가 무궁무진하게 가능한 롱테일의 법칙이 작동한다. 둘째, 디지털 환경에서는 제품 구색이나 진열 공간에 있어서 아무런 제약을 받지 않는다. 혁신적인 기업들은 가상의 진열 공간을 활용해 규모의 경제를 맘껏 선보인다. 셋째, 정보재 생산과 관련해 쉽고 저렴한 제작 기술이 보편화되면서 콘텐츠의 시청, 보급, 유통에 있어서 제작자들이 주도권을 행사하기가 점점 힘들어졌다. 온라인 유통채널의 힘은 갈수록 커진다. 넷째, 혁신기업들은 소비자 개인의 성향과 행태 자료를 새로운 유통 플랫폼을 통해 수집, 보관, 분석할 수 있게 되었고 빅데이터 기술을 통해 소비자 경험이라는 소중한 자산을 사업에 적극 활용하게 됐다.

디지털 유통은 콘텐츠의 판매에 있어서 다섯 가지 장점이 있다. 첫째, 콘텐츠의 잠재시장을 평가할 수 있다. 둘째, 콘텐츠 마케팅을 더 효율적으로 전개할 수 있다. 셋째, 시청자들이 콘텐츠에 어떤 반응을 보이는지 실험해 볼 수 있다. 넷째, 기존 방식으로는 얻기 힘든 마케팅 인사이트를 개별 고객에 대한 데이터를 분석해 확보한다. 마지막으로 수익창출에 있어서 블록버스터에 의존한 기존의 방식과는 다른 프로세스를 활용한다. 즉 제품에 대한 다양한 선호를 반영하는 틈새시장을 적극 개척할 수 있다.

디지털 콘텐츠를 포함한 정보재는 확산 과정에서 네트워크 효과가 현저하게 나타난다(부록03: 네트워크 효과의 종류와 사례 참조). 네트워크 효과는 같은 상품을 쓰는 소비자의 참여가 늘어날수록 그 상품의 소비에서 얻는 소비자 효용이 더 커지는 것을 가리킨다. 네트워크 효과에 의해 어느 특정 상품으로 소비집단이 대거 몰려드는 쏠림현상(tipping)도 나타난다. 시장에서 인기 제품이 더 많은 인기를 얻는 순환고리를 많이 발견할 수 있다.

네트워크 효과는 사람들이 수요를 결정하는 차원에서 긍정적인 효과와 부정적인 효과 두 가지로 구분된다. 긍정적인 측면으로는 사람들이 유행에 따라 어떤 물건을 사게 되는 유행효과(bandwagon effect) 혹은 양떼효과(herding effect)를 들 수 있다. 타인 의존적이고 모방적인 구매 심리와 왕따 당하지 않으려는 소비심리가 작용하는 경우 유행효과가 증폭된다. 특히 제품에 대한 정보가 부족할 때 고객들은 다른 사람이 구입하거나 추천한 제품을 사는 경향이 강해진다. 온라인 추천 서비스를 통해 한번 유행을 탄 유명 제품의 매출이 급증하는 승자독식 경향이 심해진다. 나아가 생산과 소비 양면에서 규모의 경제가 결합되면 긍정적인 피드백 효과가 크게 나타날 수 있다.

부정적인 네트워크 효과의 경우는 어떤 상품을 소비하는 사람의 수가 증가함에 따라 그 상품에 대한 수요가 되레 줄어드는 속물효과(snob effect)가 대표적이다. 속물근성이 강한 사람일수록 남들이 많이 사는 물건보다 값비싼 유명 브랜드에 집착하는 경향을 보인다. 한국에서 외제자동차, 고급 시계, 수입 화장품 등 초고가 명품 상품이 많이 팔리는 현상도 이 같은 효과가 부유층 사이에 만연하기 때문이다.

정보재가 갖는 잠김효과(lock-in effect)는 특정 상품에 익숙해진 소비자가 계속 이를 사용하려는 경향을 뜻한다. 소프트웨어의 경우, 한번 소비자가 이용하면 자물쇠처럼 습관이 잠겨 쉽게 다른 소프트웨어로 구매와 사용을 바꿀 수 없는 현상이 지배적이다. 아울러 소비자가 구매 상품을 다른 제품으로 바꾸는 데 드는 집단적 전환비용(switching cost)이 많이 드는 점도 잠김효과를 낳는 요인이다. 내구재와 마찬가지로 정보재는 전환비용이 높은 상품이다. 정보재를 생산하는 기업들은 네트워크 효과와 잠김효과를 극대화하기 위한 자사 제품을 시장에 출시하는 초기에 많은 소비자층을 확보하기 위한 총력을 기울이게 된다. 경쟁이 치열한 정보재 시장에서는 무료견본, 한정판매, 끼워 팔기 등 출혈을 감수하더라도 아주 싼 가격에 신제품을 출시해 초기에 소비자층을 최대한 확보해야만 성공을 거둘 수 있다. 일단 자사 제품으로 대부분의 소비자 구매를 확보하면 경쟁기업에 대해 새로운 진입장벽을 구축할 수 있게 된다.

소비자들이 개별 제품에 대해 다른 가치를 매긴다면 기업은 이익 극대화를 위해 가격차별화 전략을 구사할 수 있다. 정보재의 경우도 마찬가지다. 고객의 지불 의사에 따른 가격 차별화가 가능하다. 정보재를 취급하는 기업은 고객을 완벽하게 구별하기 위해 개별 고객의 지불 의사를 정확히 알아내야 한다. 이상적으로 개별 고객을 대상으로 가장 높은 가격을 책정할 수 있는 것이다. 이를 1차 가격차별이라고 한다. 고객 세분화가 어려울 경우에는 2차 가격차별 전략이 활용된다. 어떤 정보재에 대해 지불 의사가 높은 소비자와 지불 의사가 낮은 소비자를 구분해 서로 다른 사양의 제품을 제공하는 것이다. 예를 들어 책을 출판하면서 품질, 편의성, 보존성이 다른 하드커버와 소프트커버의 책을 각각 다른 가격에 내놓는 것이다. 3차 가격차별은 나이, 지역 등 각 소비자집단의 관찰 가능한 지불 능력을 바탕으로 제품 가격을 책정하는 것이다. 영화관에서 청소년이나 노인에 대해 할인 가격을 적용하는 방식이다.

현실적으로는 수요가 늘어날 때 가격을 높이고 수요가 없을 때 가격을 낮추는 탄력적인 타이밍 전략이 효과적이다. 예를 들어, 콘텐츠가 출시되자마자 제품을 보려 하는 고객에게는 높은 가격을 매기고, 반대로 콘텐츠 출시 후 바로 구매하지 않고 시간이 흐른 다음 천천히 서비스를 구매하려는 고객에게는 낮은 가격을 매기는 방식이다. 같은 정보재일지라도 △온라인이나 오프라인 채널에서 판매되는 정보 내장형 유형 상품과 △디지털 콘텐츠와 같은 무형의 서비스는 고객의 수요에 맞춰 가격을 서로 달리 결정하는 방법이 유효하다. 종이책과 전자책의 가격을 결정함에 있어 전자책 비구독자에 대해서는 같은 가격을 매기고, 전자책 구독자에 대해서는 종이책보다 싼(예를 들어, 4분의 1) 가격으로 전자책을 판매하는 방식이다. 영화 프로그램의 경우, DVD에 비해 온라인 채널의 가격이 현저하게 낮아지면 매출과 순이익 모두 증가하는 경향이 나타나는 것으로 알려졌다. 전자책, 컴퓨터 소프트웨어, 웹페이지, 주식 데이터, 인터넷 미디어 기사 등을 사용하는 디지털 소비자의 가격 탄력성이 크기 때문이다.

정보재의 독점화 경향 분석

정보재의 특성을 미시경제학적 분석을 통해 살펴보자. 총비용이 어떤 정보재의 생산 초기에 발생하는 고정비용이고 한계비용은 0이라고 하자.

이 기업의 평균비용곡선은 우하향하는 모양을 갖는다. 차별화된 정보재를 생산하는 기업은 이 같은 비용구조하에서 다른 기업보다 가격 측면의 경쟁우위를 확보할 수 있다. 여러 기업이 똑같은 영화나 음악을 만들 수 없기 때문이다. 정보재의 특성상 많은 기업이 완전히 똑같은 상품을 생산할 수도 없다. 따라서 세분화된 정보재 시장에서는 자연적으로 독점화 경향이 나타나게 된다(이준구·이창용, 2020).

정보재 가격이 결정되는 구조를 예를 들어 살펴보자. 인기 절정의 아이돌 그룹 방탄소년단(BTS)이 새로 발매한 CD가 1장당 1만 5,000원일 때 50만 장이 팔릴 것으로 예상된다. 동시에 BTS CD 가격이 2만 원일 때 수요량은 0이고, 가격이 0일 때 수요량은 200만 장이라고 하자. 이 같은 가정하에서 BTS CD는 우하향하는 반직선 모양의 수요곡선으로 표현된다. 이 CD를 제작하는 기업은 한계수입(marginal revenue)과 한계비용(marginalg cost)이 같아지는 조건이 충족될 때 이윤을 극대화할 수 있다. 이때 한계비용이 0이라고 가정한다면 한계비용곡선은 그래프에서 수평축과 같게 된다. 한계수입곡선은 수요곡선과 수직축상 절편은 같지만 수평축 절편은 수요곡선의 절반이 되는 반직선이 된다. 즉, 한계수입곡선의 기울기는 수요곡선 기울기의 2배가 된다.

이 기업의 이윤극대화 조건은 한계수입곡선이 수평축과 교차하는 생산량에 대응된 수요곡선 상의 점(E)에서 충족된다. 1만 원의 가격에 BTS CD를 만들어 100만 장을 팔게 될 때 기업의 이윤이 극대화되는 것이다. CD 생산량이 100만 장일 경우 평균비용은 8,000원이므로 기업은 CD 1장당 2,000원의 이윤을 얻어 총 20억 원의 이윤을 획득한다.

한 나라 경제 전체적으로 볼 때 BTS CD는 얼마의 가격으로 몇 장

그림 11 **정보재의 가격결정**

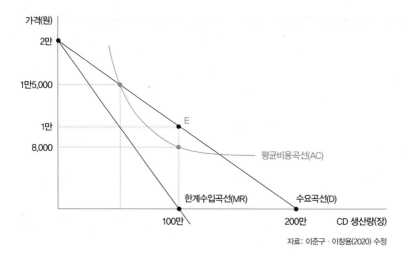

자료: 이준구·이창용(2020) 수정

이 생산되는 것이 바람직할까? 순사회편익(net social benefit)은 각 CD 생산량마다 구매자가 기꺼이 지불할 수 있는 가격에서 한계비용을 뺀 차액, 즉 한계편익(marginal benefit)의 크기로 측정된다. 순사회편익의 누계가 극대화되는 CD 생산량은 음반 구매자가 누리는 총 한계편익이 최대일 때 달성된다. 수요곡선이 수평축의 위쪽에 있는 구간에서는 기업이 CD 생산량을 늘릴수록 순사회편익이 계속 늘어나게 된다.

기업의 이윤 극대화 생산량은 100만 장이지만 순사회편익이 최대화되는 생산량은 200만 장이 된다. 다른 표현으로 기업이 200만 장의 CD를 생산해 전체 시장에서 원하는 고객 모두에게 무료로 나눠줄 때 순사회편익을 극대화할 수 있는 것이다. 정보재의 경우 기업의 독점력을 인정해주지 않는 것이 사회적으로 바람직한 결정이 될 수 있다. 특허나 저작권 보장은 기업의 독점적 지위로 인한 정보재의 과소생산 문제와 함께 사회적으로는 자원의 비효율적 이용에 따라 자중손실(dead-weight loss)을 발생시키는 결과도 낳는다(이준구·이창용, 2020).

애플이 아이폰 신제품을 높은 가격에 판매하는 고가정책을 펴는 것은 대체재인 안드로이드 스마트폰으로 바꾸는 데 기존 소비자의 전환비용이 많이 들어 잠김효과에 묶인 고정 수요가 이탈하지 않기 때문으로 풀이된다. 클라우드 서비스와 함께 이미 많은 앱을 유료로 구매한 아이폰 이용자는 그동안 들인 비용을 쉽게 포기하지 않는다. 비교적 소득이 높거나 젊은 층 소비자의 경우 습관의 지속성이 강하다. 애플의 이윤극대화 전략은 그래서 유효하다.

CD를 포함한 대부분의 정보재는 자연적으로 독점화하는 경향이 있지만 적은 비용으로 쉽게 복제·배포될 수 있다는 특징도 갖는다. 불법 복제는 기존 기업의 수익 모델에 큰 위험이 된다. 소비자에게 불법 복제물은 가격뿐만 아니라 시의성, 품질, 유용성 측면에서도 이점을 갖게 한다. 불법 복제는 소비자가 정상적으로 구매했을 제품을 공짜로 구할 수 있게 함으로써 실제 소비를 줄이고 기업 매출을 감소시키는 결과를 초래한다.

정보재의 독점력을 보호해주지 않을 경우 기업은 비용을 들여가며 무상으로 많은 CD를 고객에게 제공하려 하지 않을 것이다. 독점력을 보호해주지 않은 결과, BTS CD가 아예 생산되지 않을 경우 이윤 극대화 생산량까지 소비자가 누릴 수 있는 소비자 잉여가 완전히 사라지는 최악의 결과도 낳을 수 있다. 이 같은 이유에서 공공재적 특성을 갖는 정보재에 대해서는 무단 복제를 막는 특허나 저작권 같은 지식재산권 보호제도가 작동해야 한다. 기술혁신이 빠른 속도로 이루어져 정보재의 라이프 사

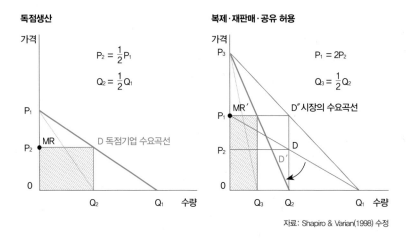

그림 12 **정보재 판매조건 완화의 효과**

독점생산

가격

$P_2 = \frac{1}{2}P_1$

$Q_2 = \frac{1}{2}Q_1$

P_1

P_2 ● MR

D 독점기업 수요곡선

0

Q_2 Q_1 수량

복제·재판매·공유 허용

가격

P_3

P_1 ● MR′

P_2

D″ 시장의 수요곡선

D

D′

0

Q_3 Q_2 Q_1 수량

$P_1 = 2P_2$

$Q_3 = \frac{1}{2}Q_2$

자료: Shapiro & Varian(1998) 수정

이클이 짧아지고 복제비용이 급격히 하락하는 디지털 경제에서는 지식재산권 보호 이슈가 매우 중요하다. 디지털 재화에 대한 지식재산권 보호가 제대로 이루어지지 않는다면 정보통신기술 분야의 지속적인 투자와 신제품 연구개발(R&D), 혁신적인 서비스 제공이 불가능해질 것이다.

지식재산권 보유 기업은 가격과 생산량의 최적 조합을 통해 이익을 극대화하는 전략을 구사하려 한다. 정보재에 대한 지식재산권을 행사할 수 있는 권한이 완화하면 가격과 판매량에 변화가 생긴다. 기업의 지식재산권 행사 조건을 완화해 정보재 구매자에게 재사용, 재판매를 허용하거나 타인에게 임대, 공유할 수 있게 허용할 경우 두 가지 결과가 발생한다. 시장에서는 소비자들의 해당 제품에 대한 수요가 진작되며 이윤 극대화 추구 기업은 오리지널 제품 가격을 인상($P_2 \rightarrow P_1$)할 수 있다. 하지만 가격을 인상할수록 대체재의 등장 등 시장 내 경쟁이 치열해지는 상황에서 재판매 상품이나 복사본이 기승을 부리게 돼 오리지널 제품 판매량을 갉아먹는 결과($Q_2 \rightarrow Q_3$)를 낳는다. 결국 기업이 정보재에 대한 지식재산권 보호를 완화하면 제품 판매량은 독점적인 생산보다 줄어들 수 있는 것이다. 이때 기업은 제품가격 인상을 통해 매출을 종전과 같게 유지할 수 있다(Shapiro & Varian, 1998).

사회적으로는 정보재 생산 기업의 지식재산권 보장으로 혁신활동을 촉진하는 긍정적인 측면이 있지만 기업의 독점적 지위 남용에 따른 자중손실 발생이라는 부정적인 측면 사이에 상충관계가 존재한다는 점을 확인할 수 있다. 정보재의 불법 복제를 막을 순 없다. 기업은 불법 복제와의 무한 전쟁을 벌여야 한다. 불법 복제를 근절하는 방법은 두 가지다. 첫째는 소비자로 하여금 합법 콘텐츠를 더 편하게, 더 쉽게, 더 신뢰할 만하게 사용하도록 만드는 노력이다. 둘째는 불법 콘텐츠를 더 불편하게, 더 어렵게, 더 못 미덥게 사용하도록 만드는 것이다. 정보재의 생산이 소비자 수요에 대해 부족하지 않고 가격도 터무니없이 비싸게 매겨지지 않도록 공정경쟁 당국의 시장 감시와 부당행위 근절 노력도 필요하다.

02

구독경제의
진화와 확산

한 달에 정해진 이용료를 내고 여러 차종을 교체해 가면서 자동차를 빌려 타는 서비스가 등장해 눈길을 끈다. 자동차 메이커가 제공하는 차량 구독 서비스는 대출상품 성격의 자동차 리스·렌트와 구별된다. 월정액을 낸다는 점에서 차량 공유 플랫폼과도 다르다. 겨울옷 특성상 코트는 고가품이다. 한 번 구매하면 다른 코트를 사기 부담스럽다. 하지만 월정액을 내고 한 달에 4벌의 코트를 골라 입을 수 있는 이색 서비스가 인기를 모은다. 자신의 기호에 따라 패션 스타일리스트가 옷을 추천해준다. 고객은 추천된 옷 가운데 마음에 드는 옷을 최종 선택만 하면 되는 퍼스널 쇼퍼가 된다. 이와 함께 전자책의 보급 확산으로 한 달에 일정액만 내면 보고 싶은 책을 무제한 읽을 수도 있다. 베스트셀러뿐 아니라 맞춤형 책을 태블릿PC로 언제 어디서나 읽을 수 있는 서비스도 등장했다.

표 2 **소유경제와 구독경제의 차이점**

구분	소유경제	구독경제
핵심적 판단 기준	구매전환율, 거래 규모, 규모의 경제	고객 생애 가치, 재방문율
고객 가치 통로	교차 판매	가치 차별 및 부가 판매
맞춤 서비스	고객 주문 기반	환경 설정 기반
상품 체험	무료 체험 및 샘플 제공	무료 체험 및 프리미엄
조직의 핵심 목표	통제와 관리	유연성 제고
네트워크의 영향력	작다	결정적이다
가격 정책	비용 기반	가치 기반
혁신	대규모의 단계적 혁신	지속적인 혁신
관계	거래 종료로 종결	항구적 관계

자료: 백스터(2018)

구독모델은 글로벌 금융위기 직후인 2010년대 초반 미국에서 처음 생겨났다. 경제 저성장 분위기에서 샴푸, 면도날 같은 생활 소모품을 소포장 단위로 낮은 가격에 정기배송해 주는 서비스가 인기를 끌었다. 이젠 화장품, 액세서리, 기저귀, 완구, 세제, 커피, 술, 꽃, 빵, 반찬, 신선식품, 가정간편식까지 고객이 월정액을 내고 배달받아 쓰는 소비 방식이 일반화한다. 영화, 음악, 드라마를 스트리밍 서비스로 이용한다. 가구, 가전제품, 침대뿐만 아니라 비행기, 기차 이용에 대해서도 월정액 상품이 등장한다. 전통적인 상품경제에서 소비자는 물건을 산 만큼 기업에 돈을 지불했다. 하지만 이제 소비자는 물건을 사용한 가치만큼 돈을 낸다. 소비재시장에서 무궁무진한 비즈니스 확장이 가능하다. 구독모델은 모든 산업을 관통한다.

소비자의 경제 활동이 변모한다. 소유가 아닌 연결, 접속의 시대가 도래했다. 내 것으로 하나의 제품을 소유하기보다 여러 개를 써보는 기회를 만끽하려는 사람이 많아진다. 과거 상품에 대한 소유권을 소비자가 갖고 기업에 돈을 내는 상품경제에서 소비자가 일정 기간 점유권을 갖고 빌려 쓴 만큼 기업에 돈을 지급하는 공유경제로 넘어왔다. 이제는 고객이 제품을 구매해서 소유하는 대신 저렴한 가격으로 이용료를 내고 상품이나 서비스를 일정 기간 이용하는 구독경제(subscription economy)가 빠르게 확산한다. 계약기간 동안 돈을 내고 제품·서비스를 이용하는 구독경제는 다수의 소유주가 보유한 유휴 자산을 다수의 이용자가 나눠 쓰는 공유경제와 구별된다. 플랫폼은 공유경제와 구독경제를 망라한 모든 분야에서 새로운 사업 기회를 포착해 가치를 창출하는 비즈니스 모델이다.

구독경제의 대상이 되는 자산은 네 가지 종류가 있다(Libert et al., 2016). 첫째는 소비재와 내구재 등 물리적인 유형의 제품은 기본적인 구독경제의 대상이 되는 자산이다. 둘째, 프리미엄 고객에 대한 지원, 교육, 수리, 유지, 법률 자문, 건강 검진 등 계약된 기간 중 정기적으로 고객에게 제공되는 다양한 서비스도 구독경제 자산이 된다. 셋째, 소프트웨어나 콘텐츠, 데이터, 제품 구매 자문 활동, 연구 보고서, 뉴스 제공, 소비자 리포트 등 디지털 정보재는 무형의 구독경제 자산이다. 넷째, 네트워크 구독은 개인이 특별한 플랫폼에 가입하거나 특별한 사람들의 집단에 접근할 수 있는 멤버십을 제공하고 수익을 창출한다.

구독경제 전략의 장점

기업의 입장에서는 제품 판매가 아니라 서비스 제공을 통한 반복적인 수익창출을 위해 고객을 정기구독자로 전환하는 전략이 유효하다. 제

그림 13 **구독경제 비즈니스 모델**

품 중심에서 고객 중심으로 기업 경영의 마인드셋을 전환하는 것이 구독 경제의 핵심이다. 구독경제는 한 번의 거래보다 지속적인 고객 관계 유지에 중점을 둔다. 구독경제는 고객만족을 통한 기업의 지속적인 매출 증대와 안정적인 이익 확보의 원동력이다. 한번 가속도가 붙으면 상승작용을 일으켜 저절로 돌아가는 플라이휠 성장모델이다.

구독경제의 키워드는 이익과 재미로 압축된다. 구독 서비스를 이용하는 고객의 가입 이유로는 재미와 흥미가 가장 많은 비중을 차지한다. 새로운 경험을 해보고 싶어서 구독을 선택하는 사람들이 경제적 이익이나 편리함을 추구해서 구독 서비스를 이용하는 사람들보다 많다. 고객이 일상생활에서 반복적으로 사용하는 상품을 계약기간 동안 정기배송하는 보급형과 함께, 영상·음원 등 콘텐츠를 중심으로 전문가들이 제품을 골라주는 큐레이션형, 특정 상품을 계약기간 동안 소유권 이전 없이 빌려서 사용하는 렌탈형 등 이용자는 니즈에 맞게 구독경제 서비스를 이용한다. 월 구독료를 내면 무엇이 배송될지 모르지만 새로운 트렌드에 도전하고 경험하는 기회를 만끽할 수 있어서다.

사실 정기구독 자체는 책이나 신문 구독과 같이 오래전부터 생활에

자리 잡고 있었다. 1인 가구의 증가와 더불어 빠른 배송을 특징으로 하는 유통혁명이 진전된다. 여기에 정보통신기술의 발전과 스마트 기기의 보급 등 신산업이 접목되면서 구독경제가 새로운 트렌드로 떠오른 것이다. 오프라인 매장은 전시장으로 바뀌고 고객 경험은 오프라인 매장에서 디지털 모바일 관계로 확장한다. 국내에서 구독경제를 사업 아이템으로 삼은 스타트업만 해도 300곳이 넘는다. 하지만 모두 성공할 수는 없다. 개별 제조업체의 홈페이지나 구독 앱은 소비자 접근성 차원에 한계가 있어 대형 디지털 플랫폼을 통한 구독경제가 규모의 경제에 힘입어 더 막강해지는 추세다.

현명한 고객은 자신이 원하는 것을 제대로, 효율적으로 이용하는 방식을 찾아내고 행동에 옮긴다. 고객이 정기구독을 선택하는 이유는 다양하다. 먼저 정기구독은 고객에게 자동화나 정기 서비스라는 편리함을 제공한다. 구독경제는 소비자가 아까운 시간과 노력을 들일 필요 없이 간편한 구매와 소비를 가능하게 만든다. 구독은 고객의 반복되는 의사결정에 따르는 고민과 불편을 줄여준다. 멤버십 프로그램에 가입하면 구독 이력을 기본으로 전문가에게 추천을 받을 수 있기 때문이다.

또한 고객이 물건을 구입해 소유하고 관리하는 데 따르는 비용 부담도 덜어준다. 개별 구매보다 정기구독은 가격할인 혜택을 받을 수 있다. 구독경제 멤버는 상품을 소유하는 것보다 훨씬 낮은 비용으로 폭넓은 선택권을 확보한다. 최근 구독경제의 주요 소비자는 20~30대 밀레니얼 세대다. 2030세대가 소유보다는 경험에 더욱 의미를 두는 경향이 있기 때문이다. 제품 트렌드 전환 주기가 빨라지고 짧은 기간 동안 더 많은 것을 경험하는 방향으로 소비패턴이 변하는 것도 구독경제가 확산하는 이유다.

1인 가구와 맞벌이 가구가 늘어나면서 렌털형 생활가전 시장에 변화가 인다. 방문판매 인력이 가정을 주기적으로 방문해 제품을 관리해주는 면대면 방식에서 소비자가 직접 부품을 교체하는 자가관리형 제품이 인기를 끈다. 자가관리형 제품은 구독경제로 날개를 단다. 소모품을 정기적으로 배송하는 서비스가 기본이다. 방문관리 서비스에 대한 비용 부담이 없어 가성비가 높고 낯선 이의 방문을 꺼리는 젊은 층이 선호하며 교체 및 관리가 쉽도록 제품이 설계돼 고객에게 편리함을 준다.

이와 함께 고객은 자신의 정체성과 소속감을 느끼기 위해 정기구독 커뮤니티에 참여하기도 한다. 동시에 구독 멤버십은 사람들을 서로 연결하는 한편, 자기가 속하고자 하는 준거집단에의 소속감, 상호 인정과 안정감, 자아 충족감 등 다양한 심리적인 만족을 제공한다. 특별한 관심을 공유하는 멤버들은 장기간에 걸쳐 정보를 교류하면서 상호 이익을 추구할 수 있다. 자발적이고 진정성 있는 상호작용을 통해 멤버들은 만족을 느낀다. 구독료는 고객이 특별한 서비스를 제공받는 대가로 커뮤니티에 지불하는 일종의 참가비다. 역설적으로 타인과 접촉을 기피하고 개인화하는 트렌드 또한 구독 활동을 부추긴다. 멤버십은 기업 판매 활동의 필수조건이자 장기적인 고객과의 관계를 제공하는 저장장치가 된다(챈저, 2018).

정기구독은 일정 금액을 정기적으로 지불하고 그에 상응하는 물품, 서비스를 제공하는 형태의 거래다. 기업들이 구독경제 모델을 채택하고 유료회원 유치에 적극 나서는 이유는 단골고객을 확보하기 위해서다. 온라인 마켓에서 유료회원은 일반회원보다 월평균 2~3배 구매 횟수가 많은 것으로 분석된다. 동시에 한 달에 쓰는 돈은 평균적으로 4배에 달한다. 상품을 구매했을 때 적립되는 포인트도 결국 재구매로 이어지므로 기업에는 매출의 선순환 구조가 확보된다. 충성도가 높은 단골고객이 늘어날수록 기업 매출이 성장하는 추진력을 얻는 것이다.

수익과 비용의 물고기 모델

기존 사업에 구독경제 모델을 적용하는 데 유의해야 할 사항은 두 가지다. 먼저 예상되는 가입자 수와 서비스 이용 횟수에 대한 철저한 분석이 선행돼야 한다. 그다음은 수요 고객층을 명확하게 파악해야 한다. 전통적인 제품 판매 기업이 구독경제 비즈니스 모델로 전환하는 과정은 수익과 비용의 물고기 모델(fish model)로 설명된다. 전통적인 기업이 수익원을 자산구매 모델에서 구독모델로 전환하는 과정에서 물고기 모양의 쌍곡선이 그려진다. 이 모델에서는 대규모 선금 거래 수익이 반복적인 구독 수입으로 대체됨에 따라 일정 기간 총매출이 줄어드는 경험을 하게 된다. 기업은 매출 감소와 동시에 모든 것의 서비스화(XaaS, everything as a service)에 필요한 새로운 판매 조직에 많은 비용을 투입해야 한다. 수익이 비용을 초과하던 전통적인 수익체계는 비용이 수익을 초과하는 격동의 시기로 변모한다. 성공적인 디지털 구독방식으로의 전환기간을 거치면서 수익은 비용을 웃도는 구조로 다시 복귀한다. 전체적인 수익과 비용의 흐름은 물고기 모양이 된다(추오·와이저트, 2019).

구독경제의 대상이 되는 상품, 서비스는 다섯 가지 유형으로 구분된다. ① 신문, 우유와 같이 규칙적으로 반복 구매되는 물리적인 상품 또는 음악 스트리밍 등 디지털 상품은 구독경제의 가장 대표적인 케이스다. 이와 함께 ② 콘도 이용처럼 사람들이 적극적으로 가입하는 서비스, ③ 선불 방식의 클라우드 기반 소프트웨어, ④ 유료회원 가입 커뮤니티나 공동

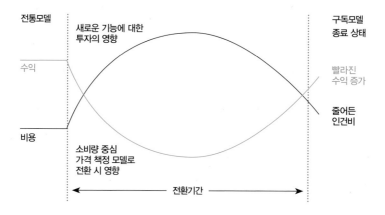

그림 14 물고기 모델: 전통모델서 구독모델로 전환 효과

전통모델

새로운 기능에 대한
투자의 영향

수익

비용

소비량 중심
가격 책정 모델로
전환 시 영향

전환기간

구독모델
종료 상태

빨라진
수익 증가

줄어든
인건비

자료: 추오 · 와이저트(2019) 수정

구매 프로그램, ⑤ 기업 생산을 지원하는 관리 서비스나 산업용 서비스 등도 구독경제의 대상이 된다.

커뮤니티 멤버십은 가입 고객에게 특별한 혜택을 제공하는 서비스다. 멤버는 가입비나 월정액과 같이 별도의 회비를 서비스 이용 대가로 지불한다. 구독경제 멤버십의 유형은 전통적 멤버십, 온라인 회원 방식, 온라인 커뮤니티, 로열티 프로그램, 마일리지 프로그램, 비영리 단체·전문가 모임 등 제품과 서비스의 특성에 따라 매우 다양하다(백스터, 2018).

정기구독 멤버십은 업종이나 규모에 상관없이 기업 마케팅 활동에 있어서 중요한 효과를 낳는다. 구독모델의 세 가지 도입 효과는 안정적인 수익, 가격 결정의 유연성, 고객관계에 기반한 확장성이다. 첫째, 구독모델은 기업에 안정적인 수익을 제공한다. 계절적인 매출 변동을 줄여 지속적인 매출과 이익 증가가 가능하다. 구독모델은 매출에 대한 예측이 용이하며 신규 회원 유입이 늘어날수록 매출이 증가하기 때문에 기업의 수익창출 기회를 확대해 사업 안정성을 높이는 효과가 있다. 둘째, 가격 결정에 있어 다양한 시도가 가능하다. 동일한 서비스와 상품에 대해 구성이나 서비스 방식을 변화함으로써 다양한 가격 플랜을 제시하고 넓은 고객층을 공략할 수 있다. 고가의 제품도 월정액으로 분산하기 때문에 소비자의 진입 장벽을 낮춰 시장 창출과 제품 확산이 용이하다. 셋째, 고객관계에 기반한 확장성이다. 지속적인 고객 데이터 축적을 통해 새로운 분야로 사업 확장이 가능하다.

기업은 구독 이력 데이터를 축적해 고객의 시장선호도나 소비패턴 등 정보를 쉽게 확보할 수 있다. 기업은 고객의 구매 데이터를 분석해 개인별 맞춤형 서비스를 제공한다. 빅데이터가 기업의 서비스 개선, 고객 만족도 향상을 위한 유용한 도구로 활용되는 것이다. 데이터를 기반으로 한 고객 관계관리(CRM, Customer Relationship Management)는 브랜드 강화로 연결된다. 장기적인 고객 가치를 중시하는 멤버십 관리가 효과적으로 이루어지면 고객 충성도를 높이고 고객 생애 가치 제고로 이어진다. 하지만 인공지능과 빅데이터에만 의존해서는 성공 확률을 높이기 힘들다. 서비스를 제공받는 주체가 개성이 서로 다른 사람들인 만큼 데이터와 함께 인간의 감정과 정서적인 부분까지 고려해야 한다는 것이다. 비슷한 패턴만 반복해서 제품 큐레이션이 이루어지면 소비자가 지겨워할 수 있다. 기술은 만능이 아니다. 사람의 판단을 돕는 도구에 머물러야 한다.

성공적인 회원 가입 전략은

구독은 인지-가입-연장-중단-재개 등이 지속적으로 이루어지는 역동적인 순환과정이다. 개별 고객에 대해서는 견적-주문-공급-송장-수금-승인으로 이어지는 일련의 절차에 의해 구독행위가 완성된다. 구독경제가 성공하려면 멤버들이 자사 상품이나 서비스를 지속적으로 구매하고 커뮤니티에 계속 참여해야 한다. 구독 고객이 계속 멤버십을 갱신하면서 다시 참여하게 하려면 실질적인 고객 가치를 제공하고 고객의 문제를 해결해 주어야 한다. 기존 가입자의 수명연장을 기반으로 새로운 멤버 유치는 구독경제의 성장을 위해 가장 중요한 전략이다. 새로운 멤버가 커뮤니티에 들어와 계속 머물도록 하려면 멤버의 지식, 습관, 사고방식 등이 커뮤니티의 성향과 잘 맞아야 한다. 구독경제 초기에 형성되는 코호트(특정의 경험을 공유하는 사람들의 집단)는 매우 중요하다.

성공적인 회원 모집 과정은 세 가지 핵심적인 단계로 이뤄진다(백스터, 2018). ① 신규 고객에 대한 마찰요소 제거가 첫 단계다. 제품 및 서비스 구매 과정이 오래 걸리면 잠재고객이 실제 고객으로 전환하는 비율이 낮아진다. ② 그다음은 진입 고객에 대한 직접적인 가치 제공이다. 신규 고객은 커뮤니티에 가입한 직후부터 만족스러운 경험을 하는 게 중요하다. ③ 마지막으로 고객의 성공으로 이어지는 바람직한 행동에 대한 보상이다. 일정 기간 동안 커뮤니티가 요구하는 특정 행동을 한 고객에게 보상을 하면 한 개인의 습관으로 자리 잡는다. 이 같은 과정이 개선되고 반복되면 멤버들의 충성도와 커뮤니티 내에서의 활동 빈도는 높아진다.

최고의 제품을 제공하더라도 언제나 떠나는 고객은 있다. 반짝이는 아이디어로 순식간에 고객을 끌어모아 대박을 낼 수 있지만 그만큼 인기가 빨리 식을 수도 있다. 맥킨지에 따르면 미국 구독 서비스 이용자의 절반은 첫 구독 후 6개월 안에 구독을 끊는다. 고객의 마음은 끊임없이 변

그림 15 **구독경제 기업의 위협과 대응**

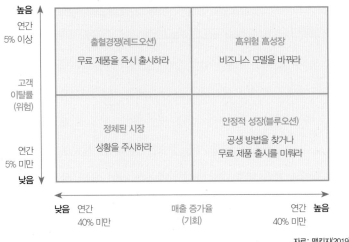

자료: 맥킨지(2019)

화한다. 고객의 정확한 취향 파악과 신선한 경험 제공, 경제적 이익이 합쳐져야만 구독이 유지될 수 있다. 고객 이탈률이 높거나 낮은 환경은 매출 증가율이 높고 낮은 환경과 만나 네 가지 경쟁 매트릭스를 형성한다. ① 고객 이탈률과 매출 증가율이 모두 높은 고위험·고성장의 상황에서는 사업에 대한 위협이 최고조에 달하므로 기존 비즈니스 모델을 바꿔야 한다. ② 고객 이탈률이 높지만 매출 증가율이 낮은 경우는 즉각적인 사업 위협이 대두되는 레드오션에 해당된다. 출혈경쟁에서 이길 수 있는 전략을 구사해야 살아남는다. ③ 고객 이탈률이 낮으면서 매출 증가율도 낮은 경우는 위협이 심각하지 않은 정체된 시장이다. 현상유지 전략이 해당된다. ④ 고객 이탈률이 낮지만 매출 증가율이 높은 상황은 가장 바랄 만한 블루오션이다. 안정적인 성장을 추구하는 기업은 다른 기업과 공생하는 방법을 찾거나 생태계를 확장하는 전략을 구사할 수 있다.

멤버 이탈을 막고 구독을 연장하는 노력은 전체 커뮤니티의 성장과 발전을 보장한다. 기본적으로 고객의 기호 변화, 제품에 대한 고객 만족도 저하, 명확하지 않은 대금 청구 관행, 어려운 취소 절차, 열악한 고객 불편 처리 시스템 등 여러 가지 구독 관련 문제가 고객의 이탈을 부른다. 사실 고객의 이탈을 최소화하려면 떠나겠다고 결정하는 것 자체를 어렵게 만드는 것이 바람직하다. 그러나 고객이 어려움 없이 해약할 수 있도록 절차를 명확히 해두는 게 중요하다. 고객의 서비스 이용 빈도와 이용 기간에 관한 데이터로 고객의 이탈 가능성을 가늠해 불만이 커지기 전에 적절한 예방조치에 나서는 것이 효과적이다. 의도적으로 멤버십 탈퇴 절차를 까다롭고 힘들게만 만들려 하지 말고, 떠나는 고객에게 최상의 서비스를 제공해야 한다. 일단 탈퇴했다가 재가입하는 회원도 상당수 존재하기 때문이다(닛케이, 2020). "계속 이용하고 싶다"는 생각이 들도록 고객을 지속적으로 상호 이익이 되는 파트너로 대하는 자세가 필요하다. 브랜드나 커뮤니티에 대한 부정적인 평판보다 높은 신뢰와 긍정적인 평판을 조성하는 것이 좋은 성과를 내는 지름길이다.

커뮤니티를 소중하게 생각하는 슈퍼유저(super user)가 많이 존재할 경우, 커뮤니티는 모든 멤버에게 숭배의 대상이 된다. 슈퍼유저는 구독경제에서 매우 중요한 의미가 있는 특별한 멤버다. 조직 활동에 적극 참여함으로써 커뮤니티를 활성화하는 멤버로, 높은 충성도와 관여도를 보인다. 지속 성장의 핵심 요소인 슈퍼유저는 멤버십 조직에 추진력을 불어넣는 연료와도 같다. 유명 연예인, 인기 탤런트를 광고 모델로 세워 제품을 선전하면 시청자들의 호응이 높아지는 이치다. 슈퍼유저는 참여도가 높고 다른 사람에게 유용한 콘텐츠를 만드는 역할 모델이 된다. 또한 감독자를 자임하며 다른 멤버 활동을 도와 커뮤니티 문화를 정립한다. 슈퍼유저는 새로운 멤버를 커뮤니티로 이끌고 이들이 조직에 적응하도록 지원한다. 슈퍼유저는 지속적으로 피드백과 제안을 하고 양방향 의사소통에 앞장서는 리더십을 발휘한다.

구독경제 사업을 벌이는 기업은 다양한 수익창출 활동을 통해 매출 경로를 확장할 수 있다. 반복적인 수익모델이라는 구독의 특성을 감안할 때, 기존 고객에게서 얻는 수익을 증대시키는 데 성공하는 기업이 빠른 속도로 성장할 수 있는 것이다. 구독경제 사업의 성장을 유지하는 전략으로는 네 가지가 있다(추오·와이저트, 2019). ① 상향판매(selling upgraded version)는 기본 버전의 제품을 무료로 제공하여 고객층을 넓힌 다음에 업그레이드한 버전의 제품을 유료로 파는 것이다. 기능이 더욱 풍부하면서 가격은 비싼 서비스 에디션을 핵심 고객에게 판매하기 위한 전략이다. ② 교차판매(cross-sell)는 기존 고객에게 보다 포괄적인 솔루션을 제공하는 추가 제품이나 서비스를 판매하기 위한 전략이다. ③ 판매제휴(affiliate marketing)는 고객에게 무료 제품이나 서비스를 제공하고 고객에 대한 접근 권한을 제3자(예를 들어 광고주)에게 유료로 판매하는 방식이다. ④ 결합판매(bundling)는 제품이나 서비스에 다른 종류의 제품과 서비스를 끼워 파는 것이다. 이들 전략은 동시에 사용이 가능하며 고객의 생애가치를 높이고 기업의 장기적 성장에 도움이 된다. 고객과 맺은 관계가 견고할수록 효과가 난다.

구독 사업은 가격 책정을 통해 수익을 최적화해야 한다. 가격 책정 시 고려할 점은 기본적으로 네 가지다(넛케이, 2020). ① 고객이 이익이라고 느낄 만한 가격인가? ② 경쟁사 요금은 얼마인가? ③ 특정 가격으로 어느 정도의 수요성장이 기대되는가? ④ 사업의 장기적 이익을 확보할 수 있는가? 그다음 단계로 디테일한 가격 전략을 짜야 한다. 기업의 가격 책정은 기본적으로 고객에게 제공하는 가치를 기반으로 한다. 정기 독자들이 내는 가입비나 이용요금은 기본이다. 고객은 가격 선택권을 다양하게 갖는 것을 선호한다. 이용요금 과금 주기를 고객 니즈에 적합하게 결정하는 일도 까다로운 문제다. 멤버십 유지기간이 길 경우 잠재고객이 가입에 신중해질 가능성이 크므로 신규 멤버를 유치하기가 힘들고 기존 멤버십 연장도 쉽지 않다. 둘째, 통상적인 서비스 이외에 기업은 최상위 요금제에 포함하는 특별 서비스로 매출을 일으킬 수 있다. 셋째, 많은 사람이 고객 경험을 강화하기 위해 부가 제품을 구입한다는 점에 착안해서 별도 제품을 마련해 고객에게 제공한다. 넷째, 제휴 기업과 크로스 마케팅을 통해 특별 서비스나 부가 제품을 제공하여 고객의 다양한 욕구를 충족시킨다. 다섯째, 고객 데이터를 타사에 제공해 광고에 노출시키는 대가로 수수료를 받는 방식도 있다. 멤버의 불만을 최소화하려면 기존 사업모델과 연관성이 높아야 한다.

공짜 전략은 고객의 심리적 장벽을 해소하면서 강력한 고객 네트워크를 구축하는 데 유용한 도구다. 제품과 서비스 가입 절차를 단순화하고 고객에게 무료로 제품을 체험하는 기회를 제공하는 것은 미래의 매출을 이끌어내는 효과적인 수단이 된다. 무료 샘플이나 공짜 콘텐츠는 구매를 결정하기에 앞서 제품을 직접 경험해 보려 하는 잠재고객을 대상으로 제공된다. 프리미엄(freemium)은 독자에게 일정기간 무료로 신문을 제공하는 것처럼 소극적인 이용자를 끌어들이는 방법이다. 프리미엄 모델은 많은 사용자를 신속하게 확보하기 위해 기본적인 제품, 서비스를 무료로 제공한 뒤, 기능이 향상된 고급·특수 제품은 유료로 이용하게 하는 지불 플랜이다. 프리미엄을 활용할 경우 유료멤버에 대한 자기잠식효과가 일어날 수 있는 위험도 생긴다. 무료로 제공하는 서비스가 너무 좋으면 고객은 유료로 전환할 필요를 느끼지 못한다. 반대로 무료 서비스 수준이 너무 낮으면 사람들의 관심을 끌지 못한다.

구독경제를 정보재인 도서를 대상으로 삼아 경제학적으로 분석해보자(차은영, 2012). 정보재는 같은 속성의 콘텐츠를 다른 형태로 제조하거나 서비스를 제공해 여러 고객에게 판매할 수 있다. 종이책과 전자책은 같은 내용이지만 고객 수요 패턴에 따라 출판사가 판매 전략을 달리 세울 수 있다. 전자책은 PC, 태블릿PC, 노트북 등 전자기기를 이용해 독자가 콘텐츠를 이용할 수 있는 정보재다. 전자책 이용자가 늘어나면서 서점을 운영하는 동시에 온라인 몰을 함께 운영해 종이책과 전자책을 함께 판매하는 출판사 플랫폼이 비즈니스 영역을 확장한다. 출판사는 종이책과 전자책에 대한 고객의 선호에 맞춰 적합한 이중가격정책을 수립한다.

이제 전자책 구독 회원제를 운영하는 출판사 플랫폼의 예를 들어보자. 소비자가 도서 구입에 쓰는 예산이 연간 50만 원이라고 하자. 멤버십이 없는 일반 독자는 종이책을 1만 원에 연간 50권 구독할 수 있다. 일반인은 전자책을 종이책과 같은 가격인 1만 원에 내려받을 수 있다. 멤버십에 가입하면 전자책을 종이책의 50%까지 할인된 가격에 대량 구독할 수 있다. 멤버십 회비는 1년에 20만 원이다. 멤버십에 가입한 회원 독자는 플랫폼이 출간한 전자책을 권당 2,500원에 120권까지, 종이책은 권당 1만 원에 30권까지 각각 구입할 수 있다. 멤버십에 가입하면 가입하지 않는

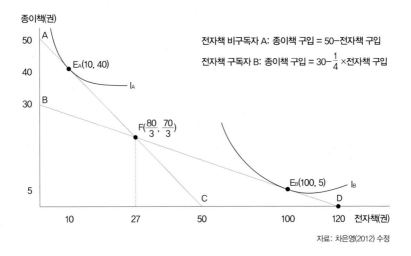

그림 16 **종이책·전자책 이중가격제**

종이책(권)

전자책 비구독자 A: 종이책 구입 = 50−전자책 구입

전자책 구독자 B: 종이책 구입 = $30-\frac{1}{4}$ ×전자책 구입

$E_A(10, 40)$

I_A

$F\left(\frac{80}{3}, \frac{70}{3}\right)$

$E_B(100, 5)$

I_B

C

D

전자책(권)

경우보다 전자책을 70권 더 구매할 수 있는 것이다.

종이책과 전자책을 구입하는 독자는 두 가지 유형이 있다. A타입은 종이책을 구입해 소장하면서 독서하는 독자다. B타입의 독자는 들고 다니기 불편한 종이책보다는 전자책을 내려받아 읽고자 하는 사람이다. 이런 이중가격제에서는 독자 B가 전자책을 연간 27권 이상 구매하는 경우 멤버십에 가입하는 것이 효용을 높일 수 있다. 예산선은 AFD가 된다. 예산선이 꺾인 점 F에서는 멤버십 가입 여부가 별 차이 없으며 소비자의 무차별 곡선이 접할 수 없다. 전자책을 연간 27권에 못 미치게 구입하는 독자 A는 멤버십에 가입하지 않고 전자책을 필요에 따라 구입하는 것이 효용을 높이게 된다.

03

디지털화폐
패권전쟁

디지털화폐 시장을 놓고 금융 플랫폼 전쟁이 벌어진다. 전 세계 25억 명의 이용자를 보유한 페이스북이 암호화폐 리브라(Libra) 발행에 나섰다. 리브라는 고대 로마시대의 동전이었다. 리브라에서 유래된 리브르(Livre)는 프랑스에서 1795년까지 사용된 통화의 단위다. 리브라는 이탈리아에서는 리라(lira)로 불리게 됐다. 영국 파운드화 기호는 리브라의 머리글자인 £로 표기된다. 페이스북이 화폐의 원조, 리브라의 부활을 시도하는 셈이다.

세계 각국이 중앙은행 디지털화폐 발행 경쟁에 나섰다. 중국에서는 중앙은행인 인민은행이 디지털화폐를 시중에 공급하는 계획을 구체화한다. 선진국 중앙은행들도 디지털화폐 발행 공동연구를 시작했다. 민간에서도 투자은행인 JP모건은 블록체인 기반의 은행 간 디지털 코인을 발행한다는 구상이고 한국에서는 네이버가 암호화폐 링크를, 카카오는 클레

표 3 화폐적 측면에서 법정통화·전자화폐·리브라 비교

구분	법정통화	전자화폐	리브라
발행 기관	중앙은행	전자금융업체	페이스북
발행 규모	중앙은행 재량	법정통화와 1대 1 교환	리브라협회 예치금에 따라 결정
거래 기록	필요 없음	청산소	네트워크 가입자
법화 교환 여부	–	발행사 보장	달러와 연계된 안전 코인
법화 교환 비율	–	고정	달러 가치 변화에 따라 수시로 변동
주요 사용처	모든 거래	가맹점	네트워크 참가자

자료: 한국은행

이를 각각 선보였다. 전 세계적으로 디지털화폐 춘추전국시대가 전개되고 있는 것이다.

방아쇠는 2019년 페이스북이 당겼다. 세계 최대 SNS 기업, 페이스북은 메신저와 왓츠앱을 이용해 구매·송금 기능을 갖춘 지급결제서비스를 제공하는 리브라를 발행하겠다는 계획을 밝혔다. 리브라는 준비금으로 통화가치가 보장되는데 비트코인 등 채굴형 암호화폐나 널리 통용되는 선불 전자지급수단 등 전자화폐와는 기술 기반, 취득 방법 등이 다르다. 기본적으로 암호화폐는 블록체인 기술을 기반으로 채굴을 통해 신규 발행이 이루어지며 내재적 가치는 없으나 민간 거래소에서 수요과 공급의 균형으로 가치가 결정된다. 현행 선불 전자지급수단은 고객이 미리 전자지갑이나 카드에 충전한 각국의 법정화폐를 기반으로 송금·결제 서비스가 이루어지나 수수료가 비싼 편이다.

시스템화된 국가 경제는 정부가 세금, 재정, 금융, 물류, 고용, 규제 등에 대한 통제력을 행사해 자유로운 가치 이동을 방해한다는 지적을 받는다. 중앙집권적인 국가 경제는 이상적인 시장경제 발전에 제약이 될 수 있다. 과학기술의 발전으로 암호화를 통해 분권화된 세상인 암호생태계(cryptocosm) 시대가 열린다. 암호경제(crypto-economy)는 블록체인 기술을 기반으로 기업과 개인 간의 금융 지배구조, 화폐, 자산, 재무, 유통, 물류 등을 둘러싼 협력방식에 대한 새로운 접근이다. 암호경제는 중앙화한 기관이나 법정화폐 시스템에 의존하지 않고도 인센티브를 부여하고 이를 해당 시스템이 목표하는 핵심가치에 연결하며 시스템이 만들어낸 가치를 널리 사용하도록 촉진하는 플랫폼 비즈니스 구조를 갖는다.

비트코인이 입증한 탈중앙화된 신뢰할 수 있는 온라인 컴퓨팅 아키텍처를 발전시키면 새로운 사회·경제시스템을 구현할 수 있다. 온라인 기업들이 공동으로 구축하는 민간 화폐 시스템은 상품의 토큰화와 함께 인터넷 경제를 혁신할 모티브를 제공할 수 있다. 중앙집중형 컴퓨터를 거치지 않고 개인과 개인 간에 블록체인 기술로 금융거래가 이루어지는 P2P 금융이 암호경제의 대표적인 예다. 금융혁신과 핀테크의 진전은 탈중앙화된 구조로 블록체인 생태계 확산에 따른 암호화폐에 대한 관심을 고조시키고 있다. 스타벅스 선불카드에 고객이 예치한 돈은 전 세계적으로 20조 원이 넘는다. 비트코인과 같은 암호화폐를 매개로 여러 통화의 호환성을 해결할 수 있다면 스타벅스가 금융 플랫폼 사업자로 거듭나는 것은 가능한 일이다.

디지털 금융 선도 플랫폼, 암호화폐

암호화폐는 모바일 지갑에서 은행을 거치지 않고 다른 사람들에게 송금할 수 있는 교환의 매개체가 된다. 암호화폐는 블록체인 생태계 구축에 중요하다. 암호화폐는 디지털 경제를 주도하는 소프트웨어 스타트업의 자금 조달 통로로 활용될 수 있다. 또한 암호화폐는 참여자와 플랫폼 소유자가 이익을 서로 나누는 이익 공유경제를 실현하는 비즈니스 모델에 촉매제가 되기도 한다. 각국은 암호화폐에 대한 법적, 경제적 성격을 규정하고 제도권 영역으로 포용하는 추세다.

민간이 발행하는 암호화폐의 화폐적 성격에 대해서는 논란이 증폭된다. 암호화폐는 기능적 측면에서 자산으로 정의하는 것에는 이의가 없다. 화폐는 기본적으로 ① 교환의 매개(medium of exchange) ② 가치의 척도 (unit of value) ③ 가치의 저장수단(store of value)이란 세 가지 기능을 갖는다. 하지만 암호화폐는 이 같은 기능을 완전하게 발휘하지 못한다. 전문가들은 탈중앙화의 실패, 낮은 편의성, 가격 변동 위험, 거래상대방 위험, 해킹 가능성, 정부 규제 등을 들어 암호화폐를 진정한 화폐로 볼 수 없다는 지적이다. 아울러 거래를 중개하는 암호화폐 거래소의 높은 중간 수수료, 거래 속도와 신뢰도의 딜레마 등이 문제점으로 제기된다. 그래서 국제회계기준위원회(IASB)는 암호화폐를 화폐나 금융상품이 아니며 무형자산이나 재고자산으로 분류하는 것이 맞는다는 결정을 내렸다. 또한 세제상 암호화폐에 거래에 대한 소득세를 부과하는 방안이 검토된다.

신인도가 낮은 암호화폐의 맹점을 극복하기 위해 등장한 것이 안정코인(stable coin)이다. 안정코인을 발행하고 매각하는 주체는 금융회사와 기업 등 제3자에게 법정화폐, 국채, 원자재 등 각종 안정자산을 담보물 성격의 준비금으로 위탁하여 안정코인 발행액과 준비금을 일치시킴으로써 가격 안정성을 확보한다. 안정코인의 가격 안정성은 암호화폐 시장의 유동성 공급을 촉진시키는 긍정적인 효과를 가져다 줄 수 있다. 대출, 일반 송금, 지급결제 등 다양한 금융거래에 안정코인이 이용됨으로써 암호화폐의 경제성과 편의성이 제고되는 효과가 기대된다. 암호화폐 유통과 관련, 특히 그동안 은행결제계좌 개설 과정에서 법정화폐가 맡아왔던 역할을 안정코인이 대체하는 경향이 커지고 있다. 세계 최대 유통업체 월마트는 2019년 8월 달러와 연동되는 안정코인 관련 특허를 출원했다. 월마트는 안정코인 발행과 유통을 통해 고객에 대한 서비스를 강화할 수 있으며 금융회사에 제공하던 수수료를 절감할 수 있게 된다.

안정코인의 대표적인 주자, 리브라는 다음과 같은 몇 가지 특성을 갖는다. 첫째, 리브라는 폐쇄형 블록체인을 기반으로 안전성, 신뢰성, 확장성을 동시에 추구하는 암호화폐라는 주장이다. 리브라 블록체인은 ① 전 세계 3분의 1에 해당되는 수십억 명이 동시에 사용할 경우 거래 처리량, 지연속도, 효율성, 데이터 저장 관점에서의 적합성을 제고하고 ② 무브(Move)라는 전용 프로그래밍 언어를 사용하여 스마트 금융계약을 활용한 플랫폼을 구축, 금융 데이터 저장 및 처리 시 강력한 보안 시스템을 갖추며 ③ 다양하고 혁신적인 서비스가 가능하도록 유연성을 충족한다는 목표로 설계됐다.

두 번째, 비트코인 등 가치 변동성이 큰 암호화폐의 취약성을 극복하고 객관적인 가치 제공을 위해 실제 자산에 기반한 안정코인 형태로 발행된다. 즉 페이스북은 달러, 유로, 영국 파운드, 싱가포르 달러 등 각국 통화에 연동하는 다양한 안정화폐를 개발한다. 또한 각 법정화폐와 연동하는 안정화폐들을 '통화 바스켓' 안에 담아 가치를 담보하는 자체 암호화폐 '리브라 코인'을 공급한다. 세 번째, 페이스북 대신 독립된 자회사 칼리브라와 리브라 네트워크가 화폐 발행 및 금융 서비스와 상품 개발, 운영 및 통제를 담당한다. 지급결제, 기술 및 마켓 플레이스, 통신, 블록체인, 벤처캐피털 등 전 세계 27개 이상 기술 기업이 참여하는 독립된 컨소시엄, 리브라협회를 스위스에 본부를 두고 출범시킨다.

페이스북의 리브라 발행 목적은 기존의 법정화폐 중심의 지급결제 채널을 보완할 수 있는 새로운 민간화폐 중심의 지급결제 플랫폼을 구축하는 데 있는 것으로 알려졌다. 초국가적 디지털 은행의 등장이 가능한 것이다. 페이스북 플랫폼에서는 리브라가 등장할 경우 국경을 넘어 쇼핑, 콘텐츠 소비, 홍보, 각종 취미활동이 간편하게 이루어질 수 있다. 사람들은 호감을 갖는 브랜드 제품, 좋아하는 방송 채널과 프로그램을 리브라를 활용해 구매하고 돈을 보낸다. 리브라협회에 소속된 파트너 기업에서 리브라로 상품을 사거나 서비스를 제공받는 등 결제수단으로 이용할 수도 있다.

리브라는 또한 핀테크 기업들이 혁신적이고 과감한 서비스를 시도하는 토양을 제공할 수 있다. 오픈소스 소프트웨어에 승인형 블록체인을 구축해 누구나 자체적인 프로젝트를 만들 수 있도록 지원하는 것을 목표로 한다. 이를 위해 네트워크 구동 소프트웨어인 리브라 코어, 통신 규칙인 리브라 프로토콜, 네트워크 응용프로그램 인터페이스가 구축된다. 리브라 전자지갑 앱은 누구나 개발할 수 있도록 코드가 공개된다. 금융회사가 기존에 운영하고 있던 앱에 리브라 전자지갑을 자체 개발하거나 탑재할 수 있는 것이다. 금융소비자가 리브라를 어디에 어떻게 쓰는지 데이터를 확보 축적할 수 있다면 이로부터 파생하는 금융 서비스도 연결할 수 있다.

페이스북이 주도하는 암호화폐, 리브라가 출시되면 상당한 파장이 예상된다. 우선 현금 이용의 축소에 따라 국가적으로 화폐 발행과 관리에 따르는 비용이 크게 절감될 수 있다. 또한 포용금융 기능을 제고하는 효과도 기대된다. 페이스북은 리브라가 금융소외계층과 개발도상국 국민에게 도움이 될 것이라고 주장한다. 즉, 은행 계좌가 없어 금융 서비스를 이용하지 못하는 금융소외계층이 모바일기기를 통해 리브라 송금 서비스를 이용할 수 있다는 것이다. 또한 해외 송금 수수료를 과다하게 부담해야 하는 이주노동자들의 환전·송금 수수료 부담을 완화할 수 있을 것으로 기대된다. 동시에 해외 송금 처리도 보다 신속하게 이루어진다는 설명이다. 아울러 금융시스템이 불안정하거나 통화가치가 급변하는 국가에서 리브라는 대체화폐로 유용하게 사용될 수 있다. 이 밖에 리브라가 기존 암호화폐 생태계의 활성화에 긍정적인 영향을 미칠 것이라는 주장도 나온다.

하지만 민간기업이 자체 화폐를 발행하여 중앙은행과 경쟁한다는 것이 바람직한지에 대해서는 논란이 크다. 또한 일반 대중이 자국 법정통화를 낮은 비용으로 규제도 받지 않고 다른 나라 법정통화로 전환할 수 있는 새로운 지급결제 채널에 접근할 수 있게 된다면 실물경제에 충격이 발생하는 경우 위험이 증폭될 수 있다는 우려가 제기된다. 미국을 비롯한 각국 정부와 중앙은행은 페이스북의 리브라 발행에 부정적인 입장을 표명한다. 대부분의 중앙은행은 발권력을 통해 화폐주조차익을 향유하던 독점적 지위에 대한 중대한 도전으로 인식한다.

세계 각국 중앙은행은 리브라의 등장으로 국가·사회적으로 대두되는 여러 가지 부작용에 대해 우려를 표명한다. 예를 들면 금융시스템 붕괴, 개인정보 침해, 금융소비자 피해, 화폐 질서 교란, 자금세탁, 마약거래, 인

신매매, 테러자금 조달 창구화 가능성 등이다. 리브라의 가격 안정성에도 의문이 제기된다. 법정통화 바스켓에 연동된 리저브 운영에 대한 페이스북의 정책이 불명확하다는 점에서 비판을 받는다. 리브라 이용자는 기초자산에 대한 완전한 권리를 가지지 못하기 때문에 시세변동에 따른 손실 위험이 어느 정도인지 알 수 없다.

페이스북 암호화폐 도입에 대한 부정적 의견은 ① 페이스북의 정보 보안 능력에 대한 불신 ② 소수 글로벌 대기업에 금융 권력이 집중되는 데 따르는 독과점 폐해 ③ 통화당국의 금융정책 효과를 무력화하는 동시에 전통적인 금융기관의 영향력을 약화시키는 문제 등으로 요약된다. 또한 블록체인 업계에서는 리브라가 개방형 블록체인이 아닌, 폐쇄형 블록체인 기반으로 운영되기 때문에 진정한 의미의 블록체인 시스템이라고 볼 수 없다는 비판적 견해도 대두된다. 거시경제가 불안한 일부 개발도상국의 경우, 리브라와 같은 민간기업의 암호화폐가 성행하면 대규모 자본도피에 매우 취약할 수 있다. 대규모 예금인출 사태가 다반사로 발생할 뿐 아니라 은행 파산으로 사태가 증폭될 수 있고 시중 유동성 증대에 따른 인플레이션 유발 효과도 클 수 있다. 동시에 해당국 통화의 가치폭락에 따른 금융위기 가능성도 배제할 수 없게 된다.

최종대부자(lender of last resort) 역할을 수행하는 중앙은행과는 달리 페이스북은 위기상황 발생 시 수습 능력이 없는 민간 기업일 뿐이다. 일단 미국 정부와 의회는 리브라가 글로벌 금융시스템에 미칠 부정적인 영향에 대해 우려를 표명하고 페이스북 측에 리브라 프로젝트 보류를 요구했다. 다만 암호화폐 관리체제 개발 및 핀테크 혁신과 관련한 미국의 선도적인 역할이 중요하다는 입장에서 의회 일각에서는 긍정론도 대두된다.

미국 정부는 암호화폐의 투기적 성격에 대해 주의하고 있으며 금융사기로부터 금융시스템을 보호한다는 방침이다. 암호화폐 관련 업체들이 음지에서 영업하는 것을 허용하지 않을 것이며 불법행위에 이용되는 것을 용인하지 않겠다는 단호한 입장이다. 아울러 기축통화로서의 미국 달러화의 역할을 중시하면서 글로벌 금융시스템의 안정을 위한 노력을 강화해 나간다는 방침이다.

중앙은행 전자화폐가 등장한다

세계 각국은 민간 암호화폐의 등장에 따른 규제 및 제어장치 마련을 검토하는 동시에 현금을 대체할 중앙은행 디지털화폐(CBDC, Central Bank Digital Currency)를 도입하는 방안을 적극 추진하고 있다. CBDC는 블록체인 기술을 바탕으로 중앙은행이 발행하는 전자화폐다. 민간 회사의 암호화폐와 달리 중앙은행이 직접 발행하므로 기존 법정통화와 일대일 교환이 가능하다. 형태는 크게 △중앙은행에 계좌를 개설하는 계정형 △비트코인 같은 토큰형으로 나뉜다. 또한 이용 주체에 따라 △금융회사 간 거액 결제용(도매용) △개인이 주로 쓰는 소액 결제용(소매용)으로도 구분할 수 있다.

CBDC의 장점은 신용위험을 경감하고 금융거래의 효율성을 제고한다. 또한 화폐 유통 및 관리비를 절감할 수 있다. 아울러 지하경제 양성화, 통화정책의 효율적 집행을 도모할 수 있으며 경쟁 심화로 민간 금융 서비스를 개선하는 효과가 기대된다. 그러나 CBDC 발행 시 경제주체의 사생활 침해와 감시사회에 대한 우려가 대두된다. 동시에 신용카드 사용과 모바일 결제가 보편화한 국가에서는 CBDC의 긍정적 효과가 크지 않을 것이라는 분석도 나온다. 디지털 취약 계층의 소외, 민간은행과의 업무 중

표 4 CBDC, 현금 및 지준예치금간 특성 비교

구분	현금	CBDC	기준 중앙은행 예금 (지준예치금)
거래 익명성	보장	보장 여부 선택 가능	무
이자 지급	불가능	가능	가능
보유 한도	무	한도설정 가능	무
이용 가능 시간	제한없음	설정 가능	제한됨

표 5 각국 중앙은행 디지털화폐 도입 현황

중국	디지털화폐전자결제(DCEP) 발행
영국·일본 유럽연합(EU)	영국·EU·스웨덴·스위스·캐나다·일본 등 중앙은행과 국제결제은행(BIS) CBDC 공동연구
프랑스	CBDC 파일럿 테스트 추진
미국	연준, CBDC 실현 가능성 검토
한국	디지털화폐 연구 착수, 파일럿 테스트 추진
캐나다	거액 결제용 CBDC 시범 사업, 토큰형 도입검토

자료: WSJ, 외신 종합

복, 중앙은행의 시장 참여 증가로 자원배분의 효율성 저하 등의 단점도 예상된다.

중국은 중앙정부 주도로 디지털화폐를 직접 발행해 현금화폐 발행비용을 낮추고 디지털 경제를 구축하는 야심찬 행보에 나섰다. 일반적으로 수많은 암호화폐가 익명성을 기초로 중앙은행의 통제를 벗어나 발전하고 있는 것과 달리 중국은 디지털화폐를 중앙정부가 독점 발행하는 시스템을 도입한 것이다.

중국은 세계 최초로 중앙은행이 발행 디지털화폐(DCEP)를 2020년 5

월 선전과 쑤저우 등 신경제 도시에서 선보였다. 디지털 지갑에 돈을 저장하는 DCEP는 오프라인 지불뿐만 아니라 바코드스캐닝, QR코드, NFC(근거리무선통신) 지불 등 다양한 기능을 갖춘 디지털 위안화다. 디지털화폐 운영에는 중앙은행인 중국인민은행의 총괄 아래 공상은행·농업은행·중국은행·건설은행 등 4대 국유 상업은행과 3대 이동통신사인 차이나모바일·차이나텔레콤·차이나유니콤이 참여한다. 기존 통화 공급 채널은 변경되지 않는다. 인민은행이 발행하는 디지털화폐는 현금통화와 지급준비금으로 구성되는 본원통화의 일부를 대체한다.

중국 DCEP는 이원화된 방식으로 시중에 공급된다. 일단 발행 기관인 인민은행은 시중은행을 통해 DCEP를 공급한다. 그다음 개인, 기업 등 경제주체가 시중은행에 DCEP로 교환하고 싶은 만큼 위안화를 지불하면 시중은행이 각 경제주체의 스마트폰 전자지갑 플랫폼에 1대 1 교환 비율로 DCEP를 충전해준다. 기존 전자결제 플랫폼과 유사하지만 실제 화폐가 아니라 법정 DCEP를 쓴다는 점에서 다르다. 중국은 불법적인 해외자본 유출을 차단하는 도구로 DCEP를 사용할 수 있다. 비거주자의 무역 결제 및 자본 거래에서 반드시 DCEP를 사용하라고 압박할 가능성도 거론된다.

중국 정부가 자체적으로 DCEP를 발행하는 것은 블록체인 기술을 발전시키되 통화 주권과 금융시장의 통제력을 유지하려는 정책으로 평가된다. 아울러 페이스북이 발행할 계획인 디지털화폐 리브라에 대항해 화폐 주권을 지킨다는 목적과 함께 DCEP로 미국의 달러 패권을 극복하겠다는 중국의 블록체인 굴기 야망을 구체화하는 것으로 분석된다. 페이스북의 리브라 등 민간기업이 발행하는 디지털화폐 남발에 선제적으로 대응하는 포석인 셈이다. 여기에 민간 암호화폐가 통용되면서 중국이 국제 결제시장에서 뒤처지는 상황을 방지하기 위한 목적도 있는 것으로 해석된다. 미중 무역전쟁에서 거센 기싸움을 벌이고 있는 중국이 DCEP 발행을 통해 신경제 금융에서 미국을 앞서 나가겠다는 의지가 엿보인다.

이와 동시에 중국 정부는 다른 암호화폐에 대한 규제를 강화하고 있다. 민간이 발행하는 암호화폐에 대해 망상적이라고 비난하며 강력하게 통제할 방침이라고 밝혔다. 다른 나라에서 암호화폐가 중앙은행 통제를 벗어나 자유롭게 유통되는 것과는 정반대 방향이다. 2020년 1월부터 시행된 암호법에 따라 중국에서 유통되는 모든 암호상품은 반드시 당국의 승인을 받아야 한다. 기존의 비트코인 등 암호화폐는 물론, 페이스북 리브라 등 새로운 암호화폐는 당국의 승인을 거쳐야 유통이 가능해진다. 이를 통해 중국 정부는 암호화폐에 대한 확실한 통제권을 쥐겠다는 것이다.

이처럼 중앙은행 차원에서 직접 DCEP 발행에 적극적으로 나선 것은 추후 디지털 기축통화 역할을 미국이 주도할 수 있다는 우려에서 비롯된 것으로 풀이된다. 중국은 위안화 국제화를 적극 추진하지만 위안화가 전 세계 거래의 2%에도 미치지 못해 기축통화 지위를 확보하는 데 어려움을 겪고 있다. 인민은행이 발행하는 DCEP는 위안화에 1대 1로 연동되는 구조이기 때문에 널리 활용될수록 위안화의 위상은 높아질 수 있다. 이에 따라 중국의 DCEP가 중국 기업과 전 세계 화교경제권을 중심으로 광범위하게 통용되면 자연스럽게 위안화가 국제 경제에서 차지하는 비중이 높아질 수 있다는 것이다.

중국은 DCEP를 통해 현금 없는 사회로 빠르게 이동할 것으로 보인다. 이를 통해 DCEP가 장기적으로 중국 내 소비를 진작하는 촉매제로 연결될 것이란 전망도 나온다. 불법적인 위안화 자금이 제도권을 벗어나 음성적으로 거래되는 경우가 많은데 디지털화폐가 도입되면 현금이 지하경제에 묶여 있지 않고 실물경제 활동을 촉진하는 매개체가 될 수 있기 때문이다. 중국의 DCEP와 이를 기반으로 한 대형 거래시스템은 향후 중국의 금융판 일대일로(一帶一路) 비밀병기가 될 수 있다는 분석도 나온다. DCEP가 중국과 화교경제권뿐 아니라 동남아, 중동, 아프리카와 같은 일대일로 협력국으로 사용이 확대될 가능성도 크기 때문이다.

중국 인민은행에 이어 프랑스, 네덜란드 중앙은행도 CBDC 실제 발행을 염두에 두고 검토를 본격화한다. CBDC가 글로벌 경제 및 금융 시장에 미칠 파장에 대한 각국 중앙은행의 분석과 대응이 속도를 낸다. 유럽연합, 영국, 스웨덴, 스위스, 캐나다, 일본 등 6개국 중앙은행과 국제결제은행(BIS)은 CBDC의 활용 가능성 평가에 관한 식견을 공유하기 위해 연구그룹을 출범시켰다. 연구그룹은 CBDC 활용 방식, 국경을 넘는 자금거래 상호 운용성을 포함한 경제 측면, 기능·기술면에서 6개 중앙은행이 각각 제시하는 설계 선택지를 평가하는 동시에 첨단기술에 대한 식견을 공유한다. 자금세탁 방지책, 사이버공격 방어책 등도 연구 대상이다. 국제 공통의 CBDC를 만들자는 주장도 등장했다. 마크 카니 영국 중앙은행 총재는 2019년 8월 합성패권 통화(SHC, Synthetic Hegemonic Currency) 개념을 제시했다. 각국의 CBDC 네트워크를 연결해 일종의 디지털 공동 통화를 만들어 기축통화로 쓰자는 주장이다.

한국은행도 CBDC 발행에 대한 연구에 공식 돌입했다. CBDC 도입에 따른 기술적, 법률적 필요사항을 사전적으로 검토하는 한편, 2020년 CBDC 파일럿 시스템을 구축하고 2021년까지 테스트를 진행할 예정이다. 국내 상황을 고려했을 때 가까운 장래에는 CBDC를 발행할 필요성이 크지 않다고 전망했던 자세를 한은이 전향적으로 바꾼 것이다. 핀테크 발전에 따른 디지털 지급결제수단의 이용 증가, 현금이용 비중의 지속적인 하락 등 지급결제 환경 변화에 대비하여 한은은 CBDC 관련 연구를 진행한다. CBDC 발행이 거시경제 및 금융산업 전반에 미칠 영향과 사회적 비용·편익 등에 관해서도 종합 검토가 이루어진다.

케네스 로고프 하버드대 교수는 현금은 점차 사라져 종국엔 약간의 지폐와 동전들만 유통될 것이며 정부 발행 버전의 전자화폐로 넘어갈 것이라고 예측했다. 로고프는 차세대 비트코인 3.0이 등장하면 정부 주도 CBDC의 선구자 역할을 할 수 있을 것으로 내다봤다. 민간에서 더욱 뛰어난 기술이 등장한다면 정부는 필요에 따라 수용하거나 규제하면서 결국 정부 발행 암호화폐를 성취한다는 것이다. 결국 지급결제의 미래는 민간의 탈중앙화 암호화폐와 중앙은행 발행 지폐·동전, CBDC가 공존하는 시나리오로 흘러갈 공산이 크다.

04

디지털 트랜스포메이션
성공전략

"뒤처지지 않고 제자리에 있고 싶으면 죽도록 뛰어라." 루이스 캐럴의 소설 《이상한 나라의 앨리스》에서 붉은 여왕이 앨리스에게 한 말이다. 주변이 빠르게 변하기 때문에 열심히 뛰더라도 앞서 나가지 못하고 간신히 제자리를 유지하는 상황을 뜻한다. 붉은 여왕 효과(red queen effect)는 어떤 대상이 진화하더라도 주변 환경이나 경쟁대상이 더 빠르게 변화함에 따라 상대적으로 뒤처지게 되는 원리다. 계속해서 발전하는 경쟁상대에 맞서 끊임없는 노력을 통해 발전하지 못하는 주체는 결국 도태되고 만다는 가설이다.

4차 산업혁명 확산에 힘입어 디지털 기술을 기반으로 한 경제 생태계가 급부상한다. 디지털 세계에는 국경이 없다. 사용자는 본사가 미국인지 한국인지 기업의 국적을 알 필요가 없다. 디지털 경제를 주도하는 플랫폼 기업들은 국경을 넘어 온라인·모바일 사업을 전개한다. 디지털 플랫폼이 개인의 일상은 물론 산업과 경제, 사회의 패러다임까지 바꾸는 디지털 혁신 시대를 맞고 있다.

초연결사회가 열리면서 사람들은 면대면 커뮤니케이션 대신 디지털 방식의 비대면 커뮤니케이션으로 일상의 모든 것을 해결한다. 게다가 전 세계를 감염병 공포에 몰아넣은 2020년 코로나19 사태는 대면접촉을 기피하는 언택트 현상을 확산시켰다. 분야별로는 △유통산업에서 온라인 쇼핑 △금융권에서는 모바일 결제·예금·대출·환전·송금·보험가입 △직장에서는 재택근무와 화상회의, 나아가 모바일오피스를 활용한 스마트워크(smart work) △채용시장에서는 화상·인공지능 면접이 확산됐다. 특히 기업들 사이에 재택근무를 포함한 원격근무를 기본으로 하고 필요할 경우에만 사무실에 나오도록 하는 리모트 퍼스트(remote-first)라는 새로운 유행을 낳았다. 또한 △대학에서 온라인 강의 열풍이 일었고 △문화계에서는 온라인 콘서트·오페라·무용·전시회 △병원에서는 원격진료 △종교계에서는 온라인 미사와 예배 등 디지털 방식의 각종 활동이 사회 전반에서 활성화됐다.

디지털 변환·전환과 기업의 대응

디지털 기술은 기회를 신속하게 포착하고, 혁신적인 대응을 시도하며, 유연한 비즈니스 활동을 구현할 수 있는 전략적 가치를 제공한다. 디지털 네트워크를 활용한 비즈니스에서 추가적인 사용자에게 서비스를 제공하는 데 드는 비용은 거의 들지 않는다. 한계비용이 제로라는 얘기다. 또한 내부적인 인력이나 조직을 운영하는 대신에 외부 자원을 아웃소싱할 수 있으므로 가치창조에 있어서 장애요소가 적다. 디지털 비즈니스는 신속한 양적 성장이 용이하다. 단지 자동화된 알고리즘이 이끌어나가는 운영 시스템을 설계하고 감독하는 데 초점을 맞추면 된다. 그러나 진입장벽이 낮아 새로운 경쟁자의 시장 진입과 도전이 끊이질 않는다.

디지털 변환은 기록, 신호, 음성, 정보 등 물리적 아날로그 자원을 디지털 자원으로 바꾸는 것을 뜻한다. 종이서류를 전자문서로 바꾸는 것이 대표적인 예다. 디지털화는 디지털 자원을 디지털 기술을 활용해 제품 생산, 서비스 제공, 업무 수행 등을 개선, 효율화하는 것을 의미한다. 예를 들어 전자서류화된 정보를 활용해 모든 업무 처리를 디지털 방식으로 바꾸는 것이다. 이보다 한 차원 높은 디지털 전환은 고객 경험을 제공하는 복잡하고 다양한 디지털 프로세스를 플랫폼적 사고방식으로 통합하고, 디지털 역량을 활용해 이해관계 집단의 상호작용을 촉진해 새로운 고객가치를 만들어내는 혁신적인 변화를 말한다(정대형, 2019).

디지털 전환은 대부분 기업의 최우선 전략 과제로 떠올랐다. 디지털 전환은 기업에 선택의 문제가 아니라 필수적 과제로 부상했다. 치열한 생존경쟁 대열에서 누가 게임 체인저로서 앞서가느냐, 지속가능한 성장동력을 확보하느냐가 기업의 최대 이슈가 됐다. 규모와 속도, 타이밍의 전쟁이 벌어진다.

디지털 전환의 핵심은 리스크 감소다. 지혜와 효과적인 운영 경험으로 충만한 상태로의 이행이다. 디지털 기업은 리스크 피해를 완화할 수 있도록 장벽을 세우고, 새로운 리스크를 만나면 정확한 데이터를 활용한 빠른 피드백으로 방향을 조정한다. 디지털 기업을 이끄는 경영자는 리스크를 감내하면서 정보기술로 얻을 수 있는 비즈니스 가치를 어떻게 극대화

표 6 디지털 플랫폼 모델의 분류

구분	수평적 산업	수직적 산업
디지털 서비스 (단면 플랫폼)	수평적 디지털 서비스 플랫폼	수직적 디지털 서비스 플랫폼
디지털 비즈니스 (다면 플랫폼)	수평적 디지털 비즈니스 플랫폼	수직적 디지털 비즈니스 플랫폼

하이브리드 플랫폼

자료: 이성열 · 양주성(2019)

할 것인가에 경영 초점을 맞춘다(슈워츠, 2020).

전통적 기업이 디지털 서비스 플랫폼을 거쳐 디지털 비즈니스 플랫폼으로 전환하는 과정은 다섯 단계로 나누어 볼 수 있다(이성열·양주성, 2019). 첫째, 디지털 혁신을 통해 가치사슬 중심의 사업에서 매출 증대나 원가절감을 도모해 실적을 제고한다. 둘째, 혁신활동을 통해 창출되는 새로운 데이터와 외부의 빅데이터를 이용해 디지털 서비스 플랫폼을 설계한다. 셋째, 디지털 플랫폼을 통해서 기존 가치사슬 중심의 사업에 디지털 서비스를 추가하여 경쟁력을 업그레이드한다. 넷째, 지속적으로 생성되는 데이터와 사용자를 활용해 디지털 비즈니스 플랫폼을 설계하여 신규 사업을 전개한다. 다섯째, 디지털 비즈니스 플랫폼에서 추가로 확보된 데이터와 사용자를 바탕으로 다양한 사업과 시장에 진출할 수 있다.

디지털 경제는 기본적으로 ① 사업장 없이 수익 실현이 가능하고 ②

무형자산 의존도가 높으며 ③ 데이터 및 사용자 참여가 가치창출에 기여하는 특징을 갖는다. 디지털 기업은 특허, 알고리즘, 데이터, 소프트웨어 등 무형자산을 활용해 수익을 창출한다. 디지털 기업의 무형자산 비중은 90%를 넘어, 글로벌 100대 기업 평균인 30%를 크게 웃돈다. 디지털 기업은 전자적 기반의 네트워크상에서 알고리즘, 소프트웨어와 같은 무형의 디지털 상품과 서비스를 판매하거나 중개하며 데이터 분석, 가공 등의 업무를 영위한다. 다양한 제품 생산자와 다양한 지역의 소비자를 연결하는 온라인 플랫폼을 운영하는 비즈니스는 디지털 경제에 포함된다. 그러나 중고차 거래와 같이 오프라인 사업을 기반으로 상품 정보를 웹사이트에 올리고 온라인상에서 단순 상품을 고객에게 판매하는 것은 디지털 경제에 포함되지 않는다.

디지털 경제의 주역은 플랫폼이다. 디지털 플랫폼은 △디지털 역량을 바탕으로 △기술적 변화의 동인을 포착해 △고객의 문제를 해결하는 사업 주체다(크리스텐슨 외, 2019). 디지털 플랫폼은 기존 사업의 범위를 신속하게 확장하고, 제품과 서비스의 편의성을 증대시키며 경쟁자보다 빠르게 효율성을 높여 성과를 창출한다. 기존의 가치사슬 모델을 영위하는 전통 기업에 대해 비교우위를 갖는 디지털 플랫폼은 네 가지 특성을 갖는다. ① 디지털 플랫폼은 기술의 진화에 대응해 능동적으로 진화한다. ② 데이터 중심의 디지털 플랫폼 기업은 뛰어난 사업 확장성을 지닌다. ③ 정보와 데이터의 초연결성을 활용해 실시간으로 소비자 요구에 대응한다. ④ 디지털 플랫폼 기업은 네트워크 효과를 향유하고 성장하며 이익을 창출한다.

디지털 플랫폼은 모든 분야에서 기존의 산업 모델을 와해시킨다. 디지털 플랫폼이 갖는 파괴력은 △네트워크 효과에 기반한 플랫폼의 강점 △

제로 한계비용을 활용한 저가격 및 무료화 전략 △고객 체험가치를 창조하는 역량으로 무장한 새로운 비즈니스 모델에서 생겨난다. 거대 테크기업은 지역별 사업전략을 최적화하면서 글로벌 매출과 이익을 극대화하는 방식으로 경쟁전략을 실천에 옮긴다.

디지털 비즈니스는 △거래 촉진 △진입장벽 완화 △정보 투명성 향상 △비용 감소 △가격 차별화 등 여러 측면에서 경제적 효율성을 제고한다(Täuscher, 2016). 디지털 기술은 생산자, 소비자, 기업 등 서로 다른 집단이 상호작용하도록 플랫폼 참여자를 연결하고 중개하는 기능을 촉진한다. 또한 디지털 기술은 지리적인 입지가 가져다주는 강점을 완화시키고 순수한 글로벌 디지털 시장의 설계를 가능케 한다. 디지털 경제에서 기업은 고객 행태에 관한 빅데이터를 축적해 정교한 고객 정보를 활용할 수 있다. 빅데이터로 파악되는 고객의 지불의사에 따라 차별적인 가격을 책정하는 것도 가능하다. 동시에 고객과 거래기업은 디지털 채널을 통해 다른 고객과 관심 기업의 투명성 높은 정보를 얻고 추적할 수 있다. 비용 측면에서는 값싼 검색비용과 정보 접근성 확대로 고객은 저렴한 비용으로 최적의 거래처를 손쉽게 찾을 수 있다. 지역 장벽의 완화, 조정비용의 감소 덕에 거래비용은 더욱 낮아진다. 정보 재생산에 드는 한계비용이 제로나 다름없는 디지털 미디어는 가격변동에 따른 메뉴비용을 최소화한다.

빠른 속도로 진화하는 디지털 플랫폼 비즈니스 모델은 네 가지로 구분된다(Täuscher, 2016). 첫째는 온라인 유통시장(online retailer) 모델이다. 아마존과 알리바바 같은 기업은 상품을 판매하거나 판매자와 구매자를 연결하는 온라인 유통 플랫폼을 제공하고 거래수수료를 받아 수익을 창출한다. 둘째는 소셜미디어 모델이다. 페이스북은 소셜 네트워크 서비스

그림 17 **플랫폼 가치의 핵심요소**

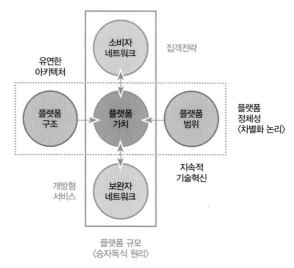

자료: cennamo(2019)

등 온라인 플랫폼을 통해 이용자에게 타깃 마케팅 광고 게재를 허용함으로써 광고 수입으로 수익을 확보한다. 셋째는 구독모델이다. 넷플릭스는 비디오, 음악 등 디지털 스트리밍 서비스를 제공하는 온라인 플랫폼을 운영하고 구독자에게 구독료를 받음으로써 수익을 창출한다. 마지막으로 공유플랫폼(collavorative platform) 모델을 들 수 있다. 에어비앤비, 우버 등 공유경제 기업들은 집이나 자동차 등을 공유할 수 있는 디지털 플랫폼을 제공하고 거래수수료로 수익을 거둬들인다.

플랫폼 비즈니스 모델 가운데 디지털 장터(digital marketplace)로 불리는 온라인 유통시장에 대해 집중적으로 알아보자. 온라인 유통시장은 수요와 공급, 양면을 연결하고 거래를 촉진하는 기술적 플랫폼이다. 온라인 유통시장 비즈니스 모델은 가치 제안(value proposition), 가치 소통(value communication), 가치 창조(value creation), 가치 전달(value delivery), 가치 획득(value capture) 활동을 통해 다섯 가지 새로운 가치를 생성한다 (Täuscher, 2016). 먼저 가치 제안은 기업이 고객에게 제품과 서비스의 총체적 가치를 제공하겠다는 약속이다. 가치 소통은 기업이 제안한 가치를 다양한 고객 집단에게 이해 가능한 형태의 메시지로 만들어 정보를 전달·수용하는 쌍방적 활동이다. 가치 창조는 기업이 보유한 자원을 활용해 핵심 프로세스를 통해 제안한 가치를 생산하는 것이다. 가치 전달은 기업이 제품과 서비스 등에 담은 고유한 가치를 목표 고객에게 최적의 채널을 활용해 제공하는 활동이다. 가치 획득은 고객에 대한 가치 제공 활동을 통해 기업이 수익을 확보하고 이윤을 내는 마지막 과정이다.

디지털 플랫폼의 특성

기술적인 관점에서 디지털 플랫폼은 공급업체, 파트너와 고객 커뮤니티가 사업적인 이익을 위해 디지털 프로세스 및 역량을 공유·개선·확장할 수 있는 비즈니스 중심의 프레임워크로 정의된다(LeHong et al., 2016). 디지털 플랫폼은 ① 정보기술 시스템 ② 고객 경험 ③ 인공지능과 데이터 분석 ④ 사물인터넷 시스템 ⑤ 생태계 기반 시스템 등 독립적이면서 서로 연결되어 있는 다섯 가지 필수 영역에서 새로운 가치를 창조한다. 첫째, 정보기술 시스템은 구축된 정보통신기술 자원을 의미하며, 핵심 시스템과 백오피스 운영을 지원한다. 둘째, 고객 경험은 기업이 디지털 기술을 통해 고객들과 상호작용하고 상거래를 지원하는 방식을 가리킨다. 셋째, 인공지능과 데이터 분석 시스템은 알고리즘과 참여자 데이터 분석, 비즈니스 운영, 실시간 이벤트 분석 및 조정 등을 지원하는 플랫폼의 핵심 기능을 담당한다. 넷째, 사물인터넷 시스템은 물리적 자산과 제품·서비스를 연결하여 관리하는 디지털 기술이다. 마지막으로 생태계 기반 시스템은 기업이 비즈니스 생태계를 기반으로 응용프로그램 인터페이스를 통해 기업의 외부 주체들과 공유 가치를 창출할 수 있도록 지원한다.

IBM 기업가치연구소의 연구원들은 이해하기 쉽고 적용이 가능한 플랫폼 전략 수립 방안을 제시했다. 이들에 따르면 플랫폼 전략이란 나만의 비교우위 상품과 서비스를 시장에 내놓기 위한 차별화된 방식이다. 즉, 플랫폼 기술과 협업을 활용하는 전략인데 나의 경쟁력과 참여자(이해관계자, 공급자 업체 등)의 경쟁력을 하나의 플랫폼(생태계, 시스템 등)을 통해 공동으로 시장에 제공해 경쟁력을 높이는 것이 핵심이다. 일례로 구글의 경우 다양한 정보 제공을 기본 비즈니스 모델로 소비자의 하루를 일상, 업무, 여가 등 상황으로 분류하고 다양한 정보(검색, 스케줄, 문서, 영상, 오락, 지도, 클라우드 등)를 자회사 또는 타 기업과 연계해 안드로이드라는 플랫폼을 기반으로 제공한다.

IBM 연구원들은 플랫폼 비즈니스 모델을 수립하는 데 고려해야 할 네 가지 요소를 △소비자경험(X, Customer experience) △서비스 플랫폼(P, Service platform) △하드웨어(H, Hardware) △데이터(D, Data)로 규정했다. 성공전략은 이 네 가지 요소를 해당 산업 또는 기업의 전략적 지향에 맞게 조합하고 실행하는 데서 찾아진다. 네 가지 요소의 다양한 조합 중 가장 성공 가능성이 큰 조합은 ① H-D-X ② X-D-P-H ③ PoP다. 먼저 H-D-X는 스마트 기능을 하드웨어에 장착해 데이터를 모으고 소비자경험을 제고하는 전략이다. 둘째, X-D-P-H는 소비자경험에 집중해 데이터를 축적하고 서비스 플랫폼을 강화하며 클라우드, 로봇, 사물인터넷 등에

하드웨어 투자를 확대하는 종합 전략이다. 셋째, PoP는 플랫폼 오브 플랫폼(Platform of platform)의 약자로 네 가지 요소를 모두 조합하면서 차별화된 플랫폼 서비스 제공에만 집중하는 전략이다.

디지털 플랫폼 구축 방안

플랫폼 모델의 궁극적인 목표는 소비자에게 다른 대안보다 차원 높은 경험을 제공하는 것이다. 디지털 플랫폼 비즈니스에서 성공에 이르는 경로는 고객 확보가 우선이다. 수익화는 그다음이다. 경쟁력 있는 제품과 서비스로 고객을 먼저 확보해야 핵심가치창출이 가능하다. 그다음에 수익을 창출하는 비즈니스 전략을 추진하는 것이 유효하다. 창조적 파괴와 네트워크 효과를 활용해 고객을 확보하는 소수의 플랫폼만이 수익화에 성공한다. 아마존은 20년 가까이 제대로 이익을 내지 못했다. 오랜 시간 동안 적자가 나는 기업 주식을 투자자들이 사들인 것은 아마존의 비전과 미래 성장성이었다. 아마존은 새로운 성장전략 아이템을 발굴하고 연구개발에 매진했으며 끊임없이 서비스를 개선하는 데 집중 투자했다. 2019년 기업공개한 우버와 리프트는 아직 적자에서 벗어나지 못했지만 주식의 기업가치가 높게 평가된다. 고객 확보·유지에 성공한 다음, 플랫폼이 지속적으로 성장하려면 수익화에 도전해 성취하는 일이 관건이다.

기업이 성공적인 디지털 플랫폼을 구축하기 위한 체크리스트는 다섯 가지다(Edelman, 2015). ① 폭넓은 사용자 기반을 구축한다. 기존 고객 집단을 확보하고 있는 경우는 사용자 집단 확대가 용이하다. 그리고 가용한 고객 데이터베이스를 활용해 많은 고객이 관심을 끌 만한 양질의 콘텐츠, 제품과 서비스 정보를 제공한다. ② 독자적인 가치를 제공한다. 틈새시장을 먼저 공략하면서 시장을 확대한다. 소규모 사회집단을 찾거나 만드는 방식으로 서비스를 개선한다. ③ 고객의 신뢰를 확보한다. 영향력 있는 협력업체, 유명 브랜드를 끌어들여 성공에 대한 확신, 제품과 서비스에 대한 고객의 믿음을 제고한다. ④ 고객 만족은 키우고 공급업체 위험은 줄인다. 신제품 가격할인, 보조금을 고객에게 제공해 플랫폼 참여를 유도한다. 사용량에 따른 과금 등 합리적인 가격책정을 통해 공급업체의 위험을 줄여준다. ⑤ 기존 시스템과 호환성을 높인다. 다른 시스템에서 플랫폼으로 고객이 거부감 없이 손쉽게 갈아탈 수 있도록 전환비용을 낮추는 방식을 채택한다. 상호운용, 데이터 변환, 정보 동기화 등을 활용한다.

디지털 플랫폼에서 미션을 통제(mission control)하는 일은 대단히 중요하다(Bossert & Desmet, 2019). 이는 플랫폼을 운영하는 규칙을 만들고 시장 참여자 활동을 감독하며 조정하는 동시에 인적, 물적 자원을 배분하는 기능을 뜻한다. 수행하는 기능에 따른 디지털 플랫폼의 영역은 세 가지로 나뉜다. △구독경제가 대표적인 고객 중심 플랫폼 △배송, 지불결제 등 사업 솔루션 플랫폼 △클라우드 컴퓨팅과 같은 핵심 정보기술 플랫폼이 바로 그것이다. 플랫폼이 미션을 통제하는 일은 세 가지 차원에서 이루어진다. ① 자원배분에 있어서 우선순위를 정하고 전략적 의사결정을 내린다. ② 신속성과 상호운영성을 높이기 위한 기준을 마련해 집행한다. ③ 플랫폼을 관통하는 프로그램을 관리하고 조정한다.

디지털 혁신을 선도하는 협업 플랫폼

디지털 산업에서는 협업 플랫폼(collaboration platform)의 성장세가 두드러진다. 팀단위 협업 시스템으로 플랫폼은 혁신적인 성과를 낸다. 지리적으로 분산된 조직에 소재한 다양한 팀원을 이끌며 조율하고 서로 협력하게 만드는 리더는 집단지성을 창조하는 주역이다. 이상적인 협업 플랫폼은 준비, 실행, 웰빙이라는 세 가지 팀워크의 조건을 갖춰야 한다(Magni & Maruping, 2019). 첫째, 준비는 팀이 보유한 다양한 지식과 혁신 수단을 조율하고 통합하는 것이다. 다른 팀원들에 대한 지식과 정보가 결여된 상태에서 공동의 목표, 미션, 역할, 책임, 행동수칙을 확립하는 것은 서로 다른 업무를 협력하는 과정에 들어가기에 앞서 대단히 중요하다. 둘째, 다양한 과업을 수행하는 팀원 간 최적의 협력을 이끌어내기 위해서는 유연성 있는 팀 운영이 요구된다. 팀원들의 행동이 최고의 성과를 낼 수 있도록 실시간 점검이 필요하며 피드백이 이루어져야 한다. 모든 팀원의 과업을 평가하고 재조정해 효율을 높이는 일은 투명하게 수행돼야 한다. 셋째, 협업에 의한 혁신이 가능하려면 어느 정도 긴장이 필요하지만 스트레스와 갈등, 좌절 등 부작용이 제거돼야 목표에 도달할 수 있다. 디지털 공간에서의 고립, 단절, 고충, 불만 대신 사회적 상호작용과 만족, 자아실현으로 가는 길을 열어주는 것이 중요하다. 대면접촉이나 포럼을 통해 협업 플랫폼은 단합된 업무공간을 확보하고 서로 의견을 나누는 디지털 환풍기를 작동시킬 필요가 있다.

현실적으로 플랫폼 기업의 위협으로 궁지에 몰리는 전통적인 파이프라인(pipeline) 기업들은 디지털 전환 전략을 효과적으로 구사하는 데 초점을 맞춘다. 디지털 전환에는 ① 사용과 관련된 일차편익(primary benefit)과 ② 개발-배포-관리와 관련된 이차편익(secondary benefit)이 존재한다. 일차편익은 기업이 생산 과정을 최적화하고 거래비용을 줄이며 공급망을 변화시켜 생산성과 경쟁력을 높이는 편익이다. 이차편익은 플랫폼

표준 및 비즈니스 모델과 관련된 편익으로 기업에 기술과 브랜딩, 네트워크 효과와 결합된 승자독식 기회를 넓혀준다.

디지털 전환을 시도하는 기업 가운데 만족스러운 성과를 내는 기업은 극소수에 불과하다. 글로벌 기업 세일즈포스의 발표에 따르면 디지털 전환에 돌입한 기업이 실제 이 목표를 달성할 확률은 3%에 그친다. 많은 기업이 시행착오를 겪으며 기대했던 바를 달성하지 못하고 쓴맛을 본다. 오프라인에 존재했던 서비스를 단순히 온라인으로 옮기는 수준에 머무는 경우가 많다. 당연히 결과가 좋을 리 없다. 디지털 전환에 있어 조직 구성원의 경험에 의해 축적되고 널리 공유되는 암묵적 지식(tacit knowledge)의 활용이 중요하다(정대형, 2019). 복제와 유통이 어렵고, 희소한 암묵적 지식을 표출하고 공유함으로써 지속가능한 경쟁우위를 확보하는 일은 큰 전략적 가치를 갖는다.

무작정 첨단기술을 도입하고 막대한 자금을 투자하는 것만으로는 디지털 전환을 통해 원하는 결과를 얻기 어렵다. 적자생존(survival of the fittest)의 법칙을 준수하는 기업만이 살아남는다. 맥킨지는 성공적인 다섯 가지 디지털 전환 방법을 제시한다(Bughin et al., 2019). 첫째, 디지털 전환에 있어서 명확한 우선순위 설정이다. 측정 가능한 사업성과에 직결된 담대한 목표(원가, 고객, 혁신, 생산성)에 집중하는 일은 성과를 높이는 지름길이 된다. 경영진이 한번 결정한 대안을 뒤집지 않고 밀어붙이는 결단력을 발휘해야 한다. 둘째, 사업에 뛰어난 재능을 발휘하는 인재를 발굴하고 육성하는 일은 그 다음으로 중요하다. 최고디지털책임자(CDO)를 중심으로 핵심 기술진이 혁신을 창조하는 리더십을 발휘해야 한다. 셋째, 디지털 전환 과정에 집중적인 시간과 충분한 자본을 투자해야 성과를 거둘 수 있다.

경영진은 다른 생각을 할 겨를 없이 디지털 전환에 올인해야 한다. 넷째, 디지털 전략상 기민함과 융통성을 발휘하는 기업이 성공한다. 적절한 위험을 감수하면서 새로운 아이디어를 창출하고 스스로 학습하며 기회를 추구하는 조직이 보상을 받는다. 마지막으로 모든 계층의 직원이 오너와 한마음이 돼서 디지털 전환에 대한 중요성을 인식하고 명확한 역할과 책임감을 갖고 행동할 때 최고의 성과를 낼 수 있다.

리더의 역할도 중요하다. 성공하는 디지털 플랫폼의 리더가 채택하는 여섯 가지 전략(IBM, 2019)은 다음과 같다. ① 디지털 생태계와 플랫폼의 조화: 디지털 플랫폼은 매출 증대, 수익성 향상을 낳는 잠재력을 가진 성장동력이다. ② 브랜드 구축을 위한 신뢰 구축: 플랫폼은 적응력이 강한 브랜드 속성에 영향을 미친다. 신뢰는 핵심 요소다. ③ 고객 행동 재음미: 고객 행동은 빠르게 변화한다. 신속한 디자인과 시장도달 기법으로 고객 경험을 개인화해야 한다. ④ 사고하고 행동하는 데이터 큐레이션: 인공지능을 활용, 막대한 데이터를 경작하고 분석해 즉각적이고 행동 가능한 통찰력을 얻어야 한다. ⑤ 기하급수적 학습환경 창조: 전 조직에 걸쳐 자기조절 업무흐름, 자동화 프로세스, 자기학습 메커니즘을 조성해 고객관계를 심화하고 조직원의 업무효율을 제고해야 한다. ⑥ 수용 문화의 확산: 다양한 플랫폼 참여자와 조직원이 비전을 공유하고 고객 경험을 함께 창조하는 데 동참하도록 공동체 문화를 대내외적으로 확산시켜야 한다.

05

제조업의 디지털 플랫폼 전환 전략

기하급수적 기술 발전(exponential growth of technology)이 미래를 바꾼다. 산업의 경계가 무너진다. 제조업, 서비스업, 플랫폼 비즈니스 등 기업 간 사업 영역이 파괴된다. 어제의 협업 파트너가 단숨에 경쟁자로 변모한다. 소비패턴 변화, 경쟁 격화로 기업의 생존 수명이 짧아진다. 경영환경 격변에 적응하지 못한 전통기업에서는 파산이 줄을 잇는다. 4차 산업혁명 시대의 새로운 패러다임은 디지털, 융합, 공유 등의 키워드로 요약된다. 핵심 사업에서 경쟁력을 강화한 뒤 연관 사업으로 영역을 확장해 나가는 크로스오버(cross-over) 현상이 두드러진다. 업종과 업태를 넘어 파괴적 혁신을 낳는 새로운 비즈니스 모델이 주목을 받는다.

기업이 성공하려면 비즈니스 모델이 탄탄해야 한다. 기업의 비즈니스 모델은 기업이 가치를 만들어내고 확보하는 방법을 설명하는 도구로 정의

된다. 기업이 수익을 창출하고 고유한 과제를 해결하기 위해 핵심 자원을 배분하고 활용하는 가장 효율적인 관리 시스템을 체계화한 것이다. 혁신적인 비즈니스 모델은 기업에는 새로운 성장의 돌파구가 되는 동시에 산업 전체를 재편하고 경제적 가치를 재분배한다.

구체적으로 비즈니스 모델은 고객가치를 제안하고 가격결정 구조를 정의하며 핵심 자원과 프로세스를 조직화하는 방법을 나타낸다. 더불어 어떤 기업과 파트너 관계를 맺을 것인지와 공급망 구축 방법을 제시한다. 비즈니스 모델은 경쟁 상황을 전제하는 전략과는 다른 개념이다. 전략은 한마디로 싸움에서 이기는 방법이다. 경쟁자보다 더 잘할 수 있도록 지혜를 동원해 기업경영을 차별화하는 것이다. 즉, 파괴적 경쟁에 직면해 어떻게 우위를 점하고 살아남아 지속 성장할지를 고민하는 것이 전략이다.

파이프라인 모델에서 플랫폼 모델로

제조업을 비롯한 많은 산업에서 비즈니스 모델이 가치사슬, 혹은 파이프라인 모델에서 플랫폼 모델로 진화한다(크리스텐슨 외, 2019). 전통적인 파이프라인 비즈니스는 제품 개발 → 부품 조달 → 조립·생산 → 배송 → 유통으로 이어지는 공급망의 순차적 활동을 중앙에서 통제하며 가치를 창출한다. 파이프라인은 수도관처럼 선형적인, 한 방향으로 흐름을 따라 제품을 생산하는 기술과 공정이 수직적으로 통합된 가치사슬 모델이다. 계약자-통제 모델, 폭포수 모델도 파이프라인 모델의 일종이다. 가치사슬의 상류에 있는 원재료는 생산 공정에 투입돼 단계적인 프로세스를 거치면서 점진적인 가치 상승을 통해 최종 제품으로 완성되며 유통단계를 거쳐 고객에게 전달된다.

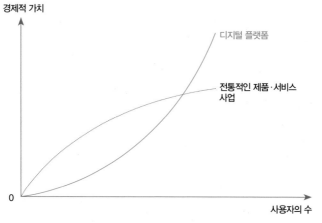

그림 18 **디지털 플랫폼과 네트워크 효과**

경제적 가치

디지털 플랫폼

전통적인 제품·서비스
사업

0

사용자의 수

자료: Iansiti & Lakhani(2017)

그러나 전통적인 비즈니스 모델은 생산량 수확 체감(decreasing re-turns to scale)의 한계를 벗어나기 힘들다. 제조 공정상 기술혁신이 없는 한 일정한 생산량 도달 이후 노동과 자본 투입량을 늘릴수록 한계생산은 감소한다. 생산 과정에서 대기, 지연, 추가 작업, 과잉 생산, 재고, 결함 등 낭비요인이 발생하는 것은 불가피하다. 이 같은 비용 증가와 함께 예측 능력도 떨어져 상황 변화에 따른 리스크 노출이 크다. 특히 가치사슬에서 대체하기 힘든 부품의 조달 차질과 같은 부분적인 장애가 발생하면 전체 시스템 운영이 전면 중단되는 취약점을 가지고 있다. 아울러 플랫폼의 무차별 공습에 생산성이 낙후된 전통산업은 치명적인 위협에 직면한다. 그래서 많은 파이프라인 기업이 플랫폼 모델을 연구하고 대응전략 마련에 골몰한다.

그동안 파이프라인 기업들은 희소성이 있고 가치 있는, 다른 기업이 모방할 수 없는 유·무형 자산을 보유하고 통제함으로써 경쟁우위를 발휘하는 데 주력해왔다. 마이클 포터가 제시한 비즈니스 경쟁요인 다섯 가지, 즉 ① 신규 시장 진입자 위험 ② 제품과 서비스의 대체재 ③ 고객(구매자) 교섭력 ④ 공급업체 협상력 ⑤ 기업 간 경쟁 강도는 플랫폼 비즈니스 시장에서도 유효한 개념이다.

새로운 비즈니스 모델은 아웃소싱을 활용해 생산량 수확 체증(increasing returns to scale)의 법칙을 가능케 하는 디지털 플랫폼 혁신을 통해 탄생한다. 디지털 시스템이 내장된 플랫폼 비즈니스 모델은 생산자와 소비자를 참여(pull)시키고 소비와 공급을 연결(match)해 상호작용을 촉진(facilitate)하는 방식이다. 동시에 독자적인 기술과 협업을 활용해 비교우위 상품과 서비스를 시장에 내놓는 차별화된 모델이다. 플랫폼의 목표는 서로 다른 참여집단 간 핵심적인 상호작용이 효율적으로 반복되어 나가는 메커니즘을 최대한 확장해 나가는 데 있다. 즉 네트워크 효과를 극대화하는 것이다.

플랫폼에서는 기술 자체보다 상호작용이 우선이다. 소비자에게 제공되는 핵심가치(core value)와 생산자가 벌어들이는 수익(currency)의 흐름이 최적화되도록 플랫폼 규칙과 구조를 설계하는 일이 무엇보다 중요하다. 핵심가치는 플랫폼이 창조(creation)하고 정제·여과(curation)해서 고객 맞춤형 주문생산(customization) 과정을 거쳐 소비(consumption)된다. 제품과 서비스, 정보 등 핵심가치를 창출하는 플랫폼의 기본구조는 공통적으로 △데이터를 기반으로 △가치단위를 창출하는 수단과 규칙 등 인프라스트럭처가 조성되며 △상호작용을 촉진하는 네트워크, 마켓플레이스, 커뮤니티가 형성되는 3층의 구조를 이룬다. 현실에서는 플랫폼이 구사하는 전략에 따라 이들 세 가지 층의 중요도가 다를 수 있다(Choudary, 2016).

탈규모화(unscaling)는 파이프라인 기업이 수직적 통합으로 추구했던 규모 확대 전략에서 벗어나 고도로 집중된 시장으로 사업을 분산하고 다각화하는 과정에서 발생한다. 과도한 내부화에서 발생하는 비효율을 제거하면서 변화무쌍한 환경 변화에 대응해 날렵하고 신속한 사업 전개를 도모하려는 전략이다. 또한 규모가 작고, 목표가 명확하고, 기민한 스타트업들은 기술 플랫폼을 활용해 시장에서 효과적으로 경쟁을 벌인다. 과거에는 직접 구축하고 보유해야 했던 생산 시설을 외주업체로부터 빌려 쓰고, 설비와 인력을 인공지능으로 자동화한다. 플랫폼은 스타트업들이 클라우드 컴퓨팅을 활용하고, 고객 경로 관리는 소셜네트워크와 검색엔진을 이용하도록 전문적인 서비스를 제공해 탈규모화를 촉진한다(타네자·메이니, 2019).

파이프라인 기업이 다면 플랫폼 비즈니스로 전환하려는 이유는 기본적으로 두려움과 욕심 때문이다. 기존 경쟁자나 새로운 경쟁업체가 자사의 시장점유율을 빼앗는 것에 대한 두려움이 첫 번째 이유다. 기업가치를 높이는 새로운 매출 원천을 찾고 빠르게 성장하면서 이익을 내고자 하는 욕심은 두 번째 동기다. 제품이나 서비스를 플랫폼으로 바꾸면 기업의 경쟁우위를 강화할 수 있고, 네트워크 효과와 높은 전환비용 덕에 진입장벽을 높게 쌓을 수 있다. 기업 활동에서 플랫폼 중심 비즈니스 모델로의 전환을 촉진하는 다섯 가지 동인은 △산업 내 전문화 심화 △제품·서비스·비즈니스 프로세스 활동의 패킷화(packetization) △일상적 비즈니스 활동의 소프트웨어화 △인공지능, 사물인터넷, 클라우드 컴퓨팅

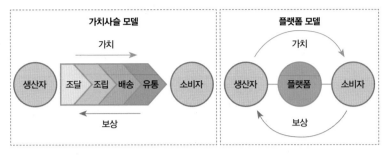

그림 19 **가치사슬 모델과 플랫폼 모델**

자료: 이성열·양주성(2019) 수정

등 IT 기술의 발달 △5G 구축으로 데이터 네트워크의 유비쿼티(ubiq-uity) 일상화다(티와나, 2018).

제품의 플랫폼화와 개방형 혁신

제품의 플랫폼화(platformization of products)는 개방형 혁신(open in-novation)을 촉진한다. 자사와 협력하는 제3의 기업들이 응용프로그램 인터페이스를 활용해 더 많은 변형 제품을 개발하고 시장에 선보일 수 있게 해주는 공통의 핵심 생산 기반을 창조한다. 제품의 플랫폼화를 가능하게 하는 기술은 풍부한 연결성을 제공하는 디지털 인프라다. 긴밀하게 통합되고 표준화된 제품 플랫폼만이 확장 가능한 제품을 생산할 수 있는 기초가 된다. 제조업체는 적은 투자로 보다 빠르게 맞춤형 제품을 시장에 공급할 수 있도록 유연한 제품 플랫폼을 구축함으로써 세분화되어가는 고객 니즈를 충족시킬 수 있다. 제품 플랫폼의 핵심 제품은 융통성 있는 모듈방식을 지향하도록 설계되어 제3자가 변형 제품을 신속하게 맞춤

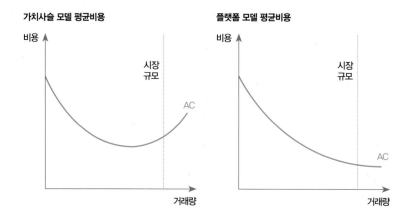

그림 20 **가치사슬 모델과 플랫폼 모델 비용구조**

가치사슬 모델 평균비용

비용

시장
규모

AC

거래량

플랫폼 모델 평균비용

비용

시장
규모

AC

거래량

제작하고 확장할 수 있도록 돕는다. 지적자산 보호에서 광범위한 고객 니즈를 겨냥해 핵심 제품의 성능을 향상시키는 데 기여할 수 있는 혁신적인 생산자들의 개방형 생태계 구축으로 전략적 초점을 이동시키는 것이다.

그러나 제조업체가 의도하는 대로 플랫폼 전환에 성공하는 것은 아니다. 파이프라인에서 플랫폼으로 비즈니스 모델을 전환하려면 보다 복잡하고 역동적인 변화가 필요하다. 기존 기업이 플랫폼 사업을 추진하려면 기업의 전략부터 운영 프로세스, 조직에 이르기까지 체질을 몽땅 바꿔야 한다. 기존 사업을 오랜 기간 영위해 온 기업이 순식간에 플랫폼 모델로 전환하기는 힘들다. 플랫폼 사업이 기존 비즈니스 모델의 방향성과 충돌하거나, 기존 사업 모델을 송두리째 대체할 수 있기 때문에 경영진의 강력한 의지 없이 비즈니스 모델을 전환하기는 쉽지 않다.

플랫폼 비즈니스 모델로 전환하는 데 가장 핵심적인 변화 세 가지는 △자원 통제에서 자원 조정으로 △내부 최적화에서 외부와 협력으로 △

그림 21 네트워크 효과와 사용자 가치

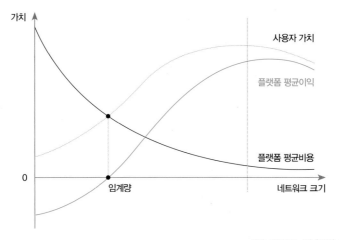

자료: 모아제드 · 존슨(2019) 수정

고객가치 중심에서 생태계 가치 중심으로의 전환이다(크리스텐슨 외, 2019). 먼저 플랫폼에서 경쟁우위를 갖는 자산은 파이프라인이 활용하는 자산과는 차원이 다르다. 생산자와 소비자 커뮤니티로 구성된 네트워크가 플랫폼의 중대한 자산이다. 네트워크 효과에 따라 플랫폼 평균비용은 거래량이 기존 시장규모에 도달한 이후에도 계속 하락한다(모아제드·존슨, 2019). 플랫폼에 참여하는 생산자와 소비자 네트워크가 커질수록 규모의 경제 효과가 증폭되면서 평균비용은 떨어진다. 가치사슬 모델에서 거래량이 시장규모에 도달하기에 전에 평균비용이 상승하는 것과 다른 점이다. 사용자 가치는 임계점을 지나 시장규모에 도달할 때까지 가파른 상승곡선을 그린다. 사용자 가치에서 평균비용을 차감한 플랫폼 평균이익도 크게 증가한다. 네트워크 효과는 시장규모를 더욱 키워나간다.

또한 플랫폼은 내부 프로세스를 최적화하는 것을 넘어 외부 생산자와 소비자 간의 상호작용을 촉진하는 방향으로 자원을 조정하고 조직화한다. 아울러 고객의 생애 가치를 높이는 노력에서 플랫폼 생태계 가치를 극대화하는 것으로 비즈니스 규칙이 달라진다. 특히 외부 업체와 협력하고 참여자들 간 상호작용이 왕성한 플랫폼은 개방형 플러그 앤드 플레이(plug & play) 인프라 구조를 갖는다. 즉, 레고 스타일처럼 인프라를 모듈화해서 필요할 때마다 손쉽게 확장하고 장애가 나면 단순 교체하는 방식으로 운영한다.

제조업체의 플랫폼 전환은 전략 선택의 폭이 넓다. 예를 들어보자. '자동차 업계의 애플'로 불리는 테슬라는 자동차를 소프트웨어 플랫폼의 관점에서 접근한다. 자동차는 하드웨어일 뿐이라는 인식에서 차의 성능을 최대한 활용할 수 있는 방식으로 소프트웨어를 개발하고 이를 플랫폼화하는 것이 경쟁력의 핵심이다. 테슬라는 자율주행기술, 전기차 배터리 관리 등 모든 것을 플랫폼 관점에서 접근하여 혁신적인 미래지향적 모빌리티 서비스를 추구한다.

기본적으로 제조업의 플랫폼 전환은 수요와 공급, 두 가지 측면에서 접근할 필요가 있다(Furr, 2016). 첫째는 수요측면의 전환 전략이다. 많은 고객을 확보하는 일은 간단치 않다. 성공적인 고객 확보를 위해서는 3단계 전략이 필요하다. 먼저, 제품을 사랑하는 집단을 구축한다. 초기 단계에 자사제품에 대한 소수의 광팬을 형성하면서 생산 역량을 키워나간다. 둘째, 핵심 고객을 초기 플랫폼 수용자로 전환한다. 광팬의 열정이 달아오르면 제품 구매 증가로 연결된다. 셋째, 초기 수용자를 레버리지 삼아 플랫폼 참여자를 대대적으로 늘려나간다. 온라인에서 제품에 대한 평가가 선순환을 일으키면서 초기 수용자가 대규모 구매집단을 형성하는 마중물 효과를 낸다. 기업은 고객을 지원하고 열정을 부추김으로써 수요측면의 네트워크 효과를 키워야 한다. 하지만 대다수 제품은 경쟁기업 공격에 방어하기 힘들어 시장을 수성하지 못하고 몰락하고 만다.

공급측면의 플랫폼 전환전략도 세 단계로 진행된다. 첫 단계에서는 제품 기술개발과 외부 보완재 공급업체 확보로 핵심 제품의 지속적인 혁신을 통해 히트상품의 모멘텀을 창조해야 한다. 그래야 고객의 열정을 자극하고 소비를 환기시킬 수 있다. 두 번째 단계에서 기업은 지속적인 기술개발과 다원화된 협력업체 확보, 제품 커뮤니티 관리를 통해 제품 판매를 촉진해야 한다. 마지막 단계에서 기업은 제품과 플랫폼의 혼합 비즈니스 모델을 채택한다. 가치창출을 극대화할 수 있도록 제품과 플랫폼에서 생성되는 전체 수익 흐름을 최적화한다. 공짜제품 제공 등 교차 보조를 통해 새로운 플랫폼 사업이 커질 수 있도록 최선을 다한다. 제조업 기반 플랫폼을 구축하는 데 있어서 중요한 것은 비즈니스 유연성을 발휘하는 역량이다. 성공적인 플랫폼 전환전략은 수요 유연성에서 나타나는데 이는 다른 경쟁자가 성장을 모방하거나 장애물이 되는 것을 막아준다.

제품·서비스 플랫폼 전환 방안

실전에서 기존 기업이 제품과 서비스의 전부 또는 일부를 플랫폼 비즈니스로 전환하려 할 때 활용할 수 있는 전략은 다음과 같은 네 가지가 있다(크리스텐슨 외, 2019). 즉 △다른 기업에 문호 개방하기 △고객 연결하기 △제품 연결하기 △다면 플랫폼에 공급하기 가운데 기업에 적합한 전략을 선택할 수 있는 것이다. 먼저 기업은 자사와 다른 제품이나 서비스를 제공하는 다른 기업에 자사 고객을 연결하는 방식으로 다면 플랫폼이 될 수 있다. 즉, 다른 기업이 제공하는 제품이나 서비스를 자사 고객에게 광고하거나 판매하는 것을 뜻한다. 다른 기업의 제품은 자사 제품과 관계가 전혀 없거나 밀접한 관계를 갖는 대체재나 보완재가 될 수 있다. 이 전략은 자사 브랜드 입지가 탄탄해야 하고 자사 고객층이 넓고 많다는 가정하에 활용이 가능하다. 아울러 자사 제품만으로는 충족되지 못한 고객의 니즈가 존재해야 한다. 고객 니즈의 틈새를 메꿔주는 제품이나 서비스를 제공하는 것이다. 또한 자사 제품과 고객의 상호작용이 원활해야 한다는 조건도 충족해야 전략이 통할 수 있다. 고객과의 상호작용이 빈번해야 여러 제품과 서비스를 판매하는 플랫폼으로 시너지를 내게 된다.

하지만 다른 기업에 문호 개방하기는 위험요소도 내포한다. 대표적인 리스크는 타사 광고를 원하지 않았는데 접하게 되는 기존 고객들의 거부감이다. 또 다른 리스크는 타사 제품 품질에 대한 책임을 회피하기 힘들다는 점이다. 암묵적으로 타사 제품의 품질을 자사가 보증하게 된 셈이기 때문이다. 마지막으로 일부 타사 제품이 자사 제품 시장을 잠식할 수 있는 리스크다. 보완재보다 대체재일 경우 더 큰 위험을 감수해야 한다. 경쟁우위를 바탕으로 타사 제품을 플랫폼으로 끌어들이면 파이를 키워서 상생하는 효과를 거둘 수도 있다.

두 번째, 고객 연결하기는 같은 제품이나 서비스를 이용하는 자사 고객이 2개 이상의 집단으로 분리되어 있고 이들이 자사 서비스를 벗어난 영역에서 상호작용하거나 거래를 할 때 사용하는 전략이다. 다면시장에 존재하는 고객들을 끌어들여 자사를 통해 거래하거나 상호작용을 강화하게끔 서비스를 수정하거나 확장하는 방식으로 플랫폼 비즈니스를 시작할 수 있다. 미용실을 이용하는 남녀 고객을 대상으로 데이트 중개 서비스를 제공하는 것은 좋은 예다. 이 전략에도 리스크가 존재한다. 다면 플랫폼 기능이 고객이나 회사에 추가적인 가치를 창출하지 못하는 경우가 첫째 위험이다. 자원만 낭비하는 결과를 낳는다. 더 나쁜 위험은 다면 플랫폼을 경험하게 된 고객이 기존 상품과 서비스의 가치와 부합하지 않는다고 불만을 느끼는 경우다. 다면 플랫폼으로의 사업 확장으로 핵심가치가 훼손되고 고객이 이탈한다면 구태여 헛된 노력을 기울일 필요가 없는 것이다. 부작용을 최소화할 메커니즘을 마련해야만 고객 연결 전략이 효과를 낼 수 있다.

세 번째 전략은 제품을 통해 고객을 연결함으로써 다면 플랫폼으로 전환하는 것이다. 이 전략은 단순한 고객 연결 방식보다 다양한 제품과 서비스를 네트워크를 통해 제공하는 다층 사업구조다. 미용실을 예로 들면, 남자 고객과 여성 고객에게 헤어 서비스와는 별도로 파는 남성·여성용 화장품을 교차 판매해서 매출을 늘리는 전략이다. 자사가 서로 다른 고객 집단을 가진 복수 제품이나 서비스를 판매하고 이 복수 집단이 자사 제품과 서비스 시장 외부에서 상호작용할 때 활용이 가능하다. 이때 고객 간 외부에서 일어나는 상호작용이 자사 제품이나 서비스를 통해 이루어지도록 거래를 내부화하면 다면 플랫폼이 될 수 있다. 이 전략에서도 리스크가 발생하는데 다면 플랫폼이 추가 가치를 창출하지 못하는 경우는 두 번째 시나리오와 같다. 다른 하나의 위험은 서로 다른 제품을 구매하는 고객 간 상호작용을 최적화하면 한 제품 또는 다른 제품의 성장 잠재력이 저절로 감퇴되는 경우다. 다면 플랫폼으로 복잡한 사업을 벌이려다가 수익을 내지 못하고 고유한 거래 기능만 위축되는 결과를 초래한다면 득보다 실이 큰 전략이 되고 말 것이다.

파이프라인 기업이 선택할 수 있는 마지막 전략은 다면 플랫폼과 협업하기다. 이 방법은 B2B 영역에서 자사와 거래하는 기업의 고객(개인)이 구매하는 제품이나 서비스 가치를 높일 무엇인가를 자사가 제안할 수 있을 때 효과적일 수 있다. 또한 한 시장에서 여러 플랫폼이 경쟁하는 멀티호밍(multi-homing)의 경우, 기술과 제품 역량을 갖춘 제조기업이 상대적으로 열세에 놓인 플랫폼을 도와 협력함으로써 막강한 플랫폼에 종속되지 않고 경쟁적인 시장을 만들어갈 수 있다.

이 전략이 성공한 유사 사례는 인텔 인사이드 홍보를 꼽을 수 있다. 제품 가치를 높이는 자사 부품을 사용한다는 점을 고객에게 알림으로써 제품과 부품 판매를 동시에 촉진하는 방식이다. 하지만 인텔은 고객에게 직접 제품이나 서비스를 제공하지 않았기 때문에 다면 플랫폼으로 볼 수는 없다. 이 전략의 핵심은 자사 제품이나 서비스가 고객 제품이나 서비스와 경쟁 관계가 아니라 보완 관계라는 점을 고객에게 확신시키는 데 있다. 플랫폼 전환의 어려움은 고객에게 제공하던 제품과 서비스에 대한 강력한 통제력을 상실하게 된다는 점이다. 다른 기업이나 고객들 사이에 일어나는 상호작용을 촉진하고 창출되는 가치를 관리하는 입장으로 바뀌게 되면 자사의 제품과 서비스에 대한 영향력이 축소된다. 그래서 비즈니스 모델의 전환에 따르는 조직 내부의 저항이 커질 수 있는 것이다.

기술적 측면에서 제조업은 다양한 유형의 외부 플랫폼을 활용하는 방안도 고려할 필요가 있다. 정보 자동화 처리(IPA, Intelligent Process Automation) 플랫폼은 제조업의 디지털화를 지원하는 기술적인 기반이 된다. IPA의 유형은 통합 플랫폼(integrated platform), 자율디자인 플랫폼(self-designed platform), 최종 고객 지향 플랫폼(end-user-targeted platform)으로 구분된다(Kaniyar et al., 2019). 먼저 통합 플랫폼은 정보기술 조직에 핵심 정보기술 설비와 운영 시스템 일체를 통째로 제공하는 것이다. 인공지능, 클라우드 컴퓨팅 기술을 망라한 자동화 설비를 사전에 디자인한 방식으로 폭넓은 응용프로그램 인터페이스 서비스를 활용해 제조기업의 일사불란한 IT관리와 시스템 모니터링을 가능하게 한다. 기업 스스로 높은 수준의 플랫폼 몰입도와 폭넓은 실천 노력이 요구된다. 둘째, 자율디자인 플랫폼은 IT 조직이 다양하고 특별한 IT 작업을 수행하는 데 적합한 맞춤형 시스템을 제공한다. 핵심적 이점은 폭넓은 고객을 대상으로 상품화는 물론, 탄력적이고 다재다능한 서비스가 가능하다는 점이다. 마지막으로 최종 고객 지향 플랫폼은 고객의 IT 경험을 제고하는 데 초점을 맞춰 고객 데이터를 기반으로 상호작용을 활성화하고 고객의 니즈에 맞는 서비스를 제공한다. 목표 고객을 겨냥해 검증된 기술을 활용한 맞춤형 서비스가 촉진된다.

디지털 비즈니스 플랫폼 전환 전략

정보기술 발전에 따라 기민(agile)하고 교차협력적(cross-collalaborative)인 경영방식이 메인스트림으로 부상한다(Bossert & Demet, 2019). 유연한 모듈방식의 정보기술이 유행을 타면서 △연결성(connectivity) △기능전개(deployment) △소프트웨어 언어(software language) △정보기술 솔루션(solution) △정보기술 조직구조(architecture) 등 다섯 가지 기술 환경이 동시에 업그레이드되는 추세다. 연결성은 5G 기술을 기반으로 한 응용프로그램 인터페이스가 협력 기능을 대폭 향상시킨다. 클라우드는 즉각적인 기능 전개를 가능케 한다. 강화된 보안과 데이터 활용을 촉진하는 새로운 소프트웨어 언어가 개발된다. 거대한 단일체 솔루션이 아닌 마이크로서비스와 같이 기능성을 높이는 모듈방식의 솔루션은 신속한 설치와 공급이 용이하다. 기술조직도 스파게티처럼 복잡한 시스템에서 유연하고 기민한 기술 생태계로 바뀐다.

전통적으로 제조업 기술력이 강한 일본의 주요 기업들은 경쟁상대인 플랫폼 기업의 위협에 대응하는 전략을 다각도로 추진한다. 구체적으로 △전사적 가치사슬의 혁신을 통한 비용 절감 △고객 인사이트 제고 △연구개발 효율화 △플랫폼을 활용한 융합형 신사업 개척 등 차별화된 전략 구사에 나선다(이지평·류상윤, 2018).

일본 기업들은 ① 가치사슬 혁신과 비용절감 측면에서 디지털 기술을 활용해 전사적으로 가치사슬, 조직구조를 혁신하고 있다. 사물인터넷을 활용한 공장 자동화에 이어 인공지능, RPA(Robotic Process Automation)를 통한 업무 합리화, 응용프로그램 인터페이스 구축을 통한 분업 생태계 활성화가 중요한 과제다. ② 고객 인사이트 제고와 관련해서는 고객 데이터를 활용해 개별 고객에 대한 예측능력과 제품 공감능력을 제고하는 데 주력한다. 궁극적으로 사전에 개별 고객의 주문내용을 예측, 다품종 대량생산에 대응할 수 있는 역량을 키우는 데 초점을 맞추고 있다. ③ 연구개발 효율화 측면에서는 빅데이터, 인공지능을 활용한 기술의 고도화, 양자컴퓨터 개발 등 계산 능력의 제고에 총력을 기울인다. ④ 일본기업은 빅테크와 전면적인 경쟁에 나서기보다는 FANG의 플랫폼을 활용하면서 응용프로그램 인터페이스를 통해 자체 소프트웨어나 플랫폼을 추가해서 차별화하는 전략에 나선다. 기존 비즈니스에서 사물인터넷, 인공지능, 서비스화 과정 중 축적한 노하우, 기술 등 경영자원을 다각적으로 활용해 신규 비즈니스를 개척하는 기업 노력이 돋보인다.

대다수 파이프라인 기업은 인공지능, 고객 데이터, 사물인터넷을 활용한 분석·예측 능력을 높임으로써 전통적인 가치사슬관리(SCM) 방식을 고객지향으로 재편하는 데 공들인다. 디지털 기술을 활용해 기존 제품이나 서비스 원가를 낮추고 새로운 고객체험 가치를 창조해 미래 신성장동력을 확보하는 데 올인한다. 테크기업의 도전에 의한 기존 산업의 파괴적 충격을 경계하면서 성숙산업을 활성화시켜 신사업을 창출할 수 있는 기회로 삼으려는 의도다. 플랫폼 기업과 협업관계를 유지하면서 자체적으로 고객집단과 거래기업을 연결해 독자적인 플랫폼을 구축하는 노력을 기울이는 파이프라인 기업들도 적지 않다. 가치사슬과 이해관계자의 해체와 재조합, 연결을 통해 상호작용할 수 있는 접점을 꾸준히 찾아야 한다. 접점을 찾은 부분에서는 플랫폼을 형성해 새로운 가치를 창출하는 시도에 나설 필요가 있다.

모든 기업이 똑같은 플랫폼 모델을 채택할 필요는 없다. 기업마다 플랫폼 면역력이 다르기 때문이다. 제품 기술력과 브랜드 파워를 갖춰 강력한 시장 지배력을 가진 파이프라인 기업은 플랫폼 기업에 대한 협상력을 발휘할 수 있는 것이다. 세상에 없는 제품, 대체 불가의 경험을 고객에게 제공한다면 어떤 경쟁상대라도 두려울 게 없다. 자체 상품의 경쟁력에 집중함으로써 플랫폼을 외부 협력자로 활용하는 전략이 유효하다. 자체 상품의 충성고객을 확보한 기업은 플랫폼 다변화를 통해 협상력을 유지해 나간다. 블록체인 기술과 개인 간 신뢰도 보완 기술 발전으로 디지털 전환, 탈중개화, 직거래(P2P) 전략을 모색하는 것이 바람직할 수 있다.

소극적인 플랫폼 탑승을 고려하는 경우에는 자체 상품 및 콘텐츠 강화전략을 병행해야 하며 플랫폼 업체의 시장참여 위협에 대한 경쟁우위 확보, 방어전략이 필요하다. 제조기업이 무리해서 플랫폼과 경쟁하다간 망하기 일쑤다. 자체 플랫폼을 구축하려면 충분한 규모의 경제를 달성하기까지 참여자 모집, 광고비, 제휴비용, 시스템 구축 등 막대한 비용 부담과 지속가능한 비즈니스 모델에 대한 정체성 확보에 어려움이 발생한다.

국가의 산업정책 차원에서 큰 그림을 보면 제조혁신 생태계에서 플랫폼은 공급 산업과 수요 산업 간의 연결자 역할을 담당한다. 제조혁신 플랫폼이 성공하려면 우선 대·중소기업 사이에 수평적이고 상생적인 네트워크 생태계가 조성되어야 한다. 그다음으로 대기업과 중소기업 간 핵심역량의 양극화를 해소하고 기업의 스마트화, 서비스화를 촉진해야 한다. 기업 규모와 업종별 칸막이식 연구개발 한계를 극복하고 크로스커팅 (cross-cutting) 관점에서 신산업 핵심 공통기술을 개발해 새로운 시장을 창출하고 산업구조의 고부가가치화를 촉진하며 혁신역량을 확산시키는 플랫폼 비즈니스 모델이 구축돼야 할 것이다.

06

플랫폼 생태계를
확장하라

태양계는 태양을 중심으로 공전하는 행성, 행성의 위성, 소행성, 혜성이 분포하는 천체를 의미한다. 항성인 태양이 발산하는 에너지 덕에 행성인 지구에서는 수많은 생명체가 번성한다. 자연과학에서 생태계란 상호작용하는 동식물과 서로 영향을 주고받는 주변 환경을 모두 묶어서 부르는 말이다.

동물의 왕국은 상위 포식자에서부터 하위 포식자로 이어지는 약육강식의 생태다. 적자만 생존하는 정글의 법칙이 지배하는 야생의 자연에서 상호의존성과 완결성은 생태계를 이루는 필수 요소다. 하나의 생태계 안에 사는 유기체들은 먹이사슬을 통해 서로 밀접하게 연관된다. 먹이사슬을 거치면서 여러 유기체 사이에 영양물질이 순환하고 에너지도 함께 이동한다. 또한 생태계에서는 지리적으로 같은 곳에서 서로 의존하는 다양한 유기체 집단이 외부와 완전히 독립된 체계를 이룬다.

기업도 생태계를 형성하며 성장·발전한다. 대기업 집단은 주주, 계열사, 협력회사로 구성된 삼각편대로 시너지 효과를 낸다. 기업 간 경쟁을 넘어 플랫폼은 생태계를 만들어 진영 싸움을 벌인다. 플랫폼화(platformiza-tion)는 플랫폼 생태계를 창조하는 일이다. 플랫폼 생태계의 출현으로 혁신의 중심이 기업 내부에서 외부 협력기업으로 구성된 거대한 네트워크로 옮겨간다. 기업 내부에서 독자적인 기술개발에 의해 추진되던 혁신은 대기업, 중견기업, 중소기업 등 수천수만의 외부 공급자 및 개발자와 협력하고 국경을 넘어 외부 자원과 기술을 아웃소싱하며 가치를 창출하는 방식으로 전환된다. 기업 단위의 제품 판매, 이익 극대화에서 보다 장기적인 관점을 가지고 생태계 전체가 창조하는 가치를 극대화하는 방향으로 플랫폼 전략이 바뀐다.

플랫폼 생태계 참여자는 혁신의 모든 비용과 위험을 함께 나누고 함께 창조한 가치에 대한 보상인 수익을 플랫폼과 공유한다. 플랫폼 생태계는 고객경험 창조를 통한 공동의 목표를 달성하기 위해 모든 참여자가 협력하는 원윈(win-win) 비즈니스 모델이다. 소비자의 입장에서 플랫폼 생태계는 다양한 제품과 서비스를 이용하는 데 드는 전환비용을 낮춰주고 거래에 따르는 마찰을 줄여주는 관문이 된다. 아마존은 아이패드 생태계에서 전자책 콘텐츠 공급자 역할을, 전자책 전용 단말기 킨들 생태계에서 플랫폼 사업자 역할을 각각 수행하면서 상황 변화에 탄력적으로 적응하고 있다.

비즈니스 생태계의 진화

기업 생태계는 비즈니스 생태계, 혁신 생태계, 플랫폼 생태계로 구분된다(Thomas & Autio, 2019). 첫째, 비즈니스 생태계(business ecosystem)는 구심점이 되는 핵심 기업이 주도하는 커뮤니티의 역동성이 강하다. 기업 간 유대를 기반으로 공동의 표준을 만들어 주변 이해관계 집단과 협력한다. 둘째, 혁신 생태계(innovation ecosystem)는 주력 기업이 납품·협력업체들과 창조적인 공동생산을 담당한다. 가치사슬에서 주력 기업이 상류와 하류의 생산 부문을 관장하며 공급이 원활하게 이루어지도록 압력을 가하고 가치 생산에 역점을 둔다. 셋째, 플랫폼 생태계는 상호의존적 협업 경영으로 가치를 창조한다. 참여기업들이 비전, 목표, 기준 등 지배구조하에서 정보·자원·기술을 연결하고 상호작용을 통해 고객 가치를 극대화한다. 플랫폼 생태계의 리더는 혁신을 선도하고 환경 변화에 따른 사업기회를 탐지, 선별해 내며 생태계 내 자원과 행동을 통합하고 조율하는 동태적 역량을 발휘함으로써 지속가능한 성장과 수익성을 확보한다.

플랫폼 생태계는 새로운 역량과 기술, 제품, 서비스를 제공하는 조직이 모여 거대 집단을 형성한다. 플랫폼 생태계는 중앙집중형과 분권형이 있다(Ringel et al., 2019). ① 하나는 전통적인 조직과 운영 방식에서 진화, 발전한 생태계로 여러 집단을 지휘, 통제하는 조직이 중심에 있는 구조다. 이 같은 플랫폼 생태계에 속한 집단은 위계질서와 조직 구조, 엄격한 규율을 갖는다. 생산라인이 수직적으로 통합된 생태계는 중앙집중형의 대표적인 예다. 협력 업체의 수는 많지 않아 네트워크 효과는 제한적이다. ② 다른 유형은 보다 역동적이고 탈중심적인 특성을 보이는 참여자들 사이에 다면적인 상호작용이 왕성한 개방형·분권형 플랫폼 생태계다. 기저기술(deep technologies) 생태계에서는 강력한 중앙의 통제력 대신 다양한 참여자 집단을 연결하는 돈, 지식, 데이터, 기술, 전문가, 공동체, 계약 등 특유의 접착제와 윤활유가 필요하다. 개방의 폭이 확대될수록 성장의 기

그림 22 **플랫폼의 네 가지 기능과 구조**

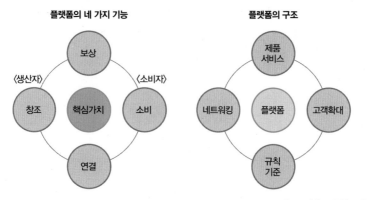

자료: 모아제드 · 존슨(2019)

회는 넓어진다.

플랫폼 기업은 고유한 가치 생태계를 형성한다(모아제드·존슨, 2019). 가치 생태계 내에서 ① 기본적인 활동(primary activities)은 플랫폼의 핵심거래 며 ② 가치 창조를 지원하는 활동(supportive activities)은 플랫폼의 핵심 기능이다. 핵심거래는 사용자들 사이의 가치교환을 용이하게 해주는 활동이다. 플랫폼 생태계에서 핵심거래를 이루는 요소는 △참여자들과 함께 핵심가치를 창조하고 △생산자와 소비자를 연결하며 △핵심가치를 소비하는 거래와 △소비·교환하는 가치를 보상하는 네 가지로 구성된다. 가치 생태계는 또한 가치 창조를 지원하는 역할을 맡는 일련의 지원활동을 벌인다. 지원활동은 △사용자 확보, 고객 확대 △네트워킹으로 짝 맞어주기 △규칙과 기준 설정 △제품·서비스와 도구 제공 등 플랫폼의 네 가지 핵심기능이다.

그림 23 혁신 플랫폼 생태계의 구조

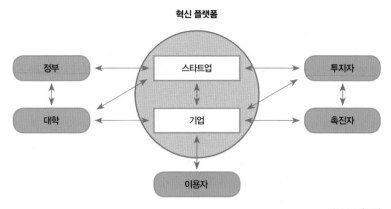

자료: BCG(2019)

디지털 기술은 참여자의 협력을 통해 플랫폼을 이루고 플랫폼은 거대한 생태계를 만든다. 기저기술은 공공과 민간, 연구와 산업 분야의 폭넓은 생태계를 아우른다. 기저기술 생태계의 중심은 테크기업과 스타트업이다(Portincaso, 2019). 테크기업은 스타트업과 함께 기민하고 신속하게 새로운 제품을 개발해 시장 적합성을 찾아내는 활동을 긴밀하게 협력한다. 기저기술 생태계를 구성하고 핵심가치를 창조하는 데 조력하는 플랫폼 참가자는 대학, 연구기관, 투자자, 정부, 협력기업, 이용자 등 무수하다.

플랫폼 생태계는 다양한 가치를 만들어낸다. 디지털 기술에 기반한 생태계는 △참여자의 지리적 다양성 △여러 산업을 관통하는 협력 △보다 유연한 기업 간 협력 구조 △상호 지속적인 가치 창조 등에서 전통적인 기업 활동과 큰 차이를 보인다. 여러 가지 가치 가운데 가장 의미 있는 혁신을 창조하는 플랫폼 생태계는 다음과 같은 특성을 갖는다(Ringel et al., 2019). ① 역량 형성: 많은 생태계는 다른 산업과 지역에서 역량 있는 전문가들을 끌어들여 시너지 효과를 내는 조직을 형성한다. 기업 차원에서는 제휴, 출자, 합작, 합병 등 네 가지 형태의 협력을 통해 외부 역량을 신속하고 기민하게 사업으로 내부화한다. ② 신상품과 서비스 개발: 생태계는 다양한 참가자가 새로운 상품과 서비스를 개발해 수익원으로 형성하도록 돕는다. 또한 많은 영역에서 자체 상품과 서비스로 시장을 만들어 지속가능한 성장을 도모한다. ③ 고객 데이터 확보와 활용: 데이터는 고수익과 경쟁우위의 원천이며 미래 사업의 핵심 역량이다. 플랫폼은 생태계에서 다양한 데이터를 모으고 생태계 내에 축적해 고객에게서 최대의 효과를 거둘 수 있는 제품과 서비스를 적기에 제공한다. ④ 지식재산권 축적: 새로운 사업 기회를 창조하는 지식재산권은 많을수록 경쟁에서 유리하다. 전통적이고 배타적인 지식재산권 전략 대신에 기업은 정교하고 현명한 방식으로 지식재산권을 활용한 경쟁우위를 확보해야 한다. ⑤ 온라인과 오프라인 채널 혁신: B2B와 B2C 기업은 온라인과 오프라인을 결합해 단절 없는 고객 경험을 창조하고 새로운 서비스를 제공하는 새로운 방식을 찾아내야 한다. 생태계는 혁신을 통해 틈새시장을 공략하며 새로운 규칙을 만든다. ⑥ 신기술개발 선도: 전문기술 생태계는 창의적인 기업가집단, 벤처기업, 투자자, 대학, 연구기관 등을 아우르며 혁신적인 기술을 공동으로 개발한다. 생태계는 역동적이고 유연한 기술개발 모델을 선보일 수 있다.

전통적인 협력 모델이 디지털 기업 생태계(digital ecosystem)로 전환되는 과정은 획기적인 변화를 낳는다. 이 과정에서 일곱 가지 속성이 바뀐다(Lang et al., 2019). 첫째, 비즈니스 초점은 제품에서 스마트 통합 솔루션으로 전환된다. 둘째, 규모와 지식 전파에 치중했던 원칙은 혁신 리더십과 시장에 스피드를 촉진하는 활동으로 바뀐다. 셋째, 경직된 가치사슬의 구조는 고도로 적응할 수 있는 생태계 가치 웹으로 변모한다. 넷째, 지리적 특성 측면에서는 성숙된 시장에서 군림하던 기업이 신흥시장 경쟁자의 도전을 받는다. 다섯째, 산업은 대부분 내부 산업, 주로 고정자산 중심에서 산업 간, 주로 지적자산으로 중심이 이동한다. 여섯째, 합작기업과 기업 결합이 10년 이상 유지되던 기업 간 협력전략의 지속성은 5년 미만의 다양한 방식으로 전환한다. 마지막으로 일곱째, 가치창조는 핵심가치 단위에 기반한 수익모델과 기업 자체의 고유가치 창조를 극대화하는 방식에서 기업 간 상호적이고 지속적인 가치 창조로 바뀐다.

플랫폼 생태계의 원리와 특성

플랫폼 생태계는 생명체와 같이 태어나고 성장하며 진화, 쇠퇴한다. 티와나(2018)는 플랫폼 생태계의 초기 개발과 진화에 적용되는 아홉 가지 지도 원리를 다음과 같이 제시했다.

- 붉은 여왕 효과: 플랫폼 생태계의 생존·성장을 위해서는 적어도 경쟁자만큼 빠르게 기술·제품·서비스 개발이 진화해야 한다. 스피드 경영은 도태되지 않기 위한 최우선 요건이다.
- 닭-달걀의 문제: 네트워크 효과가 일어나려면 플랫폼에 2개 이상의 다른 집단을 동시에 끌어들여야 한다. 상대방 집단이 상당히 늘어나지 않으면 다른 집단도 늘어나지 않을 것이다.
- 펭귄 문제: 한 면의 사용자들이 플랫폼 제품·서비스를 선택하는

데 주저하거나 결단력이 부족해 불확실성이 커지면 눈치 보기 현상으로 모든 참여자의 초기 선택을 지연시킬 수 있다.

- 혁신 출현: 대부분의 혁신은 계획되는 것이 아니라 생태계의 다양한 참여자들이 자신만의 이익을 추구하면서 다른 참여자들의 행동에 적응함에 따라 자연스럽게 나타나는 것이다.
- 시소 문제: 플랫폼 소유자는 제품·서비스 개발자에 대한 통제, 규율로 상호 운영성을 높이되, 자유롭게 혁신을 추구하는 자율성도 제공해 긴장과 균형이 유지될 수 있도록 해야 한다.
- 험프티 덤프티 문제: 하위 조직이 자율적인 개발을 위해 분리 운영될 수 있도록 하되 붕괴·이탈 시 복원력이 훼손되지 않고 원활하게 통합될 수 있도록 정교하게 설계돼야 한다.
- 거울 원리: 플랫폼 생태계의 구조는 현실을 반영해야 한다. 조직은 모듈형 복합 제품·서비스 아키텍처와 대응되는 방식으로 일관성 있게 상호작용을 촉진하는 방식으로 설계돼야 한다.
- 공진화(共進化): 플랫폼 생태계의 동기를 유발하는 지배구조와, 역할을 분담하는 청사진인 아키텍처는 통합하여 설계돼야 하고 정렬을 유지하면서 조정되며 공진화할 수 있어야 한다.
- 골디락스 규칙: 제품 사용자는 양극단을 선택하는 대신에 자신이 적절하다고 판단하는 중간 것을 선택하는 심리적 경향이 있기 때문에 이를 감안해 세 가지 선택지를 제공해야 한다.

플랫폼 생태계는 출현 이후 시간 경과에 따라 참여자들의 행동에 따라 활동성과 속성이 변화한다. 플랫폼은 진화하는 경쟁환경에 대한 적합성을 높여야 한다. 유망한 사업을 잡기 위해 의미 있는 신호·기회를 포착하고 소음·위험은 걸러내야 한다. 아울러 다양한 시간대에 주의를 집중함으로써 장기적으로 나타나지만 보이지 않는 비용-가치 상충관계를 인식해야 한다. 티와나(2019)는 다음과 같이 단기에서 중기를 거쳐 장기에 이르기까지 플랫폼 생태계의 아홉 가지 진화지표와 전략 특성을 제시했다.

〈단기〉

- 복원력(resilience): 생태계 내에서 장애·충격이 발생할 경우, 기능적으로 원상태로 회복이 가능한 시스템의 역량이 강해야 한다. 고장 허용범위, 복구 가능성, 견고성 등으로 나타난다.
- 범위성(scalability): 사용자 수나 제품 생산 규모와 무관하게 하위 시스템이 기술적으로 성과를 낼 수 있는 잠재력이 충분해야 한다. 제품 성능과 오류, 속성을 유지하는 특성이다.
- 결합성(composability): 생태계와 재통합을 훼손하지 않으면서 하위 시스템 내에서 변경이 용이한 정도가 충분해야 한다. 플랫폼 생태계에서 하위 시스템의 안정성과 조화를 뜻한다.

〈중기〉

- 점착성(stickness): 플랫폼 제품·서비스에 사용자를 묶어두는 잠금 효과가 커야 한다. 하위 시스템과 주요 사용자 사이에 친밀성 및 상호작용의 활성화 정도가 높아야 한다.
- 시너지(synergy): 어떤 하위 시스템이 다른 하위 시스템과 서로를 위해 활용되는 정도가 긴밀해야 한다. 시너지 특유성은 제품이 특

정 플랫폼용으로 특별히 설계된 정도를 뜻한다.

- 가소성(plasticity): 하위 시스템이 기존 사용자 또는 유망 사용자에게 원래 제공하도록 설계되지 않은 새로운 제품을 다양하게 제공할 수 있는 역량을 어느 정도 확보돼야 한다.

⟨장기⟩

- 병합(envelopment): 사용자가 중복되는 인접시장에서 솔루션 기능을 지닌 하위 플랫폼을 흡수하는 것이다. 하위 시스템은 수직적·수평적으로 다기능 제품을 묶어 병합할 수 있다.
- 지속가능성(durability): 시장에서 하위 시스템이 시간 경과에 따라 경쟁적 우위와 차별성을 확보할 수 있어야 한다. 하위 시스템의 생존과 사망 가능성을 판별하는 세밀한 방법이다.
- 변이(mutation): 원래 시스템의 속성 일부를 물려받지만 다른 목적의 하위 시스템으로 예기치 않게 우연한 분리가 이루어져 독특한 파생 시스템을 창출하는 것을 의미한다.

디지털 생태계에서는 기업들이 협력해 나가는 과정에서 지역적으로 다양한 참여자와 손잡고 산업 영역을 넘어 역량을 공유하며 보다 신속하고 유연한 거래 구조를 통해 서로 지속적인 가치를 창조한다(Lang et al., 2019). 전통적인 기업 생태계와 비교되는 디지털 생태계는 ① 디지털화 네트워크 ② 플랫폼 ③ 슈퍼 플랫폼 세 가지로 분류된다. 기업의 선택은 전략적 초점과 역량에 따라 달라진다.

첫째, 디지털화 네트워크(digitizer network)는 디지털 기술을 적용해

그림 24 **플랫폼 생태계(디지털 마켓플레이스)**

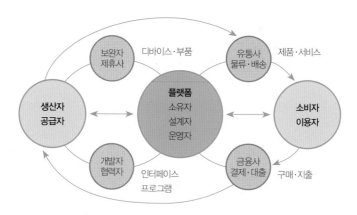

제품 생산의 효율성을 높이고 디지털 기기의 성능을 개선해 나가는 전략
을 구사하는 기업이다. 제품 생산과 관련해 뛰어난 경쟁력을 보유한 기업
은 디지털 전환을 시도하지만 개방적이기보다는 내부 역량 강화에 주력
한다. 협력업체와의 파트너십은 표준화되지 않아 거래 상대방과의 조율에
많은 노력이 소요된다. 제조업 혁신을 통해 가격 경쟁력을 확보함으로써
매출 증대가 가능하다. 제품과 서비스 품질 향상은 고객 점착성과 충성도
를 높이는 요인이 된다.

둘째, 플랫폼 기업은 디지털 역량을 바탕으로 생산자와 소비자에게 고
품질 서비스를 제공하면서 외부 거래자와의 마찰을 최소화하는 스마트
전략을 구사한다. 특히 고객에게 상호작용으로 끊임없는 스마트 가치를
제공한다. 플랫폼 기업은 수많은 외부 파트너와의 협업에 개방적인 태도
를 견지하며 커뮤니티를 키워나간다. 파트너 검증 프로세스는 표준화되어
있고 제한적이다. 플랫폼 기업은 대외적 신뢰 구축이 중요하다. 전자상거

래, 공유경제, 콘텐츠 스트리밍 등 다양한 사업모델을 통해 가치를 창출하고 광고수입, 수수료를 획득한다.

셋째, 슈퍼 플랫폼은 다차원 구조의 보완적 플랫폼을 거느리고 통합해 사용자 데이터를 확보하고 운송, 금융, 쇼핑, 미디어 등 다양한 분야에서 차원 높은 서비스를 제공한다. 선도적인 디지털 기술을 보유한 거대 테크기업은 다양한 영역의 외부 협력 조직과 개방적인 자세로 혁신적인 기업 활동을 펼친다. 때로는 적과의 동침도 불사하며 잘 구축된 플랫폼 집단과 협력업체를 동원하고, 막강한 자금력을 활용해 수많은 고객에게 차별화된 서비스를 선보인다. 빅데이터 구축, 최상의 고객관리 시스템으로 사용자경험을 구현함으로써 시장 지배력을 강화하고 우월적 기업 가치를 창조한다.

생태계가 번성해야 모든 플랫폼 참여자가 성공할 수 있다. 새로운 참여자가 진입하고 미션을 공유하면서 생태계가 진화하는 과정은 모두에게 유익한 결과를 낳고 성장 과실을 향유하게 한다. 플랫폼이 새로운 생태계를 설계해서 성공하기 위한 체크리스트는 여덟 가지가 있다(Ringel et al., 2019). ① 명확하고 정교한 플랫폼 기업의 혁신 전략을 수립해야 한다. 기업이 집중할 수 있는 혁신 영역을 파악하는 일이 우선이다. ② 플랫폼의 혁신 전략을 바탕으로 확장된 생태계 전략을 수립해야 한다. 생태계가 기업의 혁신 목표를 지원하도록 전략을 짜야 한다. ③ 상호작용해야 하는 참여자의 유형을 확인한다. 관련·비관련 산업 내 협력기업, 대학, 연구기관, 스타트업, 벤처캐피털 등 서로 손잡을 수 있는 수많은 대상을 파악하고 선택한다. ④ 생태계 파이를 확장하는 일은 개별 기업을 성장시키는 것보다 매우 힘들다. 생태계 전체가 창조할 가치와 참여자들이 분담해야 할

〈플랫폼 생태계를 성공적으로 관리하는 10대 원칙〉

① 디지털화 네트워크, 플랫폼, 슈퍼 플랫폼 가운데 적합한 생태계를 선택하라.

② 생태계를 이끄는 지휘자가 전략을 실행할 최적의 지배구조 모델을 정립하라.

③ 거래 수수료, 광고수입, 사용료, 구독료 등 다양한 수익화 전략을 개발하라.

④ 참여자와 상호가치 창조에 초점을 맞춰 강력하고 매력적인 생태계를 만들라.

⑤ 최우선적으로 고부가가치 창조를 극대화하는 협력관계를 만드는 데 주력하라.

⑥ 상황 변화에 능동적이고 기민하며 융통성 있는 조직으로 협력을 이끌어라.

⑦ 지식재산권 사용, 데이터 공유, 협업 계약에 있어 참여자와 신뢰를 구축하라.

⑧ 참여자와 공동체 의식을 형성해 긴밀히 소통하고 혁신 아이디어를 만들어라.

⑨ 매출액, 이익, 고객 만족 등 명확한 성취 목표를 설정하고 실적을 추적하라.

⑩ 정책과 절차의 구속을 받지 않는 기민한 생태계를 전통 사업에서 분리하라.

자료: Lang et al.(2019)

역할을 명확히 파악해야 한다. ⑤ 혁신 대상으로 겨냥한 영역과 현재 전체 기업의 혁신활동이 활발한 영역을 확인한다. 경쟁상대의 혁신전략을 감안하는 일이 필요하다. ⑥ 생태계의 기초를 제공하는 여러 참가자들의 네트워크 관계를 확정하고 기업이 관여해야 할 방식을 결정한다. ⑦ 지리적 위치, 연결 방식, 운영, 예산 등 플랫폼 기업의 모든 혁신 수단을 동원하고 배치한다. ⑧ 명확한 사업 목표를 설정한다. 공동의 목표를 향해 참가자들의 협력을 이끌어 낸다. 성과를 규칙적으로 점검해 생태계 전략을 기술 진보, 현실의 결과에 따라 조정해 나간다.

07

빅테크 규제와
디지털세 논쟁

디지털 기술의 발달은 기업과 소비자에게 이익이 된다. 탐색·복제·운송·추적·확인 등 제비용 감소와 제품 가격 하락 등 경쟁 친화적인 환경을 조성하는 효과를 낳는다. 하지만 새로운 형태의 반경쟁적 행태가 다양한 방식으로 나타나 힘이 약한 거래기업과 소비자에게 피해를 입히기도 한다. 플랫폼 비즈니스 모델로 글로벌 시장을 장악한 거대 IT 기업이 개인의 권리를 침해하고 우월적 시장 지위를 남용하는 사례가 대표적이다.

영국 경제잡지 〈이코노미스트〉는 거대 기술기업의 폐해가 증가하자 글로벌 테크기업을 거대하고(big), 반경쟁적이며(anti-competitive), 중독성 있고(addictive), 민주주의를 파괴하는(destructive to democracy), 나쁜 기업(BAADD)이라고 표현했다(Economist, 2018). 플랫폼 기업의 시장 독과점에 따른 개인정보의 남용, 공정경쟁 저해, 잘못된 정보 유통이 초래하는 부정적 영향이 확대되면서 여러 국가가 일제히 규제 마련에 칼을 빼들었다.

시장지배적 사업자들의 담합행위는 갈수록 고도화된다. 디지털 기술을 활용한 담합행위는 반경쟁적 행위로 경쟁당국의 규제를 받는다. 디지털 카르텔은 알고리즘을 활용한 기업 담합행위를 의미한다(김빛마로, 2018). 경제협력개발기구(OECD)는 담합에 동원되는 네 가지 디지털 알고리즘 유형을 제시했다. 첫째, 모니터링(monitoring) 알고리즘은 다른 기업의 가격, 수량에 대한 정보를 자동으로 수집한다. 감시활동을 통해 담합 이탈 등 배신행위 적발 확률을 높여 즉각 대응할 수 있다. 둘째, 병행(parallel) 알고리즘은 담합 참여 기업들이 약속된 가격결정방식으로 자동적으로 움직이도록 하는 방식으로 담합에 기여한다. 셋째, 신호(signalling) 알고리즘은 담합기업 간의 소통을 용이하게 하여 담합의 성공 확률을 높인다. 마지막으로 자기학습(self-learning) 알고리즘은 스스로 학습하는 알고리즘을 통해 담합참여 기업 이윤의 합을 극대화한다.

플랫폼 기업 시장지배력 강화와 정부 규제

플랫폼 사업자가 디지털 시장에서 독과점적 지배력을 행사하는 것에 대해 각국 정부가 제동을 걸고 나섰다(최계영, 2020). 플랫폼 기업과 공급업체 간 계약조건을 투명화하고, 「독점금지법」상의 우월적 지위 남용을 개인정보를 제공하는 소비자 거래에도 적용하며, 개인정보 보호를 강화하는 법률을 마련하는 동시에 기업인수 심사제도를 정교하게 운영하는 방식이다.

미국 행정부는 구글, 아마존, MS, 애플, 페이스북 등 IT 공룡들에 대한 반독점 조사 확대 방침을 밝혔다. 미 연방거래위원회(FTC)는 2020년 2월 11일 아마존, 애플, 페이스북, MS, 구글 모기업인 알파벳에 지난 10년간 소

MS, 구글, 아마존, 애플 등 거대 IT 기업에 대한 각국의 규제가 강화되고 있다.

규모 업체 인수·합병과 관련한 자료들을 제출하라고 요구했다. 이 5개 업체가 지난 10년간 인수한 소규모 IT 업체는 400여 곳에 이르는 것으로 추산된다. 스타트업들이 성장해 경쟁사로 자리 잡으면서 위협이 되지 못하도록 IT 공룡들이 인수·합병을 통해 일종의 살상구역(kill zone)을 만들어 아예 싹을 자르기 때문에 혁신과 투자가 저해된다는 비난을 사고 있다.

일본 정부는 대형 IT 기업의 시장 독점 행위를 규제하는 '디지털 플랫폼 기업 거래투명화 법안'을 2020년 2월 정기국회에 제출했다. 「신(新)디지털법」으로 불리는 이 법안은 인터넷이나 스마트폰 앱으로 사업을 운영하는 대형 IT 기업의 거래 투명성을 확보하고 공정한 거래 환경을 만드는 내용이 핵심이다.

또한 일본 정부는 「독점금지법」과 「개인정보보호법」도 개정해 대형 IT

기업의 불공정 행위 단속을 강화하고 나섰다. 대형 IT 기업이 자사 상품이나 서비스를 부당 판매해 비정상적으로 시장점유율을 늘리거나 유망한 스타트업을 마구잡이식으로 인수해 시장을 독점하는 행위를 차단한다는 방침이다. 플랫폼 기업이 인터넷에서 각종 무료서비스를 제공하는 대가로 이용자 데이터를 부당하게 취득하는 일을 사전에 방지하기 위해 이용자가 개인정보 이용 정지를 기업에 요청할 수 있도록 하겠다는 것이다.

디지털세 도입의 배경

이익이 나는 곳에는 반드시 세금이 있다. 징세 행정의 기본 원칙이다. 그러나 다국적 디지털 기업의 교묘한 조세회피 행동에 세무당국은 골머리를 앓는다. 기업이 어디서 얼마나 돈을 버는지 따져 세금을 매겨야 하지만 기존 과세 행정망을 벗어나는 다국적 IT 기업의 세무행태는 여러 국가에서 마찰을 빚는다. 글로벌 IT 기업은 전체 세금 납부액을 최소화하는 방식으로 다국적 조세회피 전략을 펼쳐 현지 세무당국과 전쟁이 벌어진다. 그래서 프랑스, 영국 등 유럽 국가들은 글로벌 거대 IT 기업의 자국 내 디지털 매출에 대한 법인세와는 별도로 디지털세를 부과하는 데 소매를 걷고 나섰다(김빛마로, 2018). 디지털세는 구글세라는 별칭과 함께 구글과 아마존, 페이스북, 애플 등 해당 기업 알파벳 앞 글자를 따 'GAFA세'라고도 한다.

디지털세 도입 논의는 글로벌 IT 기업이 사업을 하는 국가에서 납세 의무를 다하지 않는다는 문제의식으로부터 시작됐다. 구글 등 다국적 IT 기업은 물리적 사업장을 시장소재지에 두지 않아 시장소재지에서 발생한 이익에 대해 법인세 과세가 어려운 가치창출과 과세권 배분의 불일치를 야기한다. 특히 이들 기업은 무형자산을 저세율국으로 이전한 후 시장소재지에서 로열티 등 무형자산 사용 비용을 지급하여 시장소재지의 세원을 잠식하는 공격적 조세회피 문제를 심화시킨다.

글로벌 금융위기 이후 디지털 기업의 수익성장률과 상장주식 시가총액은 전통적인 기업에 비해 놀라운 성장세를 보인다. 하지만 과세면에서는 디지털 기업이 전통적인 기업보다 극단적일 정도로 낮은 세금을 부담하고 있다. 유럽연합 집행위원회에 따르면 2017년 기준으로 글로벌 무대에서 영리활동을 하는 전통적인 제조기업들은 23.2%의 평균 실효세율을 부담한다. 반면, 글로벌 디지털 기업들은 이보다 크게 낮은 9.5%의 세율을 적용받고 있다.

납세 우수기업을 인증하는 영국 페어택스마크(Fair Tax Mark)에 따르면 2010년부터 2019년까지 페이스북, 애플, 아마존, 넷플릭스, 구글, MS 등 미국 IT 기업의 탈세 규모는 1,002억 달러(약 117조 원)에 달한 것으로 분석된다. 아일랜드, 룩셈부르크와 같이 법인세율이 낮은 국가에 회사를 둬 세금을 덜 내는 방식이 탈세의 상당 부분을 차지했다. 이처럼 전통적인 제조기업과 IT 기업 간 과세 형평성 문제가 제기되자 이를 시정하기 위한 움직임으로 디지털세 도입이 논의됐다. 다국적 IT 기업이 해당 국가에서 실제로 창출한 이익에 비해 매우 적은 법인세를 납부하거나 아예 세금을 납부하지 않는 상황이 발생했기 때문이다.

현재 과세제도하에서 법인세는 기업의 물리적 고정사업장이 있는 경우, 또 해당 사업장이 위치한 국가에서만 부과가 가능하다. 하지만 디지털 경제의 특성상 기업이 고정사업장 없이도 이윤을 창출하는 것이 가능해졌다. 이에 따라 기존 법인세제하에서는 세금을 내지 않고 빠져나가는 이윤창출의 영역이 발생하게 된 것이다. 전 세계적인 디지털 비즈니스 모델의 확산에 따라 법인세 부과의 근거가 되는 고정사업장의 존재는 더 이상 사업운영의 필수적인 요소로서 의미를 잃게 됐다. 이로 인해 발생하는 과세불평등에 대한 문제제기와 국제적인 세수부족, 재정수요 증가에 대한 대안으로 디지털세 도입이 요구되는 것이다.

구글을 예로 들어보자. 구글이 국내 모바일 생태계에 미치는 영향은 막강하다. 구글은 광고수익 등으로 한국에서 막대한 매출과 영업이익을 올리고 있다. 자회사인 유튜브 몫까지 합치면 2018년 5조 원 이상의 매출액을 올린 것으로 파악된다. 하지만 국내에서 낸 법인세는 2016년 기준으로 200억 원에도 못 미치는 것으로 알려졌다. 4조 원대 매출의 국내 기업 네이버가 낸 법인세는 4,000억 원대에 달하다 보니 형평성 문제가 나온다. 구글은 한국에 고정사업장(서버)이 없다. 구글은 서버가 있는 싱가포르 당국에 법인세를 낸다. 돈은 한국에서 벌고 세금은 싱가포르에 내는 셈이다. 싱가포르 법인세율은 최고 17%로 아시아에서 가장 낮은 축에 속한다.

이런 행태에 분노한 것은 한국뿐이 아니다. 유럽연합 회원국들은 디지털세 도입에 가장 적극적이다. 유럽연합 집행위원회는 2018년 3월, 글로벌 IT 기업이 유럽연합 안에서 거둔 매출에 디지털세를 부과하는 안을 제안했다. 물리적 사업장을 기준으로 과세하는 기존 제도에 주요 디지털 사업장 개념을 추가하여 과세대상을 확대했다(기획재정부, 2019).

디지털세 도입하는 유럽국가들

유럽연합은 디지털세 도입에 앞선 한시적 조치로서 디지털서비스세(DST) 도입을 제안했다. 자국 내 다국적 IT 기업 철수에 따른 세수감소를 우려하는 아일랜드, 스웨덴, 덴마크, 핀란드 등 북유럽 국가들의 반대로 유럽연합 차원의 도입은 실현되지 않고 있다. 글로벌 해법 없이 40여 개 국가가 제각각 디지털세를 부과하겠다고 나서 불협화음과 혼란, 긴장이 고조된다.

프랑스는 전 세계 단일의 과세 기준이 마련될 때까지 일시적 조치라는 단서를 붙이고 국가 차원에서 디지털서비스세를 도입했다. 프랑스는 2019년 7월 디지털서비스세를 부과하는 법을 마련했다. 전 세계 연매출 7억 5,000만 유로(약 9,732억 원)가 넘고 프랑스 내 연매출 2,500만 유로(약 324억 원)를 넘는 기업이 대상이다. 사용자를 매개하는 디지털 인터페이스를 이용한 제품 또는 서비스 공급 행위에 대해 프랑스 내 연매출의 3%를 세금으로 부과한다. 다만 프랑스 정부는 미국과의 협상을 통해 본격 시행은 1년간 유보하기로 했다.

이탈리아와 말레이시아는 2020년 1월부터 각각 매출액의 3%, 디지털 상품과 서비스에 6%의 세율로 글로벌 IT 기업에 특화된 세금 부과를 시작했다. 영국도 2020년 4월부터 디지털서비스세를 도입했다. 영국 사용자들에게 소셜미디어 플랫폼, 검색엔진, 온라인 거래 공간을 제공하는 기업이 과세대상이다. 전 세계 연매출 5억 파운드(약 7,638억 원)를 넘고 영국 내 연매출 2,500만 파운드(약 382억 원)를 넘는 기업은 영국 내 연매출의 2%를 세금으로 내야 한다. 이 밖에 독일, 스페인, 포르투갈, 오스트리아, 벨기에, 체코 등 유럽 주요국은 공정과세를 외치며 유럽연합 차원의 합의와는 별개로 독자적인 디지털서비스세 도입을 추진 중이다. 일본, 인도네시아 등 아시아와 칠레, 멕시코 등 중남미 국가, 그리고 터키, 이스라엘 등 중동 국가에서도 디지털세 도입을 검토 중이다.

디지털세는 네 가지 기준에 근거해 과세된다(최지현, 2019). 첫째, 총수익은 디지털서비스를 제공하는 디지털 인터페이스에 접근하기 위한 전 세계 이용자의 디지털 장치 사용 횟수에 비례하여 결정한다. 둘째, 이용자는 국가 내에 거주하면서 과세기간에 디지털서비스를 공급받는 디지털 인터페이스에 접근하고 이를 사용하는 사람이다. 셋째, 온라인 비즈니스 계약은 계약이 완료된 건수로 측정되며, 계약을 한 이용자가 국가에 거주하거나 제3국에 거주하더라도 국가에 고정사업장이 있을 경우 과세대상이 된다. 마지막으로 이용자의 장치가 사용된 국가는 장치의 인터넷 프로토콜 주소 또는 장치의 위치정보 등으로 결정된다.

선진국 클럽인 경제협력개발기구는 디지털 경제에서의 조세정책을 2012년부터 논의해왔다. 경제협력개발기구 사무국은 2019년 10월 회원국의 이해관계를 조정해 디지털세의 두 가지 큰 방안을 내놓았다(기획재정부, 2019). 첫째 방안은 새로운 이익배분 기준 및 연계성의 도입이다. 여기에 새로운 과세기준으로 사용자 참여 접근법, 마케팅 무형자산 접근법, 중요한 경제적 실재성 개념이라는 세 가지 척도를 도입했다. ① 사용자 참여 접근법은 사용자 참여를 통해 창출된 가치는 사용자의 소재지국에서 과세해야 한다는 논리다. 소셜미디어, 검색엔진, 온라인 마켓 등 특정 디지털 사업을 대상으로 초과이익에서 사용자 창출가치를 계산해 배분한다. ② 마케팅 무형자산 접근법은 브랜드 가치 등 마케팅 무형자산을 시장관할권에서 과세해야 한다는 논리다. 초과이익에서 마케팅 무형자산 가치를 계산하여 배분한다. ③ 중요한 경제적 실재성 개념은 사용자와의 지속적인 디지털 상호작용 등 중요한 경제적 실재가 있는 경우 고정사업장 과세권을 인정, 다국적기업의 글로벌 총이익을 배분한다.

경제협력개발기구 사무국은 3개안의 공통점에 기반해 시장소재지 국가의 과세권을 강화하는 통합접근법과 글로벌 최저한세 도입을 제안했다. 첫째, 통합접근법은 기업이 서비스를 제공한 개별 국가의 소비자로부터 얻은 이익이 일정 수준을 초과하면 해당 소재지에서만 과세하지 말고 소비자가 있는 모든 국가에서 과세하는 방식이다. 통합접근법의 주요 원칙은 ① 시장소재지 과세권 강화 ② 물리적 실재에 의존하지 않는 새로운 연계 기준 ③ 기존 독립기업원칙 수정 ④ 단순성·조세 확실성 추구 등 네 가지다. 통합접근법에서는 글로벌 IT 기업의 전체 이익을 일반적인 영업활동에서 나오는 통상이익과 이에 속하지 않는 상표권 관련 이익 등 초과이익으로 나눈다. 초과이익 가운데 시장에서 창출한 가치를 공식에 의해 산출해 시장소재지 국가별 매출 규모에 따라 배분해 새로운 과세권을 인정함으로써 과세하자는 것이 골자다.

둘째, 글로벌 최저한세는 최소한의 법인세를 의미한다. 다국적 IT 기업의 조세 회피를 막기 위해 국외 소득에 대해 일정세율 이상으로 과세하자는 것이다. 해외 자회사 소득이 최저한세 이하로 과세되는 경우, 최저한세율까지의 소득을 모회사 과세소득에 포함해 과세하는 내용이다. 또한 국외 특수관계인에게 지급된 금액이 비과세·저율과세가 되는 경우, 지급인의 거주지국에서 그 비용공제를 인정하지 않는다. 이자·배당 등 국외 원천소득에 대해 거주지국과 원천지국에서 이중 비과세 문제가 발생하는 경우 그 과세권을 거주지국으로 전환시켜 과세하고 원천지국에서 납부된 세액은 세액공제를 적용한다. 거주지국에서 최저한세 이하로 과세되는 소득에 대해서는 원천지국에서 조세조약 혜택을 배제한다.

예를 들어보자. 미국에 본사를 둔 넷플릭스가 한국법인을 설립했다. 그리고 베트남 국적 사람이 넷플릭스 한국법인이 제공하는 서비스에 가

그림 25 **디지털세 통합접근법**

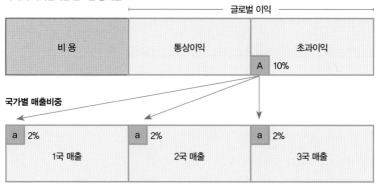

자료: 기획재정부(2019)

입, 돈을 지불하고 콘텐츠를 소비한다고 가정한다. 현행 기준으로 넷플릭스 미국 본사는 직접 판매 외에도 스트리밍 사업에 사용되는 무형자산 보유에 따른 모든 초과이익을 획득한다. 한국지사는 서비스 판매에 대한 통상이익을 얻는다. 베트남에서는 과세권이 없으니 아무런 세금도 걷지 못한다. 하지만 디지털세가 도입되면 미국 과세당국은 한국뿐 아니라 베트남에도 일정 부분을 초과하는 이익에 대해서는 매출 규모에 비례해 과세권을 이전해야 한다. 또 만약 한국이 넷플릭스 한국법인으로부터 거둬들이는 세금이 경제협력개발기구에서 정한 최저세율에 못 미치는 경우 역시 과세권을 일부 가져올 수 있게 된다.

OECD 최종 합의해야 시행 가능

경제협력개발기구는 2020년 최종보고서 발표 전까지 각국이 개별적으로 적용할 한시적 대응방안에 대해 여섯 가지 원칙을 제시했다. 이들 원칙은 ① 현행 국제조세규범에 부합할 것 ② 추후 국제적 합의가 이루어지기 전까지 한시적으로 시행할 것 ③ 부가가치창출에 있어 무형자산과 개인정보에 의존적이고 네트워크 효과가 큰 일부 고위험 비즈니스 등으로 특정하여 제한적으로 적용할 것 ④ 세율은 낮게, 과세범위는 좁게 설정해서 지나친 조세부담을 주지 않을 것 ⑤ 창업기업, 신생기업, 소규모 기업 등에 대한 영향을 최소화할 것 ⑥ 납세협력비용 및 제도의 복잡성을 최소화할 것 등이다.

유럽연합이 주도하는 디지털세에 미국은 크게 반발한다. 주요 과세대상이 미국의 디지털 기업이기 때문이다. 그래서 미국은 디지털세 납부 대상을 디지털 기업뿐만 아니라 디지털 환경을 이용해 제품을 생산하고 마케팅하는 소비자대상사업까지 확대하는 방안을 들고 나왔다. 글로벌 IT 공룡 대다수를 보유한 미국 입김이 작용해 경제협력개발기구는 스마트폰·가전·자동차 등 B2C 다국적 대기업에도 디지털세를 적용하는 방안을 포함시켰다. 인터넷·모바일을 통해 데이터 수집이나 마케팅을 펼치는 소비자대상사업이라면 전통 제조업이라고 해도 디지털세 적용대상이 될 수 있다는 것이다. 거대 IT 기업의 본거지인 미국은 디지털세 확산에 예민하게 반응한다. 미국은 디지털세를 도입하는 나라에 관세 보복을 위협했다. 미국이 프랑스에 선포한 관세 보복도 디지털세에 대한 불만 때문이다. 미국 무역대표부(USTR)는 2019년 프랑스산 와인, 치즈, 화장품 등 프랑스 수출품 24억 달러(약 2조 8,000억 원)어치에 최대 100% 관세를 물리는, 이른바 와인세 부과를 경고했다. 미국과 프랑스는 협상을 통해 관세와 디지털세 징수를 2020년 말까지 각각 연기했다.

다국적 기업의 조세회피 증가에 적극 대응하기 위해 도입되는 디지털세에 대한 IT 기업의 반발도 크다. 미국의 디지털 기업은 유럽연합이 주도하는 디지털세가 근시안적이라고 비판하며, 글로벌 시장에서 디지털 관련 투자 위축을 낳을 수 있다고 경고한다. 매일 새로운 기술이 개발되는 4차 산업혁명 시대에 디지털세는 IT 기업의 활동을 위축시켜 혁신에 걸림돌이 된다는 비판이다. IT 기업의 조세부담이 가중되면 관련 산업 전반에 충격을 미칠 수 있다는 주장이다. 또한 해당 기업들은 자국에 세금을 납부하고 서비스 국가에도 세금을 내는 이중과세의 피해를 입을 수 있다고 우려한다. 아울러 디지털세가 기업들 간 형평성을 오히려 저해하는 부정적 효과를 초래할 수 있다고 지적한다.

수세에 몰린 구글은 2020년부터 전 세계 지사의 세금정책을 전면 개편했다. 보유 중인 지식재산권 등록은 미국으로 통합했다. 이를 통해 버뮤다 등 조세회피처로 매출액을 빼돌리는 행위를 시정했다. 구글은 그동안 '더블 아이리시 위드 더치 샌드위치'라 불리는 조세회피 기법을 사용했다. 지식재산권에 대한 세율이 낮은 아일랜드에 법인을 세워 미국 본사에서 개발한 지식재산권을 헐값에 넘긴 뒤, 매출액을 아일랜드와 로열티 비과세 협정을 맺은 네덜란드로 보냈다. 이어 네덜란드 법인의 수익은 아일랜드의 또 다른 법인을 거쳐 버뮤다로 넘어간다. 구글은 이 같은 방식으로 미국 외 시장 수익에 대한 실효세율을 4분의 1 수준으로 낮춰왔다.

글로벌 디지털세 도입에는 진통이 따르겠지만 국제표준을 마련하는 데 공감대가 형성된다. 현재 미국 주도로 경제협력개발기구 차원에서 디지털세 도입안이 구체적인 윤곽을 드러내고 있다. 이와 관련해 국내 제조업에 불똥이 튈 수도 있다. 미국의 주장이 반영돼 소비자를 상대로 한 제조업 기업까지 디지털세를 물리기로 결정됐기 때문이다. 다만 중간재·부품 판매업, 금융업, 운송업 등은 디지털세 대상이 아니다. 삼성전자를 비롯해 현대자동차, LG전자 등 국내 제조기업은 새로운 디지털세 도입이 달갑지 않다. 국내 제조 대기업은 경제협력개발기구 논의대로 디지털세가 도입될 경우, 외국 과세당국에 훨씬 더 많은 세금을 낼 수도 있다는 점을 걱정한다. 특히 현지에 사업장은 없지만 법인세율이 높은 국가에서 많은 매출을 올릴수록 더 그렇다. 그래서 기업들은 경제협력개발기구와 G20 차원에서 디지털세 논의가 어떻게 매듭지어질지 촉각을 곤두세운다.

한국 정부는 국내 디지털세 도입에 대해 유보적인 자세를 보이고 있다. 미국과의 조세 분쟁 문제 등에 대해 검토하고 2020년 국제적 합의를 기다린다는 다소 방어적인 입장이다. 디지털세를 도입하면 정부 입장에서는 구글 등 글로벌 IT 기업이 한국에서 올린 매출에 대해 과세권을 갖게 된다. 하지만 반대로 기존에 국내 글로벌 제조기업에서 거두던 세금 일부를 다른 나라와 나눠야 하기 때문에 세수가 줄어들 수 있다. 따라서 국제사회가 글로벌 기업에 부과하는 디지털세를 어떤 방식으로 최종 합의하느냐에 따라 나라별 세수 증감 여부가 결정된다. 경제협력개발기구 논의가 확정된 후에야 득실을 따져볼 수 있는 상황인 것이다.

08

위기의
플랫폼 노동자

4차 산업혁명으로 인한 기술의 발전은 인터넷을 기반으로 한 디지털 네트워크를 폭발적으로 확장시키고 있다. 이를 기반으로 상품과 지식, 서비스를 거래할 수 있는 플랫폼 생태계 형성을 가능하게 했다. 플랫폼 경제의 확산은 제품 생산과 서비스 제공을 담당하는 인력의 수요와 공급이 만나는 노동시장에 커다란 변화를 일으킨다.

플랫폼 경제는 유·무형 제품과 서비스를 공동 소유, 관리, 사용하는 공유경제와 구조는 유사하지만 동기가 다르다. 플랫폼 기업이 수많은 소비자와 공급자를 대상으로 온라인 플랫폼상에서 제품과 서비스를 연결해주고 중개수수료를 챙기는 이윤추구 경제다. 플랫폼 비즈니스 모델을

그림 26 **플랫폼 노동구조**

활용해 많은 산업에서 다양한 유형의 기업이 출현한다. 그러나 혁신산업과 전통산업과의 갈등·충돌이 일어나 사회적 문제가 된다. 동시에 플랫폼 경제의 발전과 함께 혁신산업의 성장을 가로막는 규제 개혁 및 미비한 시스템 보완 문제도 해결해야 할 과제다.

플랫폼 기업의 중개로 임시직·프리랜서 노동자들이 직장과 직업 없이 자유롭게 일하는 긱(Gig) 경제가 출현한다(최기산·김수한, 2019). 긱 경제는 즉시적 접근성, 편리성, 가격경쟁력 등 긍정적인 특성을 갖는다. 국제노동기구(ILO)는 긱 경제가 미래의 노동공급 방식, 일자리의 규모 및 내용, 산업구조를 크게 변화시킬 수 있는 잠재력을 보유한 것으로 평가했다. 긱 경제 부상으로 핵심 기반인 디지털 플랫폼을 통해 특정 능력이나 기술이 적용되는 새로운 일자리 창출이 가능하고 비경제활동인구의 노동 참여를 촉진하는 효과가 기대된다. 또한 디지털 플랫폼을 활용한 긱 경제 활성화는 혁신적인 서비스 산업의 등장, 노동생산성 향상 등을 통해 경제 전반의 성장성 제고에 기여한다.

긱 경제 부상과 플랫폼 노동자 출현

플랫폼 기업은 긱 경제와 관련된 새로운 비즈니스 모델 개발에 적극 참여할 유인이 생긴다. 기업의 경우 긱 경제의 장점인 시장 세분화 기능과 유연한 고용 관계를 활용해 경쟁적 시장환경과 수요 불확실성에 대응할 수 있게 된다. 새롭게 확산하는 유연근무의 유형으로는 △여러 사람이 한 가지 일을 나눠 처리하는 잡셰어링 △정규직보다 적은 시간을 근무하는 시간제 근무 △정규직과 시간은 같지만 근무일이 적은 압축근무 △출퇴근 시간을 근로자가 설정하는 유연시간제 △연간 근무 시간을 자유롭게 조절하는 연간할당제 △근로자마다 다른 근무 시간을 적용하는 시차출근제 등 다양한 방식이 있다. 유연근무 확산은 임금체계의 변화를 촉진한다.

임시 노동, 대행 노동, 과제 노동을 하는 긱 노동자는 유연한 스케줄에 따라 대기, 적기 주문, 제로 시간 계약으로 서비스를 제공한다. 그러나 긱 노동자의 이면엔 불안정한 처우가 있다. 플랫폼 경제의 어두운 그림자다. 이들의 노동 강도는 높고, 노동 시간은 불확실하며 소득의 불안정성은 심하다. 긱 노동자는 사고, 질병과 같은 위험에 대한 대응력이 없고 안전에 대한 책임을 본인이 지지만 노동조합을 조직해 집단행동에 나서기는 힘들다.

플랫폼의 효율성을 위해서는 고용 유연성이 확보돼야 한다. 플랫폼 노동시장이 개방돼 있으면 노동력은 계속 유입된다. 만약 경기 불황으로 직장을 잃은 뒤 택배기사로 일하려는 사람이 늘어난다면 노동은 초과 공급될 가능성이 크다. 임금은 오르기보다 하락 압력을 받는다. 사회적 약자인 플랫폼 노동자의 임금 인상과 처우 개선이 현실적으로 쉽지 않은 이유다. 극단적인 승자독식 현상이 지배하는 플랫폼 경제에서는 노동이 단기화, 파편화하고 소득의 양극화가 심화할 수 있다.

플랫폼 노동은 모바일 앱이나 SNS 등 디지털 플랫폼을 매개로 이뤄지는 노동을 일컫는다. 사무실, 공장과 같은 전통적인 일터는 사라진다. 노동자는 스마트폰 앱으로 연결되는 플랫폼 기업의 지시를 받아 다양한 일감을 따고 업무를 수행한다. 그래서 '터치 일자리'라고 불리며 디지털 부둣가에 비유된다. 플랫폼에서 노동은 사고팔기 위해 거래되는 자원들 가운데 하나일 뿐이다. 플랫폼 기업은 노동자 관리를 위해 알고리즘 방식을 채택한다. 인력 정보를 수집해 필요한 고객에게 연결하고 모든 노동자의 업무 수행과정을 데이터로 저장하며 철두철미하게 통제한다. 플랫폼 노동은 전통적인 계약방식이 아닌 독립 사업자 고용 형태가 일반적이다. 플랫폼 노동자에게는 누가 자신들에게 일을 시키는지가 모호할 때가 많다. 몇 단계로 네트워크화된 중개자 중에서 누가 플랫폼 노동자의 노동조건과 보상을 협의하는 사용자인지가 명확하지 않은 것이다.

문제는 이들이 불법파견, 소득 불안정, 계약 미체결, 인권침해, 초과근무, 시간 압박 등에 노출돼 있지만 실업급여, 유급병가 같은 노동 보호를 제대로 받지 못한다는 점이다. 배달업에 종사하는 플랫폼 노동자는 중개업체에 내는 수수료 부담이 큰 데다 일회성 호출은 늘어나 고용 불안이 가중된다. 앱에서 이루어지는 고객평점에 의한 근무관리 시스템은 심리적 스트레스를 가중시킨다.

한국고용정보원에 따르면 2019년 기준 국내 플랫폼 노동자는 46만 명을 넘는다. 2020년 기준으로는 52만 1,000명으로 파악된다. 이는 전체 노동자의 1.5~2.3%에 해당된다. 플랫폼 노동에 종사하는 남성은 2019년 기준 31만 3,000명으로 66.7%를 차지하고, 여성은 15만 6,000명으로 33.3%에 해당된다. 남녀 플랫폼 노동자의 직업을 보면 남성은 대리운전이

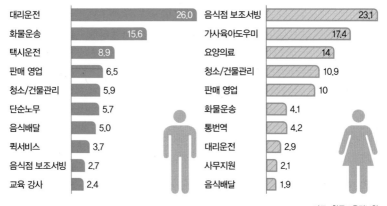

그림 27 **플랫폼 노동자의 남녀 주요 직업**   (단위: %, 2019년 기준)

대리운전	26.0
화물운송	15.6
택시운전	8.9
판매 영업	6.5
청소/건물관리	5.9
단순노무	5.7
음식배달	5.0
퀵서비스	3.7
음식점 보조서빙	2.7
교육 강사	2.4

음식점 보조서빙	23.1
가사육아도우미	17.4
요양의료	14
청소/건물관리	10.9
판매 영업	10
화물운송	4.1
통번역	4.2
대리운전	2.9
사무지원	2.1
음식배달	1.9

자료: 한국고용정보원

26%로 가장 많고 화물운송(15.6%), 택시운전(8.9%)에 이어 판매영업, 청소·
건물관리, 단순노무, 음식배달, 퀵서비스, 음식점 보조 서빙, 교육강사 등의
순서로 비중이 높다. 여성은 음식점 보조서빙(23.1%)이 가장 많고 가사육아
도우미(17.4%), 요양의료(14%), 청소·건물관리(19.9%)에 이어 판매 영업, 화물
운송, 통번역, 대리운전, 사무지원, 음식배달 순으로 종사한다.

플랫폼 노동의 범위를 보다 넓게 잡으면 비물질 플랫폼 활동이나 데이
터 노동까지도 해당된다. 유튜브 같은 온라인 플랫폼에서 일상적으로 매
일 자발적으로 행하는 콘텐츠 제작활동이나 감정소모 행위들까지도 플랫
폼 노동의 영역으로 확장할 수 있는 것이다. 오늘날 플랫폼 노동은 거의
모든 인간 활동 영역을 아우른다.

한국은 플랫폼 노동이 부업이 아니라 주 생계인 종사자 비중이 높다.
도급·파견·일용직과 같은 전통적인 노동이 플랫폼 노동으로 전환하면 기

존과 똑같이 배달하고 운전하면서도 퇴직금은 물론 주휴·월차수당까지 받지 못하는 노동자들이 늘어날 수 있다. 온라인 플랫폼 경제에서 임시직·일용직·비정규직·계약직·파견직·시간제·프리랜서등 다양한 유형의 노동자인 긱 노동자는 위험한 계급인 프리카리아트(precariat)로 추락한다. 이들은 일을 나누고 시간을 나누며 임금을 나누어 소득을 버는, 활동이 자유롭지만 직업이 불안정한 노동자들이다. 프리카리아트는 직업 정체성이 없고, 고정된 작업장이 없으며 표준 근로시간이 적용되지 않고, 비임금 형태로 보상을 받는다. 이들은 국가 복지의 사각지대에 존재한다. 프리카리아트는 사회보험의 혜택을 받지 못하고 실업급여를 받을 수 없다. 자본주의 사회에서 생산수단인 자본과, 정치·사회·문화적 권력 소유의 관점에서 부르주아(bourgeois)는 유산계급을, 프롤레타리아(proletariat)는 노동자인 무산계급을 각각 의미하는데 프리카리아트는 제3의 계급인 셈이다.

디지털 플랫폼 경제는 관련 제도가 미비한 가운데 확산한다. 플랫폼 경제가 태동하는 노동시장에서 긴장과 갈등이 고조된다. 스마트 기기와 기술 혁신으로 탄생한 플랫폼 노동이 기존 노동제도와 충돌한다. 급변하는 노동과 직업 현장의 실상을 법과 제도가 따라가지 못하면서 곳곳에서 사회적 마찰이 커진다. 정규직 중심 공장제 노동의 노사관계 모델은 점점 퇴색하고 있다. 공장제 모델에서 임금 노동자는 「근로기준법」, 「노동3권」, 「사회보장법」 혜택을 모두 누린다. 반면 플랫폼 노동자를 비롯한 나머지 비임금 노동자는 이 같은 권리를 거의 누리지 못한다. 노동권 보호와 사회복지가 노동법상 근로자를 중심으로 설계된 현실에서 비임금 노동자가 근로자로 인정받는 제도상의 문턱을 통과하기란 힘든 일이다. 정보기술의 발달로 새롭게 등장한 플랫폼 노동자를 기존 노동시장 기준으로만 판단하다간 자칫 이들의 존재 자체를 부정하는 결과를 낳을 수도 있다.

플랫폼 노동자는 특수형태근로종사자(특고)로 분류돼 산업재해보험에 제한적으로 가입할 수 있다. 플랫폼 노동자 대부분이 노동권 사각지대에 놓여 있다. 택배·대리운전·퀵서비스 기사 등과 함께 배달노동자(라이더)는 '디지털 특고'라 불린다. 라이더를 개인사업자로 보면 노동자로서 권리는 명백히 제한된다. 법적 정의도 없는 유령 일꾼 같은 라이더는 플랫폼과 맺은 계약에 의해 고객에게 서비스하는 사람이다. 이들은 법에서 정한 노동시간이나 최저임금의 혜택을 받을 수 없다. 오토바이로 음식배달을 담당하는 플랫폼 노동자의 경우, 개인 유상운송종합보험에 가입하거나 시간제 보험을 추가로 이용해야 한다. 하지만 근무 중 사고가 나더라도 산재보험 혜택을 받기는 쉽지 않다. 플랫폼 노동자는 특정한 업체로부터 업무를 의뢰받아 수행해야 하는 전속성(專屬性)이 있다고 인정받기 힘들다. 한 플랫폼만 이용해선 충분한 소득을 올리기 어려워 여러 플랫폼에서 일감을 받는 경우가 많기 때문이다.

그래서 플랫폼 노동자의 경우 전속성이 있어야 가입이 가능한 산재보험부터 현실성 있게 바꿔야 한다는 목소리가 높다. 전문가들은 특정 플랫폼에 대한 전속성 대신 경제적 종속성으로 적용 직종을 확대할 필요가 있다고 제안한다. 또한 노동자가 여러 플랫폼을 이용할 경우 산재 보험료를 어떤 플랫폼이 부담할 것인가도 문제된다. 이론적으로 매 거래에 보험료를 부과하게 된다면 산재보험 가입 범위는 확대될 수 있다. 근로자, 플랫폼, 고객이 경제적 부담을 일정 비율로 나누는 방식이다. 플랫폼 노동자가 한 단위의 업무를 마칠 때마다 개인 디지털사회보장(DSS) 계좌로 보수의 일정 부분이 이전되는 방식이 실효성 있는 대안이 될 수 있다. 이렇게 모아진 사회보장 분담금은 근로자가 거주하는 국가의 사회보장 제도로 정기 이전된다. 아울러 고용보험 적용대상 확대와 함께 실질적인 보호를 강화하도록 노동정책을 추진할 필요가 있다는 지적이다.

플랫폼 노동자 권익 향상을 위한 노력

플랫폼 노동자를 둘러싼 갈등의 핵심은 '플랫폼 노동을 새로운 형태의 노동으로 인정할 수 있느냐'에 있다. 두 가지 상반된 관점이 대립한다. 이미 플랫폼 경제가 이전에 없던 새로운 일자리를 만들어내는 만큼 이를 인정해야 노동자의 처우도 개선할 수 있다는 주장이 대두된다. 반면 플랫폼 노동을 변형된 형태의 착취라고 인식하며 새로운 노동으로 인정할 수 없다는 시각도 존재한다. 이처럼 엇갈린 견해가 존재하는 가운데 정부는 노동법 개정이란 근원처방보다는 플랫폼 노동자에 대한 산재보험 적용·징수체계를 개편해 나가겠다는 식의 소극적인 자세로 일관한다. 그러나 플랫폼 노동자를 기존의 경직된 노동제도 체계 안에 구겨 넣는 식의 문제 해결은 바람직한 대안이 될 수 없다. 국회 입법조사처는 2020년 발간한 보고서에서 현행법의 근로자 개념에 플랫폼 노동자를 넣지 않고 독일·영국처럼 제3의 개념을 만들 필요가 있다는 의견을 제시했다. 독일은 '유사근로자', 영국은 '노무제공자'라는 새로운 개념을 만들어 플랫폼 노동자의 휴가·임금 같은 최소한의 사회안전망을 마련했다.

정부 입장은 변화보다 기존 틀 유지에 급급하다. 2020년 4월 타다 베이직 운행중단으로 1만여 명의 타다 드라이버가 일자리를 잃게 됐다. 이에 앞서 서울지방노동위는 2019년 12월 기사 포함 렌터카 서비스 제공업체인 타다의 운전기사가 임금을 목적으로 종속적인 관계에서 근로를 제공하는 「근로기준법」상 근로자에 해당하지 않는다고 판정했다. 자신의 사정에 따라 타다 서비스 근무 여부를 결정할 수 있고, 근무 장소도 선택할 수 있다는 점을 근거로 들었다. 또 이용자와 불필요한 대화 금지, 음주 금지 등의 규정에 대해서도 고용인과 근로자 간 관계가 아니라 회사와 프리랜서 간 업무지침에 해당한다고 판단했다.

플랫폼 노동자의 노동환경 개선 목소리가 커지고 있지만 정부는 사업 형태별로 산업재해 보험 가입 의무화를 추진하고 있다. 그러나 플랫폼 종사자에 대한 정부 정책이 여러 부처에 흩어져 있어 효과적인 대책 수립과 집행이 어렵다. 선별적인 플랫폼 노동자 처우개선보다는 근본적인 문제 해결이 필요하다.

플랫폼 참여자 누구도 소외되거나 차별 대우를 받아서는 안 된다. 전통산업의 지속가능한 경쟁력 확보와 혁신산업의 발전, 시장 참여자들의 이익을 조화롭게 도모하는 제도적인 장치를 마련해야 할 필요성이 크다. 기술혁신과 노동인권 양자를 상보적 관계로 보는 인식이 요망된다. 플랫폼에 편입된 근로자의 최소한의 노동인권을 보호하는 장치가 필요하다. 플랫폼 기술의 효율성을 극대화하는 동시에 플랫폼 노동자에게 노동기본권을 보장하는 방도를 모색해야 한다. 플랫폼 사업 관련 이해관계자들 모두가 플랫폼 노동자의 권익을 보호하고 안정화를 도모하려는 공동 책임의식을 가질 필요가 있다. 구조화된 플랫폼 상생 모델을 구축하는 방안을 다각적으로 강구해야 한다.

2016년 이후 미국과 유럽에서 플랫폼 협동조합 운동이 확산한다. 제품이나 서비스의 거래를 중개하며 사회적 가치를 창조하는 플랫폼을 사회적 경제기업이 담당하는 형태다. 노동자, 생산자, 소비자 등 핵심 이해관계자가 소유해 고용 및 소득안정을 꾀하고 일하는 보람을 지키자는 취지다. 이 과정에서 민주적인 기업 운영, 운영과정의 투명한 공개, 성과의 공정한 배분 등 협동조합 원칙을 지켜나간다. 미국에서는 가사서비스 플랫폼 업앤드고, 덴버지역 택시노동자들의 그린택시쿱 등 플랫폼 협동조합이 등장했다. 프랑스의 사업고용협동조합은 가사노동자, 번역가, 문화예술 종사자 등과 고용계약을 맺고 사회보험 혜택을 제공한다. 국내에서도 가사노동자, 대리운전자, 컴퓨터 프로그래머, 문화예술인 등 플랫폼 노동자가 주축이 된 사회적 협동조합이 잇따라 등장하고 있다. 하지만 플랫폼 협동조합은 성공적인 비즈니스 모델을 찾기가 쉽지 않다. 게다가 자금과 전문인력 부족이라는 한계에 봉착해 규모와 경쟁력을 확보하는 데 난항을 거듭한다.

동시에 해외에서 플랫폼 노동자의 모호한 법적 지위를 둘러싸고 입법전쟁이 벌어진다. 일단 플랫폼 운송업체의 인력 계약에 대한 규제가 강화되는 추세다. 프랑스는 2016년 「노동법」에 플랫폼 노동자를 규정하고 산재보험, 직업교육, 노동3권 등을 보장했다. 고용 형태와 무관한 새로운 사회보험체계를 구축해 자영업자에게도 사회보험을 적용하기 시작했다. 플랫폼 기업에는 산재보험료와 직업훈련 분담금 등을 부담시켰다. 우루과이도 노동자와 자영업자를 구분하지 않고 단일한 사회보험을 통해 이들을 동등하게 보호하고 있다.

국제노동기구는 일하는 모두를 보호해야 한다고 권고한다. 2019년 6월 국제노동기구 총회는 '일의 미래를 위한 100주년 선언'을 통해 디지털 노동으로의 전환에 대응하는 사회보장 원칙 중 하나로 보호범위의 보편성을 제시했다. 유럽연합 집행위원회도 "고용돼 있거나 자영업에 종사하는 모든 사람이 사회적 보호에 공식적·효과적으로 접근할 수 있도록 보장해야 한다"는 원칙을 천명했다.

유럽연합은 2019년 디지털화와 새로운 고용형태 출현에 따른 노동시장 변화에 대응하기 위해 '투명하고 예측 가능한 근로조건에 관한 지침'을 제정했다(신동윤, 2020). 이 지침은 유럽연합 내 플랫폼 노동을 포함한 모든 유형의 고용형태(시간계약, 가사노동, 간헐적 근로, 바우처 기반 노동, 훈련생, 견습생)에 적용된다. 핵심 내용은 모든 유형의 노무제공자에게 △서면으로 된 근로조건 등 정보를 제공받을 권리 △수습기간 제한 △추가(병행) 직업 선택권 △예측 불가능한 계약의 경우 업무 시작 전에 합리적인 기간을 알 권리 △온디맨드(호출) 계약 등 남용 금지 △다른 고용형태로의 전환 요청권 △의무적 훈련을 무료로 받을 권리 등을 보장하는 것이다.

한발 나아가 플랫폼 기업의 사업에 노동력을 제공하는 이들은 계약직이 아니라 회사 직원이며, 대우도 거기에 맞게 해주도록 한 미국 캘리포니아주의 어셈블리 빌5(AB5, Assembly Bill 5) 법안이 2020년 1월 1일(현지 시간) 발효됐다. 독립 계약자도 일정한 조건을 갖추면 회사에 고용된 직원으로 인정한다는 내용이 담겼다. AB5에 따르면 우버 기사나 포스트메이츠 배달원으로 참여하는 이들은 지금처럼 독립적인 계약직 형태가 아니라 우버나 포스트메이츠 직원과 같은 고용 보호를 받을 수 있다. 플랫폼 기업들은 기사나 배달원들에게 초과 근무 임금, 헬스케어 등 기타 혜택을 제공해야 한다.

우버와 배달 서비스 스타트업 포스트메이츠 등이 공조해 캘리포니아주를 상대로 AB5에 대한 위헌 소송을 제기했다. 트럭 업계도 AB5에 대해 독자적으로 소송카드를 들고 나왔다. 우버와 포스트메이츠는 소장에서 "AB5는 온디맨드 경제에서 활동하는 회사들을 겨냥해 억압하기 위한 것이다"라면서 "직접 판매 영업 사원, 여행 에이전트, 건설 트럭 기사, 상업 어부 등은 법에서 면제되는 등 기준이 자의적이다"라고 주장했다. 우유를 배달하는 트럭 기사는 법의 영향을 받지 않지만 주스 배달 기사는 법을 적용받는다. 양 사는 또 "AB5는 긱 이코노미에 참여하는 근로자들의 유연성도 위협할 것이다"라고도 지적했다. 택시기사들의 생존권을 위협한다는 이유에서 유럽과 중남미 곳곳에서 택시업계의 강한 저항에 부딪힌 승차공유 서비스는 영업이 허용된 지역에서도 계약제 운전기사 보호 강화라는 새로운 규제와 맞닥뜨린 셈이다.

플랫폼 경제와 노동정책

플랫폼 경제의 확산에 따른 노동시장에서의 정책적 논의로 첫째, 플랫폼 경제와 같은 신산업 분야는 사회적 합의를 이끌어 낼 수 있는 시스템 구축을 통한 제도개선과 규제개혁을 추진해야 한다. 무엇보다 협동조합 등 상호성에 기반한 사회적 경제를 통해 플랫폼 종사자의 처우를 개선하는 노력이 필요하다. 사회적 경제기업은 플랫폼 종사자의 고용안전망, 사회 안전망, 그리고 사회보장 통로 역할을 담당하는 주체가 될 수 있다.

둘째, 플랫폼 노동자를 위한 지원 확대를 고려해야 한다. 산재보험제도의 개선과 함께 플랫폼 사업자에게 플랫폼 노동자의 사회안전망에 대한 책임을 지도록 하는 방안이 대안으로 제시된다. 노동시장 패러다임이 변화하고 있는 만큼 장기 근로자, 비정규직보다 열악한 근로환경에서 일하는 플랫폼 노동자의 초단기 노동에 대한 사회적 관심과 배려가 요망된다.

셋째, 디지털 자본주의에서 숙련의 정도는 갈수록 중요해진다. 증가하는 노동자 부담을 덜어주기 위해 교육과 숙련 형성 기회에서 공공성을 보다 강화할 필요가 있다. 특수형태근로종사자, 자영업자, 불완전 취업자가 늘어나고 재직과 실업 간 변동이 증가하는 상황에서 직업훈련 사각지대를 없애 나가야 한다.

　마지막으로, 정기적인 실태조사를 실시해 플랫폼 노동자 동향을 정확하게 파악해야 할 것이다. 국내에서 공유경제가 확산되면서 여러 이슈가 나타나고 있지만 현실적으로 통계자료의 부족으로 현 상황에 대한 정확한 판단과 대응책을 도출하기 어려운 상황이다. 매년 플랫폼 노동자 실태조사를 실시하는 등 데이터 분석을 실시하고 면밀히 관리하는 역할이 필요하다.

뉴미디어
비즈니스 모델

생존과 성장을 지속할 것인가 아니면 몰락의 길로 접어들 것인가. 4차 산업혁명 시대에 미디어 산업은 변곡점에 섰다. 위기이자 기회의 갈림길에서 미디어 종사자는 선택의 결정을 내려야 한다. 인공지능을 활용하는 언론사와 IT 기업의 영역파괴 경쟁도 갈수록 심해질 전망이다. 그래도 미디어 산업에서 전통의 핵심가치는 여전히 소중하다. 뉴스 미디어 혁신의 관점에서 미디어 시장에서 일어나는 특징적 변화는 다음과 같은 여덟 가지를 꼽을 수 있다(박대민·임정욱·손재권, 2017).

첫째, 전 세계적인 한계효용 제로 플랫폼의 확장이다. 이용자는 콘텐츠를 빠르게 접근할 수 있게 되고 플랫폼이 규모를 키울 때 추가비용이 급격히 줄어드는 특성을 갖는다. 둘째, 사용자 관여 확대다. 사실성과 공정성과 같은 저널리즘의 핵심가치로 고려해야 하는 사용자 관여가 콘텐

그림 28 **뉴미디어 플랫폼 비즈니스 모델**

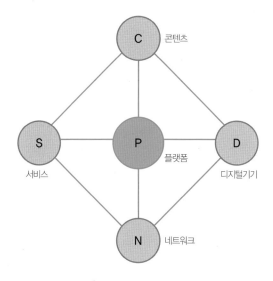

츠 생산과 유통 전반에 필수 요인이 된다. 셋째, SNS의 확산에 따른 탈중 개화 현상이다. 미디어가 뉴스를 취사선택하는 게이트 키핑(gate keeping) 이 약화되고, 그에 대한 수익 확보도 줄어든다.

넷째, 플랫폼 유형 분화와 경쟁 심화다. 모든 비즈니스 유형을 다루는 플랫폼 대신 분화된 플랫폼이 유형별로 독점적인 지위를 차지한다. 다섯째, 자원 조달과 생산에서 유통까지 유형별 플랫폼의 수직계열화다. 여섯째, 플랫폼이 중심을 이루고 콘텐츠, 서비스, 네트워크, 디바이스가 다면 구조를 형성하는 CSND(Content-Service-Network-Device) 모델에서 영역 의 와해다. 디지털 기술 발전과 규제정책의 변화로 온·오프라인, 상품과 서비스, 현실과 가상 등을 둘러싼 담장이 무너진다. 일곱째, 콘텐츠의 다 변화다. 콘텐츠 생산자는 고객 다변화에 맞춰 목표 플랫폼에 최적의 콘텐츠를 공급하려 한다. 마지막으로, 빅데이터 기술의 활용이다. 콘텐츠 사용자가 늘어나고 사용자 관여가 다양하고 방대하게 이루어지면서 이를 자동으로 분석해야 할 필요성이 커졌다.

글과 문서로 정보를 전달하던 시대는 갔다. 사용자들이 가장 선호하는 미디어 형식은 동영상이다. 동영상 유통으로 가장 선호되는 플랫폼은 영상 콘텐츠의 바다인 유튜브. 특히 젊은 층에서는 유튜브가 동영상 유통이 아닌 검색 플랫폼으로 활용된다. 다양한 콘텐츠가 생산되고 사용자에게 전달되는 시대에서 동영상을 활용한 유튜브 저널리즘이 뚜렷한 트렌드로 자리 잡는다.

뉴스 보도와 관련해 유튜브 저널리즘은 네 가지 유형으로 구분된다. 첫째, 전형적인 뉴스를 통째로 생방송으로 전달하는 동시에 개별 리포트를 업로드해 유튜브 사용자가 언제든지 골라볼 수 있도록 하는 방식이 대표적이다. 둘째, 강력한 퍼스낼리티를 가진 진행자가 토크쇼 스타일로 관심 이슈에 대해 대화를 나누는 스타일도 뉴스에 버금가는 파괴력을 갖는다. 셋째, 심층 보도와 같이 한 주제에 대해 깊이 있는 내용을 동영상이나 그래픽을 활용해 스토리텔링 방식으로 설명해가며 시청자의 몰입을 유도하는 방식도 인기를 모은다. 넷째, 시사·경제·스포츠·문화 등 다양한 분야에 걸쳐 음성 콘텐츠를 생산해 스트리밍 형태로 방송하는 팟캐스트를 다시 편집해 유튜브에 올리는 방식도 다양성을 더한다. 모바일기기 사용자는 정해진 시간이나 순서에 구애받지 않고 그때그때 보고 싶은 유튜브 콘텐츠를 선택해서 시청한다. 유튜브 세상은 변화무쌍하다. 큰 미디어 기업도 작은 미디어 기업에 질 수 있다. 어떤 미디어 기업도 자신의 성공을 보장받을 수 없고 언제든지 무너질 수 있다.

미디어 기업의 혁신 전략

미디어 기업은 혁신적인 벤처기업에서 배울 게 많다. 언론사는 스타트업 문화를 받아들여 새로운 전략을 구사해야 한다. 세계신문협회가 발간한 〈2017 신문의 혁신〉은 언론사가 벤처기업의 행동에 관여할 수 있는 네 가지 길을 제시한다. ① 스타트업과 제휴: 기존의 시장 지위와 브랜드 가치를 활용해 위험을 최소화하면서 장기적 협력을 도모한다. ② 스타트업 액셀러레이터: 벤처캐피털과 같이 초기 단계 벤처기업을 선발해 소액을 투자해 육성한다. ③ 스타트업 투자, 인수·합병: 우수인재를 갖추고 성장성 있는 기업에 자금을 투자하고 기술·제품 개발을 지켜보며 수익성을 기대한다. ④ 스타트업 구축: 자금·인력·브랜드 등 기존의 사업 자원을 모두 동원해 전략적인 제품 개발에 나서고 직접적이고 전면적인 통제권을 확보한다.

기사 생산 시스템도 대대적인 혁신이 필요하다. 로봇이 기사를 쓰는 시대다. 로봇 저널리즘이 눈앞에 전개된다. 컴퓨터에 데이터를 제공하고, 데이터에 담긴 정보를 인간이 평소에 쓰는 용어, 즉 자연언어로 표현하는 기술이다. 자동화된 글쓰기, 기계 글쓰기라고도 표현된다. 가장 기본적인 패턴은 미리 만들어져 있는 기사 틀, 즉 템플릿에 데이터를 받아 비어 있는 괄호에 숫자와 정보를 채워 넣는 방식이다.

발달한 인공지능 기술은 일기예보, 사업보고서 작성, 광고효과 보고서, 고객에게 맞춤형 편지를 기계가 알아서 써주는 작업이 가능하게 만들었다. 인공지능의 발달에 따라 주가, 환율, 경기 성적 등 정형화된 데이터뿐만 아니라 기업 공시 등 비정형 데이터도 의미 있는 데이터로의 전환과 분석이 가능해진다.

로봇 저널리즘은 알고리즘에 의해 기사 작성이 단번에 이루어지는 것

그림 29 **커뮤니케이션 플랫폼**

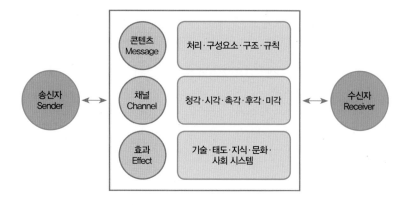

같지만 단계적인 절차를 거친다. 즉 △데이터 수집 △데이터 분석과 선별 △논조와 관점 설정 △주요 내용 도출과 데이터 결합 △자연어 처리를 통한 기사작성의 단계로 뉴스를 만들어낸다.

① 데이터 수집은 주로 표준화된 데이터가 풍부한 영역에서 이루어진다. 기업, 금융시장, 스포츠 단체, 정부 등으로부터 원시 데이터를 실시간 온라인으로 받아 시스템에 입력하는 일이다. 웹사이트에서 정보를 가져오는 웹크롤링(web crawling)이 활용되는 경우도 있다.

② 데이터에서 가치 있는 뉴스거리를 찾아내는 일이다. 데이터 분석과 선별과정에서는 중요도를 감안해 기사에서 부각돼야 할 내용이 어떤 것인지 골라내는 작업이 수행된다. 강조해야 할 핵심적인 내용을 선별해 내는 일은 기사의 가치를 높이는 중요한 과정의 하나다.

③ 기사의 논조와 관점을 정하고 주제를 확정해 메인 타이틀과 부제 등 제목을 뽑는 과정이다. 관점과 주제를 정하는 방식 또한 수집된 데이

터 분석을 통해 이루어진다. 시각에 따른 주요 내용을 도출해 중요도를 가려내며 최대 10단계까지 우선순위를 매긴다.

④ 기사의 틀인 템플릿을 바탕으로 데이터를 풍성하게 결합하고 상황과 맥락에 따라 최적화하는 방식으로 문장을 만든다. 외부 데이터를 더 끌어오고 인용구도 만들어 낸다. 동어반복을 피해 같은 의미의 유의어를 적절히 섞어가며 기사를 문맥에 따라 배열한다.

⑤ 자연어 형태로 기사작성이 이루어진다. 인공지능의 자연어 구사능력이 향상된다면 로봇이 스스로 맥락에 적합한 문장을 만들어 내서 기사를 쓰는 일이 가능해질 것이다. 속보의 경우 편집자가 다시 손을 볼 시간 없이 자동 출고되므로 퀄리티 높은 기사 작성 프로그램이 요구된다.

로봇 저널리즘은 기사작성 자동화 프로그램이라 할 수 있다. 자연어 기반의 대량 맞춤형 콘텐츠 서비스라고 보는 것이 타당하다. 로봇 저널리즘 기술의 핵심은 뉴스 가치를 판단하는 알고리즘에 달려 있다. 로봇은 그래픽 뉴스 자동화, 고객 제작 콘텐츠 검증, 알림 수신, 콘텐츠 위치 파악 등 여러 가지 작업을 자동화하는 데 도움이 될 수 있다. 한마디로 편집국의 효율성과 기사 품질을 높일 수 있게 로봇을 활용할 수 있다는 얘기다.

컴퓨터 활용 저널리즘은 컴퓨테이션 기술을 저널리즘에 접목시키려는 도구적 방법론이다. 고도화된 연산 능력을 갖춘 컴퓨터를 활용해 저널리즘의 품질을 증대시키는 행위 전반을 일컫는다. 정보과학, 인공지능, 기계학습, 데이터마이닝, 팩트 체킹, 모바일 컴퓨팅, 자연어 처리, 이미지 처리, 멀티미디어 분석 및 합성, 정보 시각화, 컴퓨터 인터페이스 등 컴퓨테이션 영역은 무한대로 확장된다. 사실 로봇 저널리즘, 데이터 저널리즘 등도 광의의 컴퓨테이셔널 저널리즘에 포함된다.

특히 팩트 체킹은 언론사의 신뢰를 상징하는 전문적 영역이다. 고도로 숙련된 기자가 독점하던 영역으로 인식돼 왔지만 이제는 집단지성의 영역으로 지평이 확장되면서 팩트 체킹에도 컴퓨테이션의 개입이 본격화된다. 컴퓨테이셔널 저널리즘은 다른 각도에서는 알고리즘과 데이터, 지식의 조합을 통해 인터랙티브 인포그래픽, 비디오, 지도, 파노라마, 슬라이드쇼 등 스토리를 보도하는 방식으로 설명된다.

데이터 저널리즘은 빅데이터나 스몰데이터를 분석하여 새로운 정보를 추출하고 이 정보를 바탕으로 새로운 기사를 만들어내는 작업이다. 즉, 데이터를 자연언어나 그래픽으로 변환시키는 과정이다. 개별적인 사건이나 경제, 사회적인 현상에 관한 정량적인 데이터를 분석하고 그 속에 감춰진 스토리를 발굴해 독자와 소통을 시도한다. 체계적으로 수집되고 축적되며 분류된 방대한 양의 데이터로부터 유용한 정보를 추출하는 데이터 마이닝(data mining) 기법이 활용된다.

데이터 저널리즘의 본질은 데이터 분석을 통한 스토리텔링이라고 할 수 있다. 세상에서 일어나는 일들을 명확히 보여주고 향후 사람들이 원하는 것을 얻는 데 도움을 주기 위해 데이터를 분석하고 이를 살아 있는 스토리로 엮어내는 저널리스트의 능력이 강조되는 시대다. 정보가 넘쳐나는 현실에서 사람들은 사건을 겪은 사람들의 경험을 통해 한 번 걸러진 스토리를 원한다. 스토리는 설득의 핵심적인 두 가지 요소인 △정서적인 접근과 △신뢰를 쌓는 데 도움을 준다. 스토리텔링은 다른 사람들과 관계를 맺고 교류하고 감동을 줄 수 있는 가장 확실하고 효과적인 방법이다. 스토리텔링은 사건에 대한 순수한 지식이 아니라 주인공 같은 인물의 형상을 통해 사건을 겪은 사람의 경험을 전달한다. 스토리텔링은 전달하고자

하는 목표를 가지고 확실한 사실이나 데이터, 수치 등을 기반으로 삼아 진정성이 있어야 효과를 낸다. 특히 복잡한 자료를 사람들이 쉽게 이해할 수 있도록 정보를 컴퓨터 시각 디자인으로 인상적이고 짜임새 있게 표현하는 인포그래픽도 함께 중요성이 높아진다.

데이터 저널리즘은 사회와 언론 산업에서 다양하고 의미 있는 역할을 담당한다. 첫째, 저널리즘 보도의 객관성을 강화하는 데 도움이 된다. 한 주제를 둘러싼 다양한 출처에서 나온 데이터 분석은 한 사건을 다양한 관점에서 객관적으로 분석할 수 있는 유용한 도구가 된다. 또한 신뢰할 수 있는 정보와 견해를 독자에게 전달해줌으로써 정보의 신뢰성을 높일 수 있다.

둘째, 데이터 저널리즘은 정보를 독점하는 사람들과 정보를 이용하지 못하는 사람들과의 정보 격차를 축소한다. 이를 통해 정보 불평등 혹은 정보 비대칭성을 해소해 경제 시스템이 효율적으로 작동하도록 돕는 윤활제의 역할을 할 수 있다.

셋째, 오픈 데이터를 통해 정부와 기업, 사회의 투명성을 향상하는 효과가 있다. 특히 정부는 오픈 데이터가 정부의 투명성을 제고하는 촉매제임을 인지해야 한다. 데이터를 적극 공개함으로써 사회적 비용을 줄이고 국민의 알권리가 신장될 수 있기 때문이다.

넷째, 빅데이터는 언론사가 시간과 경제적인 비용 부담을 덜고 심층적인 보도를 하는 데 새로운 도구가 된다. 언론사는 데이터 저널리즘을 활용해 새로운 비즈니스 모델과 수익을 창출하는 기회로 삼을 수 있다.

마지막으로, 미디어와 대중과의 협력 관계를 강화한다. 미디어는 사람들이 많은 양의 데이터를 쉽게 이해하는 데 도움을 주고 데이터 수집과 분석, 뉴스 콘텐츠 제작에 독자를 참여시켜 건강한 디지털 생태계를 형성하고 발전시키는 데 기여할 수 있다.

새로운 뉴스 방식 구조화된 저널리즘

구조화된 저널리즘(structured journalism)은 데이터 저널리즘과 함께 새로운 조류로 떠오르는 혁신적인 저널리즘이다. 구조화된 저널리즘은 디지털 환경에서 기존 기사들을 다시 묶어 새로 창조하려는 시도다. 기사와 기사 속에 내재된 정보가 통시적이며 공시적인 관계를 구축하고 디지털 플랫폼에서 상호 연결망을 구현하도록 만드는 작업이다.

이는 저널리즘의 위기를 낳은 뉴스의 수평적 통합의 붕괴 혹은 뉴스 기사의 고립화, 파편화를 극복하는 방편이다. 전통적 플랫폼에서 뉴스는 하루살이 베스트셀러로서 한번 소비되고 나면 그 가치가 사장되고 말았다. 구조화된 저널리즘은 기사 및 기사 속에 내재된 정보를 시간을 거치면서 누적시켜 재맥락화한다.

뉴스에서는 속보성과 시의성이 정보적 가치를 갖는다. 그러나 모든 텍스트는 다른 뉴스와 연결되어 상호텍스트성의 그물망 속에 있다. 모든 텍스트는 다른 텍스트의 수용인 동시에 다른 텍스트에 대한 응수다. 어떤 텍스트이던 그것은 인용의 모자이크로 구성되며, 다른 텍스트를 흡수하거나 변형시킨 것이다. 진공 속에 존재하는 고립된 존재가 아니라 다른 담론과 문화의 질료로 빚어낸 것이다. 이는 단순한 짜깁기나 표절의 산물이 아니다. 재맥락화를 통해 의미들이 새로운 시간과 공간적 맥락에서 새로운 의미가 생성된다.

구조화된 저널리즘은 뉴스의 새로운 조직화 원칙이다. 뉴스 기사를 구성요소들로 나눠서 조각으로 쪼갠 후 다양한 방식으로 다시 섞고 짜맞추는 기사화 작업이다. 이 과정에서 내러티브나 인물이 많은 다양한 방식으로 묘사될 수 있는 것이다. 구조화된 저널리즘은 자연언어로 구성된 기사나 그래픽 속에 있는 정보를 데이터로 다시 바꾸고 재가공한다는 점에서 데이터 저널리즘과 차이가 있다.

오히려 구조화된 저널리즘은 데이터 저널리즘, 뉴스 아카이브, 로봇 저널리즘, 에버그린 콘텐츠 등 다양한 기사 작성 기법과 연결된 관계를 갖고 서로 넘나들며 느슨한 경계를 유지한다. 에버그린 콘텐츠는 시의성으로부터 상대적으로 자유로운 스테디셀러의 성격을 갖는 콘텐츠를 지칭한다. 예를 들어 매번 새해를 맞아 〈뉴욕타임스〉가 추진하는 에디터 프로젝트는 대표적인 구조화된 저널리즘의 사례. 기사마다 태그하고 주석을 달면 더 많은 정보를 제공할 수 있다. 기사 맥락에서 추출된 구조적 요소들에 의해 새로운 기사가 만들어지고 이들을 재결합해 새로운 종류의 경험 또는 집합을 만들 수 있다.

구조화된 저널리즘을 실현하려면 이에 적합한 콘텐츠 관리시스템(CMS, Content Management System)이 필요하다. CMS는 콘텐츠 생산, 큐레이팅, 사진과 동영상 첨부, 배치, 유통에 이르는 모든 기사 제작과정을 쉽고 편리하게 해준다. 부가작업에 시간을 낭비할 필요 없이 기자들이 기사 작성에만 몰입할 수 있도록 효율성을 높이는 유용한 도구가 된다. 〈뉴욕타임스〉가 독자들에게 실제 서비스하는 쿠킹은 구조화된 저널리즘 관점에서 많은 호응을 얻고 있다. 수만 가지 요리법, 요리절차, 태그, 이름, 질량 등 구성요소로 이루어진 쿠킹은 요리법 검색기에서 출발했다. 다양한 요리법을 표준화하고 계량화함으로써 이용자들이 손쉽게 자신이 좋아하는 요리의 식자재를 조달해 조리할 수 있도록 도울 수 있게 됐다.

구조화된 저널리즘은 멀티미디어 저널리즘과 인터랙티브 뉴스를 뛰어넘는 디지털 콘텐츠 혁신을 위한 대담한 기획이다. 뉴스 기사 속에 내재화된 정보를 구조화된 데이터로 변환시킨 뒤 재맥락하는 작업은 고도의 자연어 처리와 기계학습 기술, 데이터 분석 솔루션을 요구한다. 많은 노력이 들지만 상당히 유용한 작업이다. 디지털 플랫폼에서 기자는 자신이 작성하는 뉴스의 품질을 높일 수 있게 되며 언론사는 차별화된 콘텐츠로 수익 모델을 개발할 수 있는 기회를 잡을 수 있다. 또한 뉴스 이용자의 입장에서도 관여도와 역량을 강화한다. 특히 구조화된 뉴스 데이터는 콘텐츠에 대한 뉴스 이용자의 통제력을 강화하며 이용자가 필요한 정보를 효율적이고 체계적으로 확보할 수 있도록 도움을 줄 수 있다. 구조화된 저널리즘은 뉴스를 더 스마트하고 효율적이고 매력적인 상품으로 만들어 준다.

인공지능, 빅데이터, 사물인터넷 등과 맞물려 융·복합 기술을 통한 혁신이 증폭된다. 5G 이동통신은 초고속·초연결·초저지연을 특징으로 하는 통신 서비스다. 최대 전송속도는 20기가비피에스(Gbps)다. 2시간짜리 2.3기가바이트(GB) 용량의 영화 한 편을 1초 만에 받을 수 있는 속도다. 5G로 모든 데이터가 더 빠르고 정교하게 흐르며 에너지 효율이 100배 증가한다. 개인의 생활이 편리해지고 산업 전반에 생산성을 높이는 촉매제가 된다. 5G 기술은 4차 산업혁명을 더욱 강력하게 만드는 통신 인프라다.

5G로 가장 활성화될 분야는 가상현실(VR)과 증강현실(AR) 기술이다. 가상현실과 증강현실은 미디어, 엔터테인먼트, 전자상거래, 교육, 의료 등에 접목되면 정보격차를 줄일 뿐 아니라 고객 경험을 확장하는 역할을 하게 된다. 증강현실은 100% 컴퓨터로 만든 가상공간이다. 사람이 경험

하지 못한 새로운 세계를 인공적으로 만들어 낸 것이다. 사용자는 머리에 쓰는 HMD(Head Mounted Display)를 이용해 360도 동영상으로 구현되는 3차원 가상공간에서 완전히 몰입하고 상호작용함으로써 예전에는 가보지 못한 공간에서 흥미진진한 체험을 만끽할 수 있다.

혼합현실(MR, Mixed Reality)은 실제 환경과 가상의 환경이 혼합된 실체와 가상의 중간계다. 혼합현실은 다시 증강가상(AV, Augmented Virtuality)과 증강현실로 나뉜다. 증강가상은 가상환경에 사람이나 사물 등 실체가 들어가는 것이다. 구체적으로 증강가상은 3차원 가상공간에 실사 인물이 등장해 손발로 가상공간의 대상물을 선택하거나 제스처를 인식하는 등 시각, 청각 등 인간의 오감과 상호작용을 체험할 수 있는 프로그램이다.

증강현실은 이와 반대로 실제 현실에 가상의 이미지나 물체가 들어가 인간과 상호작용한다는 점에서 차이가 있다. 증강현실은 포켓몬고 게임과 같이 가상의 캐릭터가 실제 현실에 정확히 배치되는 프로그램이다. 스마트폰으로 보이는 신체, 거리, 건물, 자동차 등 현실에 등장하는 가상의 존재가 실시간 결합돼 상호작용하게 된다. 증강현실은 스마트폰, 디스플레이, 자동차 앞 유리, 거울, 안경 등을 활용해 이미지와 프로그램을 구현할 수 있다. 증강현실은 거부감 없는 소비자경험이 특징이다. 예를 들어 스포츠 경기장에서 좌석, 음식점, 카페 정보, 선수 프로필을 확인할 수 있다. 또한 의류, 액세서리 등을 구입하려는 개인이 실제 착용하지 않고도 자신의 몸에 맞는 제품을 선택하는 것을 도와주는 데 효과적이다.

이 같은 가상기술 가운데 가장 상업적으로 주목받고 발전 잠재력을 가진 것이 가상현실이다. 가상현실 프로그램이 상업적으로 성공하기 위해서는 다음과 같은 다섯 가지 조건을 갖춰야 한다.

① 사용자경험이 불편하거나 불쾌감을 주는 대신 편안하고 즐거움을 줘야 한다. ② 사용자의 오감을 자극하는 등 다양한 채널로 많은 정보를 얻을 수 있는 미디어 풍요을 만끽할 수 있어야 한다. ③ 사용자가 객체를 원하는 방식으로 통제하고 객체의 반응을 자연스럽게 느낄 수 있는 상호작용성이 확보돼야 한다. ④ 사용자에게 흥미를 유발하게 해 빠져드는 몰입감을 제공해야 한다. ⑤ 가상의 캐릭터에 사용자가 감정을 이입해 자신의 몸으로 인식할 정도로 신체소유감(body-ownership)을 느낄 수 있어야 한다.

동영상 콘텐츠의 미래는 모바일 가상현실에 있다. 증강현실 동영상 전문 매체는 콘텐츠를 직접 만들기보다 남이 만든 콘텐츠를 신기술로 가공하거나 널리 전파하는 비즈니스 모델을 선보인다. 가상현실을 이용하면 사람들이 뉴스를 소비하지 않고 체험하게 된다. 해당 콘텐츠를 더 오래, 더 깊이 마음속에 각인할 수 있다. 가상현실은 몰입 저널리즘(immersive journalism)을 위해 최적화한 도구다. 가상현실 기기들의 성능과 기술이 향상되면서 다양한 가상현실 콘텐츠가 만들어진다. 동영상뿐만 아니라 라이브 방송도 가능하다. 라이브 방송은 오프라인의 다양한 활동을 생중계하며 시청자들이 실시간으로 보면서 체험하고 즐길 수 있도록 하는 생중계 쇼다. 동영상 플랫폼에서 보편화하고 있는 가상현실 라이브는 진화된 형태의 메신저를 선보인다. 이 같은 메신저는 가상현실을 통해 가상공간을 구현하고 그 속에서 이용자들이 실제로 만나 대화를 하는 것처럼 서비스를 이용할 수 있다.

블록체인 기술을 활용해 뉴스나 정보를 제공하는 블록체인 전문 매체가 속속 등장한다. 국내에서는 서울경제가 디센터를 만들었고 한겨레가 코인데스크코리아를 창간했다. 파이낸셜뉴스가 블록포스트를, 매일경제는 디스트리트를 출범시켰다. 블록체인 영역은 단순히 버티컬 미디어로 보기엔 다른 구석이 있다. 커뮤니티 서비스를 활성화하는 것은 매체 파워를 강화하려는 시도다. 독자들이 수동적으로 정보를 받아보지 않고 적극적으로 정보를 생산하고 활동하기 때문이다. 하지만 수익모델 찾기는 갈 길이 멀다. 기존 블록체인 영역에선 암호화폐 거래소가 메이저 플레이어였지만 시황 악화로 광고나 협찬 등 블록체인 언론사가 수익을 거두기 힘들게 됐다.

디지털 콘텐츠 유료화 성공전략

미디어 산업은 급변하는 환경 변화에 대응하기 위해 새롭고 지속가능한 비즈니스 모델을 찾는 데 집중해야 한다. 디지털 뉴스의 성공적인 유료화는 모든 미디어 산업의 당면 과제다. 국제뉴스미디어연합(INMA)은 2020년 1월 언론사들이 디지털 독자 확보·유지를 위해 추진하고 있는 유료화 실행 전략을 여덟 가지로 소개했다. ① 무료제공 콘텐츠 줄이기: 무료로 제공하는 기사의 개수를 줄이는 한편, 유료 가입자만 볼 수 있는 프리미엄 콘텐츠 비율을 35% 이상으로 높인다. 시간장벽(time wall)은 1시간만 무료로 디지털 콘텐츠를 제공하고 유료로 전환하는 전략이다. ② 구독료 할인: 독자가 처음 유료 구독에 가입할 때 제시하는 구독료를 낮춘다. 무료 제공 기사가 줄어듦에 따라 유료 구독 전환이 감소하는 것을 방지하기 위한 것이다. 또한 장기 구독 시에도 구독료를 할인해주면 만기 연장에 도움이 된다. ③ 프로모션 기간 늘리기: 신규 독자를 유치하는

그림 30 **인쇄 미디어 시장 수익모델**

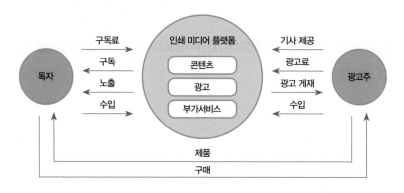

데 프로모션 기간 연장은 도움이 된다. 낮은 구독료로 인한 수익 감소를 장기 독자를 확보함으로써 만회할 수 있다. 자동갱신 구독옵션은 유료구독 유지율을 높이는 데 도움이 된다. ④ 온보딩 프로세스(onboarding process) 도입: 온보딩 프로세스는 신규 고객이 제품을 성공적으로 채택하고 완전히 사용하도록 정성스레 돕는 일련의 과정이다. 독자가 친근감을 느끼도록 개인화된 서비스, 간편한 결제 등 구독 프로세스를 단계별로 최적화한다. ⑤ 특화 콘텐츠 개발: 독창성 있는 특화 콘텐츠를 개발해 독자에게 제공하는 것은 신규 독자 유치는 물론, 기존 독자의 경험 제고에 효과적이다. 독자는 충성심을 가지고 지지하는 저널리즘에 대해 더 잘 알고자 한다. ⑥ 미디어 브랜드 강화: 각종 행사와 사회사업을 통해 미디어 브랜드 가치를 끌어올리는 것은 충성 독자에 대한 신뢰감을 높이고 새로운 독자를 유치하며 기존 독자의 이탈을 막는 데 도움이 된다. ⑦ 가치전달 편지 등 구독 제안: 구독가치를 홍보하는 언론사 편집인의 편지를 웹사이트에 게재하거나 이메일로 보내는 것은 효과적인 독자 확보 도구가 된다. ⑧

데이터 기반 독자관리 강화: 미디어 기업은 독자 데이터를 기반으로 하는 기술기업으로 변신해야 한다. 체계적이고 유용한 독자 데이터가 구축되면 개인 맞춤형 서비스를 강화할 수 있고 다른 비즈니스 모델을 확장할 수 있는 기초가 된다.

미디어의 운명은 독자와 뉴스 이용자의 선택에 달렸다. 독자와의 쌍방향 소통이 중요하다. 독자가 있는 곳에 비즈니스 기회가 있다. 남과 차별화된 콘텐츠, 정확하고 깊이 있고 신뢰성 있는 뉴스로 승부해야 한다. 독자의 의사결정에 유용한 정보를 제공해야 할 것이다. 동시에 가상현실과 증강현실 콘텐츠, 위치기반 서비스 등 종이 매체나 온라인 플랫폼에서 실현할 수 없는 모바일 전용 서비스로 사업 기회를 확대해 나가야 한다. 또한 미디어 기업은 콘텐츠를 생산하는 협력적·수평적·개방적 조직과 문화로 변해야 한다.

〈플랫폼 경영전략 에센스 10〉은 졸저 《플랫폼하라》(2018)에
수록된 주요 내용을 독자들이 이해하기 쉽게 요약 정리한
것이다. 네트워크형 비즈니스의 핵심, 플랫폼의 유형과 특성,
네트워크 효과의 종류와 사례는 플랫폼 이해의 기초가 된다.
공유경제 비즈니스 모델, 플랫폼 경쟁우위와 혁신, 닭과 달걀의
난제 푸는 해법, 큐레이션을 통한 품질 향상, 양면 플랫폼의
가격결정은 플랫폼 이론의 중요한 영역을 이루는 개념들이다.
블록체인과 플랫폼 확장, 승자독식 플랫폼의 경제적 폐해는
플랫폼의 미래와 극복해야 할 과제를 제시한다.

플랫폼 경영전략 에센스 10

연결과 네트워크형 비즈니스

플랫폼은 자원과 참여자들을 필요에 따라 서로에게 쉽게 접근할 수 있도록 연결하고 상호작용을 촉진하는 비즈니스의 장(場)이다. 연결은 경제·사회적 현상이자 물리적 실체다. 연결망, 즉 네트워크(network)는 노드(node)와 링크(link)로 구성된다. 인간이나 사물을 노드로 표현하고 노드들의 연결을 링크로 나타내면 하나의 연결망이 형성된다. 허브(hub)는 한 노드에 여러 개의 노드가 연결된 네트워크의 중심이다.

링크가 많은 노드를 선택해 다른 노드가 더 달라붙는 현상을 선호적 연결(preferential attachment) 법칙이라고 한다. 선호적 연결 법칙은 링크가 많은 노드들이 다른 노드를 제치고 더 많은 링크를 붙잡는 부익부(rich-get-richer) 현상을 낳는다. 다른 말로 힘이 강한 자가 모든 것을 차지하는 승자독식(winner-take-all) 현상이 나타나는 것이다.

네트워크는 적자생존(適者生存), 적익부(敵益富, fit-get-rich) 원칙에 의해 형성된다. 새로운 노드들이 진입하는 네트워크의 성장과 선호적 연결 덕분에 허브가 생겨난다. 하나의 강력한 허브가 중심을 이루고 모든 네트워크를 지배하는 구조는 수레바퀴형(hub-and-spokes) 모양이 된다. 이와 함께 연결이 느슨한 분산형 네트워크 구조와 그물망 네트워크 형태도 존재한다. 네트워크는 대내외적 충격 시 손상된 시스템 기능을 회복하기 위한 견고성(robustness)과 빠른 복원력(resilience)을 보유해야 한다.

또 다른 형태의 중요한 연결인 기능적 연결(functional link) 관계는 보다 넓은 의미에서 가치를 창조하고 성공을 이뤄내는 의사결정 네트워크로 작동한다. 기능적 연결은 시너지 효과(synergy effect)를 창출하는 기반이 된다. 하나의 의사결정에서 얻는 대가, 혜택 및 성과는 다른 연결에서의 결정에 의해 증폭된다. 하나의 결정에 드는 비용은 다른 결정에 의해 상승하거나 하락한다. 이 같은 연결 관계는 상호보완성(mutual complementarity)이라고 한다. 하나의 선택을 한 다음 두 번째로 하는 보완적인 선택에 의해 연결된 의사결정은 더욱 효과적인 성과를 낼 수 있다.

그림 31 **네트워크 유형**

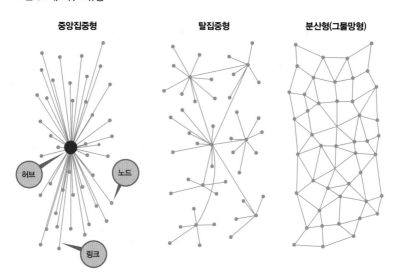

디지털 세상에서 연결된 선택은 다른 시스템과 차별화되는 특성을 갖는다. 서로 다른 사용자 간 연결과 상호작용, 그리고 사용자와 제품의 연결 등 상호연결성(interconnectivity)을 통해 플랫폼은 고유한 가치를 창출한다. 시스템의 유기적인 연결은 상호운용성(interoperability)을 증대시킨다. 정보 교환이 원활해지며 일련의 업무가 정확하고 효율적으로 처리된다.

플랫폼의 유형과 특성

플랫폼은 양면 · 다면시장 구조를 갖는다. 양면시장(兩面市場, two-sided market), 또는 다면시장(多面市場, multi-sided market)은 단일 또는 복수의 플랫폼이 생산자와 소비자(또는 다수의 참여자) 사이의 상호작용을 가능하게 해주는 동시에, 양측(또는 여러 참여자)에 적절하게 비용을 분담시키면서 거래에 참여할 유인책을 제공해주는 시장을 말한다.

플랫폼 사업자는 단면시장(one-sided market)에서 창출할 수 없는 새로운 가치를 만들어 내는 사업을 통해 이득을 확보하게 된다. 플랫폼의 경제적 효과는 네 가지로 요약된다. 첫째, 플랫폼을 토대로 내부 자원을 효율적으로 사용할 수 있어 기업은 계약 · 거래 · 탐색 · 생산 · 운송에 드는 각종 비용을 절감한다. 둘째, 외부 자원을 활용해 생산 · 판매활동을 확대하면 외부 이해관계자와의 교류 · 소통 · 협력과 상호작용이 증대된다. 셋째, 고객이 원하는 새로운 가치창출을 통해 소비자와 생산자 가치를 극대화할 수 있다. 마지막으로 위험 분산 기능이다. 플랫폼 기업은 참여자의 혁신 역량을 활용하면서 재정적 부담과 사업 위험을 분산 · 완화할 수 있다.

플랫폼 기업은 기존 산업을 무너뜨리고 새로운 패러다임을 세우는 와해적 혁신(disruptive innovation)을 주도한다. 와해적 혁신에는 다음과 같은 세 가지 형태가 있다. 첫째, 공유경제를 활성화하는 가치로부터 자산을 분리(de-linking assets from value)한다. 자산 소유권을 분리한 자산은 독립적으로 거래되고 사용됨으로써 경제적 가치를 극대화할 수 있다.

둘째, 재중개화(re-intermediation)를 촉진한다. 플랫폼 비즈니스는 새로운 유형의 중개인을 끌어들인다. 플랫폼은 확장 가능한 시장 중개 메커니즘을 활용한다. 한계비용 제로, 한계수익 극대화를 통해 시장 참여자를 위한 새로운 경제활동이 가능해진다.

셋째, 시장통합(market aggregation)을 가능하게 만든다. 조직화되지 않은 시장이 통합되면서 효율성이 높아진다. 지역과 시간, 분야로 나뉜 시장이 플랫폼을 통해 하나로 통합되고 참여자들이 서로 만나 서로 원하는 제품과 서비스를 교환할 수 있게 된다.

그림 32 **플랫폼 유형**

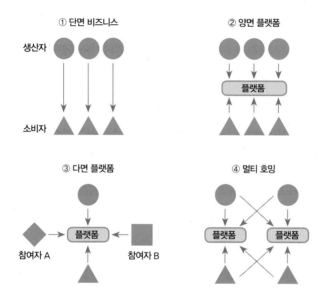

플랫폼 기업은 자사 제품이나 서비스로 특정 카테고리를 직접 운영하기도 한다. 이 같은 방식을 플랫폼 내 플랫폼(PIP, Platform In Platform)이라고 한다. 또한 플랫폼 포획(platform envelopment)은 외부 플랫폼을 흡수함으로써 새로운 사업 영역에 진출하거나 복수의 플랫폼이 경쟁하는 시장을 장악하는 전략이다.

네트워크 효과의 종류와 사례

　벌과 꽃의 공생관계는 외부성(externalities)을 설명하는 대표적인 사례다. 플랫폼 기업은 외부성, 즉 네트워크 효과로 돈을 번다. 고객이 얻는 가치는 제품을 구매한 다른 고객들의 수에 영향을 받는다. 플랫폼 핵심가치는 참여자가 늘어나는 동시에 증가한다. 유사한 매장이 모여 있으면 손님이 더 많이 몰리는 집적효과(agglomeration effect)가 생긴다. 플랫폼이 성공하려면 확장성(expandability)이 뛰어나야 한다. 플랫폼이 빠르게 확장할 수 있어야 네트워크 효과가 창출하는 가치를 더 키운다. 네트워크 효과는 참여자를 플랫폼에 묶어놓는 잠금효과를 수반한다.

　메트컬프의 법칙(Metcalfe's law)에 따르면 n명의 사용자가 접속해 있는 네트워크 가치는 사용자 수의 제곱(n^2)에 비례한다. 이는 반도체 집적밀도가 18∼24개월마다 2배로 늘어난다는 무어의 법칙(Moor's law), 기업 조직은 거래비용을 최소화하는 방향으로 진화한다는 올리버 윌리엄슨 교수의 가치사슬 지배 법칙과 함께 인터넷 경제의 3대 원칙으로 불린다.

　네트워크 효과는 크게 두 가지 종류가 있다. 먼저 양면시장에서 시장의 한쪽 면에 있는 참여자가 같은 쪽 참여자에 영향을 주면서 플랫폼 가치를 변화시키는 현상은 직접(direct) 네트워크 효과, 또는 동일면(same-side) 네트워크 효과라고 한다. 즉, 소비자와 소비자 간에 일어나거나 생산자와 생산자 간에 일어나는 네트워크 효과를 말한다. 아마존 창업자인 제프 베조스는 선순환을 의미하는 플라이휠(flywheel) 효과를 신봉한다. 플라이휠은 힘과 관성에 의해 회전운동 에너지로 변환하는 원형장치다. 고객 경험과 고객의 증가가 선순환을 통해 상호작용을 일으키는 과정에서 네트워크 효과는 증폭된다.

　또한 시장의 한쪽 면에 있는 참여자가 다른 면에 있는 참여자에 영향을 미치면서 발생하는 네트워크 효과를 간접(indirect) 네트워크 효과 또는 교차(cross-side) 네트워크 효과로 칭한다. 교차 네트워크 효과는 공급자가 수요자를, 수요자는 공급자를 서로 끌어들이는 현상이다. 우버의 사례에서 차량공유 서비스 플랫폼에 참여하는 탑승객이 늘어날수록 우버 서비

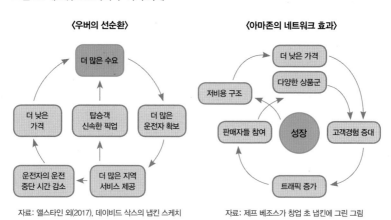

그림 33 네트워크 효과의 두 가지 사례

〈우버의 선순환〉

더 많은 수요

더 낮은 가격 — 탑승객 신속한 픽업 — 더 많은 운전자 확보

운전자의 운전 중단 시간 감소 — 더 많은 지역 서비스 제공

자료: 앨스타인 외(2017), 데이비드 삭스의 냅킨 스케치

〈아마존의 네트워크 효과〉

더 낮은 가격

다양한 상품군

저비용 구조 — 성장 — 고객경험 증대

판매자들 참여

트래픽 증가

자료: 제프 베조스가 창업 초 냅킨에 그린 그림

스를 제공하는 운전자가 늘어난다. 우버 운전자는 다시 탑승객을 끌어들인다. 에어비앤비도 마찬가지다. 숙박공유 서비스를 제공하는 호스트가 늘어나면 서비스를 이용하는 게스트가 기하급수적으로 증가한다. 게스트가 늘어나면 호스트도 증가한다. 긍정적인 피드백이 확장 작용하면서 교차 네트워크 효과는 극대화된다.

공유경제 비즈니스 모델

공공의 자원을 서로 나누고 함께 사용하면 모두의 효용이 증대될 수 있다. 공유경제는 공간, 물건과 지식, 경험 등 다양한 자산을 구성원들이 온라인을 통해 공동으로 사용하는 경제다. 공유경제에서는 자원을 공유하는 경제 활동의 긍정적인 측면을 강조한 공유지의 희극이 가능하다.

공유는 네트워크로 연결된 참여자들이 포용, 나눔, 협조, 협력을 통해 공동의 이익을 창조하는 방식이다. 가치를 공유하면서 서로가 행복을 향유하는 유토피아적인 발상이다. 타인의 사용을 배제하는 사유 재산권으로 문제를 해결하기에 앞서 공공의 자원을 활용하는 권리인 관습권(custom right)을 존중하는 합의가 바탕이 된다.

공유경제는 제품, 노동, 시간 등 경제적 가치의 잉여를 전제로 한다(마화텅 외, 2018). 플랫폼을 통해 자산이 남는 참여자와 부족한 참여자가 연결되고 잉여 자산이 거래되면 참여자 모두에게 이득이 된다. 공유 방식은 △잉여 사용권(license) △잉여 소유권(property) △잉여 시간(time)에 대한 공유 등 세 가지다. 잉여 사용권 공유방식에는 P2P 온라인 대출, 크라우드펀딩 프로젝트, 임대형 공유 플랫폼 등이 있다. 잉여 소유권 공유방식의 사례로는 온라인 중고거래, 물물 교환을 들 수 있다. 잉여 시간 공유는 대리운전, 가정식 요리 배달 서비스, 가사 도우미 서비스 등이 있다.

공유경제 플랫폼은 제품 소유주와 제품, 또는 자산을 사용하려는 소비자를 연결시킨다. 사회적으로 활용되지 않고 남는 자원과 그것을 원하는 사람을 연결해주는 매칭이 필수조건이다. 공동 접근과 공동 소유를 허용함으로써 제품과 자산의 활용도를 높일 수 있다. 소비에서도 다수의 개인이 모여 대량구매 방식으로 가격협상력을 높이면 싼 가격에 물품을 살 수 있다. 소유와 임대, 물품과 서비스 사용 및 교환, 공동 구매 등에서 협력 소비(collaborative consumption) 활동은 추가적 자원을 사용할 필요를 줄인다.

공유 플랫폼의 성공 모델은 다음과 같은 세 가지다. ① 가격(price) 인하: 현실적으로 공유

그림 34 공유경제 비즈니스 모델

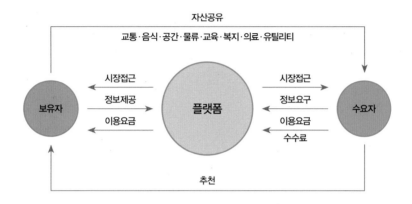

플랫폼의 가장 큰 매력은 소비자가 소유하거나 대여를 통해 지불하는 가격보다 저렴하게 제품을 사용할 수 있다는 점이다. ② 소비자경험(user experience) 향상: 공유 플랫폼 소비자는 정상적으로는 접근하기 힘든 자산을 저렴하게 이용할 수 있으므로 소비자경험을 극대화할 수 있다. ③ 신뢰성(credibility) 제고: 공유 제품이나 자산을 거래하는 공유 플랫폼 모델이 작동하려면 참여자가 서로를 충분히 신뢰할 수 있어야 한다.

플랫폼 경쟁우위와 혁신

플랫폼은 상대방과의 경쟁에서 전략적으로 승부한다. 남의 플랫폼이 성장하는 것을 사전에 막고, 내가 가진 것은 플랫폼이 되도록 하며, 플랫폼을 구축한 뒤에는 방어선을 만들어야 한다. 시장 지배적인 플랫폼이 되기 위한 핵심 자산과 경쟁 제품의 특성은 두 가지로 요약된다. 첫째, 자사 제품의 대체가능성(substitutability)이 낮고 보완성(complementarity)은 높아야 한다. 시장에서 경쟁사의 대체 제품이 그다지 위협적이지 않아야 자사 제품의 가치가 올라간다. 또한 자사 제품에 많은 보완 제품이 연결될 수 있어야 참여자에게 제공하는 핵심가치가 더욱 빛날 수 있다.

둘째, 잠재적인 경쟁 제품의 대체가능성은 높아야 한다. 다른 표현으로 생태계 내에서 제휴사 제품을 다른 제품으로 대체하기가 용이하도록 부품 대체성, 즉 이동성(mobility)이 커야 한다. 이동성이 클수록 제휴사 제품 대비 자사의 협상력이 높아진다. 핵심가치를 키우면서 협상력을 극대화해 지배적 플랫폼이 되려면 자사 제품 보완성과 제휴사 제품의 대체성 모두가 커야 한다. 자신의 제품을 토대로 많은 제휴사를 확보하되 제휴사를 자신의 통제 아래 두고 견제할 수 있어야 플랫폼 생태계에서 경쟁우위가 확보될 수 있는 것이다.

서로 연결된 경제 속에서 고립의 대가는 너무 크다. 외부와 담을 쌓은 폐쇄적 비즈니스는 디지털 세상, 네트워크 경제에서 지속가능한 성장을 이루기 힘들다. 경쟁력 있는 비즈니스의 표준인 개방형 플랫폼은 집단지성의 활용을 높여 가치를 창조하고 혁신을 촉진하는 데 유용한 시스템이다. 조직 구조가 단순한 분산·개방형 시스템은 복잡한 중앙집중식 폐쇄형 시스템보다 새로운 가능성을 창조할 때 더 빨리 진화할 수 있어 효과적이다.

기존 플랫폼 사업자와의 경쟁에서 승리하는 신기술 전략은 네 가지 유형이 있다(Shapiro & Varian, 1998). ① 나홀로 도약(performance play): 구현 가능한 최고의 성능을 독자적으로 추구하는 혁신 전략이다. 강력한 브랜드나 충분한 자금력을 보유한 경우에만 사용 가능하다. ② 나홀로 일보 전진(controlled migration): 신기술을 채택해 기존 플랫폼과 차별화된 제품과 서비

표 7 **플랫폼의 경쟁우위 결정요인**

보완성/대체성		제품 보완성	
		높음	낮음
부품 대체성 (이동성)	높음	가치 高, 협상력 强 〈지배적 플랫폼〉	가치 低, 협상력 强 〈제한적 독점〉
	낮음	가치 高, 협상력 弱 〈협력적 특화〉	가치 低, 협상력 弱 〈종속적 플랫폼〉

자료: 최병삼 외(2014)

표 8 **플랫폼의 혁신 전략**

혁신 전략		기술활용 주체	
		독자생산	외부개방
기술·제품 관계	호환성	② 나홀로 일보 전진 controlled migration	③ 함께 일보 전진 open migration
	혁신성	① 나홀로 도약 performance play	④ 함께 도약 discontinuity

자료: Shapiro & Varian(1998) 수정

스, 판매 방식을 독자적으로 구사한다. ③ 함께 일보 전진(open migration): 호환성 있는 신제품을 도입하되 상대방과 제휴, 협력 등 공동전선을 펴면서 시장에 진입하는 전략이다. ④ 함께 도약(discontinuity): 기존의 거대 플랫폼에 맞서기 위해 오픈소스 방식으로 새로운 기술을 개발해 혁신을 창조함으로써 사업기회를 확장하는 방식이다.

'닭과 달걀의 난제'를 푸는 해법은

플랫폼 경영에서 '닭과 달걀의 문제(chicken and egg problem)'는 해법을 찾기 힘든 난제 중의 난제다. 플랫폼 창업자는 '생산자가 먼저냐 소비자가 먼저냐' 하는 딜레마에 직면한다. 양측 모두 상대방에 의존할 때 어느 한쪽도 플랫폼에 먼저 올라타기(get on board)를 꺼리고 눈치보기에만 급급할 가능성이 있다.

플랫폼 기업은 초기 시장과 사멸(붕괴)지역을 거쳐 주류 시장으로 들어가는 대단절(chasm), 혹은 죽음의 계곡을 넘어서야 성장을 보장받는다. 생산자와 소비자를 플랫폼으로 끌어들이는 문제를 풀려면 폭발적인 성장, 즉 빅뱅이 일어나는 임계점(critical mass)에 도달하는 것이 중요하다. 참여자가 임계전선을 넘어 성장 엔진이 점화한 플랫폼은 네트워크 효과를 기반으로 경쟁력이 증폭돼 성장이 가속화하고 지속적으로 시장을 장악해 나갈 수 있다.

임계전선에 도달하기 위한 가장 원론적인 해법은 생산자와 소비자 양측을 끌어들이는 정면돌파식 올인 전략(commitment strategy)이다. 현실적으로는 양면시장 참여자 모두를 동시에 플랫폼에 끌어들이는 일이 어렵기 때문에 우회하는 방식으로 임계점에 도달하는 다양한 전략이 활용된다. 먼저 생산자와 소비자 중 상대적으로 끌어들이기 쉬운 집단을 선택해 많은 참가자를 확보하는 단면우선(divide and conquer) 전략이 유효할 수 있다. 이 전략은 한 집단의 플랫폼 참여를 유도해 충분한 성과를 달성한 다음, 다른 집단의 참여를 유도한다는 점에서 2단계 전략(two-step strategy)이라고 한다.

세분화된 시장에서 소수 참여자들이 상호작용을 하는 불쏘시개(kindling) 전략을 구사해볼 필요가 있다. 생산자와 소비자를 작은 규모에서 시작해 조금씩 단계적으로 시장을 확보해 나가다 보면 성장경로가 지그재그(zig-zag) 형태를 띤다고 해서 지그재그 전략이라고도 한다. 사업의 마중물을 투입하는 씨 뿌리기(seeding) 전략은 최소한 하나의 잠재적 사용자 그룹과 관련된 가치단위를 만들어 이들과 상호작용을 원하는 다른 참여자를 끌어들이는 방식이다.

그림 35 **플랫폼 임계전선과 성장 전략**

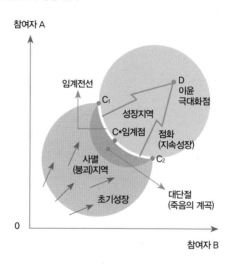

기존 제품 사업 기반 위에 플랫폼 비즈니스를 세우는 토끼 따라가기(follow the rabbit) 전략도 시도할 만하다. 업혀가기(piggybacking) 전략은 자신만의 독창성으로는 주목받을 자신이 없을 때, 관심을 끌기 위해 사용하는 전략이다. 어떤 경우든 슈퍼유저나 핵심 사용자를 최우선적으로 확보하는 일은 매우 중요하다. 쇼핑몰에 가장 유명하거나 중요한 핵심 점포(anchor tenant)를 먼저 유치하면 다른 소매점이 자동적으로 참여하게 된다.

콘텐츠 품질 높이는 큐레이션

플랫폼 생태계를 깨끗하게 정화하는 작업은 대단히 중요한 일이다. 특히 플랫폼에 참여하는 고객은 매우 세심한 관리가 필요하다. 또한 저질 콘텐츠에서 양질의 콘텐츠를 가려내고 목적에 따라 이를 다시 선별하고 조합하며 특별한 의미를 부여해 핵심가치를 재창출하는 큐레이션(curation)은 플랫폼 성장을 좌우하는 중요한 활동이다.

성공한 플랫폼은 긍정적인 행동의 외부효과를 키우기 위해 노력한다. 큐레이션은 보통 플랫폼의 중요한 접근 지점에서 선별 검사와 피드백의 형태를 취한다. 강력한 필터링과 큐레이션은 바람직한 상호작용을 촉진하는 한편 바람직하지 않은 행동을 저지한다. 아예 일탈행동을 일삼는 참여자에 대해 삼진아웃 제도를 시행하거나 바람직하지 않은 상호작용의 싹을 잘라내기도 한다. 큐레이션 메커니즘이 작동하기 시작하면 품질이 뛰어난 콘텐츠, 상품, 서비스를 생산자에게서 이끌어내 소비자에게 연결시켜주는 플랫폼 역량이 향상된다. 플랫폼의 품질이 올라가면 다양한 참여자를 끌어들이는 데 필요한 신뢰가 쌓이게 된다.

플랫폼이 촉매기능을 발휘하고 큐레이션이라는 자율적인 정화 기능을 작동해 양질의 핵심가치를 생산하려면 두 가지 제도적인 장치가 필요하다(앨스타인 외, 2017). 첫째, 누가 참여할 수 있는지, 참여자들은 어떤 역할을 할 수 있는지, 참여자들이 어떤 방식으로 상호작용하는지, 분쟁이 발생하면 어떻게 해결할 것인지 등에 대한 운영 규칙(rule)을 포함한 지배구조(governance)가 정립돼야 한다. 둘째, 참여자를 자원과 연결하고 활동을 조정하며 상호 협력을 촉진하도록 일반적으로 설계된 추가적인 업무 표준(manual)이 마련돼야 한다. 큐레이션은 매우 중요한 콘텐츠 보호 장치다. 세밀하게 조정하여 생산자에게 어느 수준까지 개방할지, 또 어떤 유형의 개방을 허용할지를 사전에 결정해야 한다.

플랫폼에서도 △정보 비대칭성 △외부효과 △독점력 등이 원인이 되어 시장 실패가 일어날 수 있다. 시장 실패를 막으려면 잘 설계된 플랫폼 지배구조가 필요하다. 노벨 경제학상 수상자, 앨빈 로스는 그 조건을 네 가지로 설명한다. ① 투명성이나 품질, 보험을 통해

그림 36 **플랫폼의 콘텐츠 큐레이션**

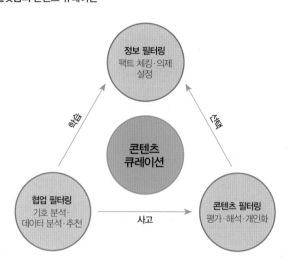

안전(safety)을 향상시킴으로써 위험을 막고 참여자 간 긍정적인 상호작용을 촉진한다. ② 시장 참여자의 층을 두껍게 형성해 가치창출이 원활하게 이루어지도록 돕는다. ③ 저급 가치를 걸러내고 고급 가치가 잘 생성될 수 있도록 적체현상을 예방한다. ④ 참여자들이 유발하는 혐오감을 주는 활동을 억제하고 제거해 나간다.

양면 플랫폼의 가격결정

　가격정책의 핵심은 플랫폼이 생성하는 초과가치 공급원(sources of excess value)에 요금을 부과함으로써 수익을 창출하는 데 있다. 스타트업의 경우 선 사용자 창출, 후 수익창출(users first, monetization late)이 유효한 전략이다. 즉, 플랫폼 초기에는 적자를 감수하더라도 참여자를 끌어들여 임계점에 신속히 도달하는 전략을 구사해야 한다.

　플랫폼이 사용하는 수수료 부과 방식은 다음과 같은 세 가지다. ① 플랫폼 접근 수수료: 참여자에게 플랫폼 접근을 허용하는 대가로 수수료를 부과한다. ② 거래·이용 수수료: 금액이 크지 않고 거래 빈도가 잦은 경우 거래 가격의 일정 비율이나 거래 한 건당 고정 수수료 방식으로 수수료를 부과한다. ③ 큐레이션 강화 수수료: 서비스를 차별화해 가치를 높이고 품질을 향상시키는 큐레이션 강화 활동 비용을 참여자에게 부담시킨다.

　가입비, 거래 수수료 부과 등 플랫폼의 가격정책은 사용자의 속성에 따라 차별화된다. 양면시장에서는 모든 플랫폼 참여자에 요금을 부과하지 않고 한쪽에 요금, 다른 쪽에는 보조금을 부과하는 비대칭적 가격설정이 유효하다. 플랫폼 참여에 따른 모든 비용을 기꺼이 지불할 의사가 있는 한쪽, 즉 호의적인 돈 내는 쪽(money side)에는 요금을 부과한다. 동시에 핵심이용자(marquee user)와 같이 가격·품질에 민감하고 유치가 까다로운 보조금을 받는 쪽(subsidy side)에는 무료 사용 또는 보조금 혜택을 제공한다. 보조금이 특정 플랫폼 내에서만 유효하려면 지원을 받는 쪽이 경쟁관계에 있는 다른 플랫폼 지불자와 접촉하지 못하도록 차단벽이 구축돼야 한다.

　플랫폼에 참여하는 A(소비자)와 B(생산자) 두 집단에 대한 가격 결정을 예로 들어보자. A는 가격 민감도가 높고 B는 가격부담에 상대적으로 둔감하다. A는 보조금 사이드, B는 머니 사이드가 된다. 플랫폼 사업자는 A에 대한 수수료를 최대한 인하($p_1^* \rightarrow p_1'$)하는 대신 B에 대한 수수료는 인상($p_2^* \rightarrow p_2'$)해 가격 수준을 일정하게($p_1' + p_2'$) 확보한다. 수수료 인하 효과로 A의 참여가 늘면서 소비자 수요곡선이 우측으로 이동하는 동일면 네트워크 효과가 일어난다.

그림 37 양면 플랫폼의 가격결정과 네트워크 효과

〈가격수준과 가격구조〉

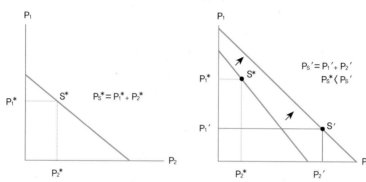

〈가격결정과 네트워크 효과〉

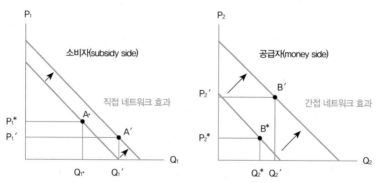

자료: Parker & Alstyne(2005) 수정

이에 따라 B의 참여와 판매량도 동시에 증가(공급자 수요곡선 우측 이동)하는 교차 네트워크 효과
가 발생한다. A와 B에 대한 가격 구조를 변화시킴으로써 상호작용을 촉진해 플랫폼 수익을
증대(ρ_s*< ρ_s')하는 효과가 발생하는 것이다.

블록체인과 플랫폼 확장

블록체인은 해킹 방지 기술이 낳은 혁신적인 플랫폼이다. 특정 분야 거래 내역을 담은 디지털 공공 거래 장부(帳簿)다. 전문 용어로는 분산원장기술(DLT, Distributed Ledger Technology)로 불린다. 블록체인은 원래 암호화폐인 비트코인(Bitcoin)의 보안을 강화하기 위해 개발됐다. 비트코인 거래 정보를 특정 중앙 서버에 집중하지 않고 네트워크 내 모든 컴퓨터에 분산해서 저장하는 방식이다.

블록체인상 새로운 거래 정보는 정해진 시간마다 거래내역의 묶음인 하나의 블록으로 묶여 사슬처럼 시간순으로 계속 연결된다. 거래의 기록과 관리 권한을 당사자 간(P2P) 네트워크로 분산해 블록으로 기록해 관리한다. 네트워크에 참여하는 모든 주체는 장부를 분산 보유한다. 위·변조된 장부나 데이터가 빈 장부가 하나라도 생기면 다른 모든 장부와 비교해 즉시 바로잡는다. 네트워크에 연결된 컴퓨터가 이를 자동 처리한다. 상시 감시체제가 작동한다. 전체 참여자 장부의 50% 이상을 동시에 해킹하지 못하면 위·변조가 불가능하다. 그래서 보안성과 동시에 안정성, 투명성이 확보된다.

블록체인 구조에서는 정보가 분산돼 상대적으로 높은 보안성을 유지할 수 있고 모든 참여자들이 정보를 공유하면서 거래기록도 개방된다. 블록체인은 중앙집권 기관의 개입이나 별도의 중개기관이 없어도 거래의 완결성을 보장한다. 개방형 지배구조 모델 덕분에 참여자를 통제하는 중앙집중식 권한이 존재하지 않는 플랫폼이 탄생한 것이다. 신뢰의 기계인 블록체인 기술은 거래 상대방 위험을 제거하고 사물을 신뢰하게 만드는 가치의 사슬인 셈이다. 블록체인은 인공지능, 사물인터넷, 클라우드 컴퓨팅, 빅데이터 등 4차 산업혁명 핵심기술과 결합돼 공공기관, 금융, 통신, 운송, 사회간접자본(SOC), 에너지, 환경, 자원개발, 농업, 제조, 유통, 물류, 서비스 등 다양한 산업에서 무궁무진한 혁신을 창조하는 촉매제가 된다.

블록체인을 활용한 새로운 비즈니스 모델은 네 가지다. ① 스마트 계약은 중앙집중식이며 가장 기본적인 모델이다. 스마트 계약은 복잡해서 다중 서명계약의 형태가 늘어난다. ②

다른 계약과 상호작용이 활발한 상황에 적합한 공개형 네트워크 모델은 스마트 계약이 진화한 방식이다. ③ 분권형이지만 자동성이 높은 자율형 에이전트는 인간의 손길 없이 의사를 결정하고 작동하는 소프트웨어 모델이다. ④ 공개형 네트워크와 자율형 에이전트를 결합한 새로운 방식은 분산형 자율기업 모델이다.

승자독식 플랫폼의 경제적 폐해

　성숙단계의 사업 영역에서 플랫폼이 승자독식하면 경제적 폐해가 나타나기 쉽다. 플랫폼을 시작할 때만 해도 개방적이고 참여비용도 저렴하지만 플랫폼 규모가 커지고 참여자가 늘어날수록 플랫폼은 경쟁우위를 바탕으로 독점이익을 극대화하려 한다. 플랫폼 사업자와 참여자의 호혜적 관계가 지배–종속 관계로 변화하면서 갑(甲)인 플랫폼 사업자의 횡포에 참여자인 을(乙)은 희생양이 될 수도 있는 것이다.

　플랫폼 기업은 초기에 공짜에 가까운 약탈적 가격정책으로 제품을 공급해 경쟁대상 플랫폼을 시장에서 제거한 이후에는 시장지배력을 이용해 제품을 과소생산하면서 가격을 인상하는 등 독점 사업자와 같은 행동에 나설 가능성이 있다. 생산자가 소비자에 대해 시장지배력을 행사해 소비자들이 비싼 가격을 부담해야 하는 경우에는 소비자의 플랫폼 참여가 부진해지고 결국 기업 매출도 저하되는 악순환에 빠질 수 있다.

　독점적인 플랫폼 광고시장의 예를 들어보자. 플랫폼은 인터넷 광고를 게재하는 대가로 판매자에게서 수수료를 받는다. 제품을 구매하는 소비자는 플랫폼에서 돌출광고를 보는 조건으로 무료로 검색 서비스를 이용한다. 한계비용이 일정하다고 가정할 때 플랫폼 기업의 이익극대화는 한계수익과 한계비용이 일치하는 조건에서 제품 생산량(P)과 가격(Q)이 결정된다. 이는 사회적 후생을 극대화하는 생산량(P')보다 작고 가격(Q')보다 높다. 이때 소비자 잉여의 상실은 플랫폼 기업의 이익(A)과 사회적 자중손실(B)의 합이 된다.

　경쟁 플랫폼의 시장 진입이 차단된 상황에서 플랫폼이 비싼 광고비(P''–P')를 판매자에게 부과할 경우, 한계비용은 MC에서 MC'로 상승한다. 이때 독점 광고의 추가적 비용은 사회적 손실(A'')과 소비자 잉여의 상실(B'')을 합한 금액이 된다. 플랫폼은 독점 생산량(Q'')과 가격(P'')을 새로 설정하는데 소비자 잉여의 상실분은 플랫폼 기업의 이익(A'), 사회적 자중손실(B')과 독점광고의 추가적 비용(A''+ B'')을 모두 합한 금액으로 커지게 된다. 판매자에게 부과된 광고비가 제품을 구매한 소비자 부담으로 전가된 데 따른 결과다.

그림 38 플랫폼 광고시장 경제적 효과

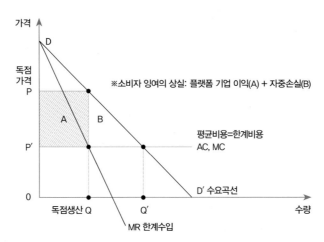

그림 39 독점광고에 따른 소비자 손실

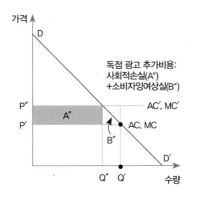
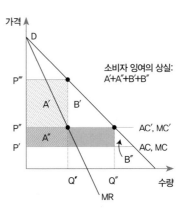

참고문헌

〈저서〉

김기찬 · 송창석 · 임일, 《플랫폼의 눈으로 세상을 보라》, 성안북스, 2015

김영석 외, 《디지털시대의 미디어와 사회》, 나남, 2017

니콜라스 네그로폰테, 《디지털이다》, 커뮤니케이션북스, 1999

돈 · 알렉스 탭스콧, 《블록체인 혁명》, 을유문화사, 2017

레이시 · 뤼비스트, 《순환경제 시대가 온다》, 전략시티, 2017

로비 켈먼 백스터, 《멤버십 이코노미》, 알에이치코리아, 2018

루시 그린, 《실리콘 제국》, 예문아카이브, 2020

마이클 스미스 · 라훌 텔랑, 《플랫폼이 콘텐츠다》, 이콘, 2018

마화텅 · 텐센트 연구원, 《공유경제》, 열린책들, 2018

문성길, 《넷플릭스하다》, 스리체어스, 2017

알버트 바라바시, 《링크》, 동아시아, 2002

바라트 아난드, 《콘텐츠의 미래》, 리더스북, 2017

박대민 · 임정욱 · 손재권, 《뉴스 미디어 스타트업: 생태계와 비즈니스 모델》, 한국언론진흥재단, 2017

사티아 나델라, 《히트 리플레시》, 흐름출판, 2018

알렉스 모아제드 · 니콜라스 존슨, 《플랫폼 기업전략》, 세종연구원, 2019

알베르토 사보이아, 《아이디어 불패의 법칙》, 인플루엔셜, 2020

암릿 티와나, 《플랫폼 생태계》, 파이터치, 2018

앤 젠저, 《플랫폼의 미래 서브스크립션》, 예문, 2018

앤드루 맥아피 · 에릭 브린욜프슨, 《머신 플랫폼 크라우드》, 청림출판, 2018

앨스타인 · 폴 초더리 · 제프리 파커, 《플랫폼 레볼루션》, 부키, 2017

데이비드 에반스 · 리처드 슈말렌지, 《매치메이커스》, 더퀘스트, 2017

에이미 웹, 《빅나인》, 토트, 2019

이준구 · 이창용, 《경제학원론》 6판, "정보재의 이론", 문우사, 2020, pp.381-383

제레미 리프킨, 《소유의 종말》, 민음사, 2001

조지 길더, 《구글의 종말》, 청림출판, 2019

최병삼 · 김창욱 · 조원영, 《플랫폼 경영을 바꾸다》, 삼성경제연구소, 2014

탈레스 S. 테이셰이라, 《디커플링》, 인플루엔셜, 2019

피터 틸 · 블레이크 매스터스, 《제로투원》, 한국경제신문, 2014

W. 데이비드 스티븐슨, 《초연결》, 다산북스, 2019

Chaudary, Sangeet Paul, 《platform scale》 Ideactio, 2016

Cusumano, Michael A., Annabelle Gawer, and David B. Yoffie, 《The business of platforms》 Ha perCollins, 2019

Gawer, Annabelle, 《platforms, markets and Innovation》 Edward Elgar, 2009

Libert, Barry, Megan Beck, and Jerry Wind, 《The Network Imperative》 Harvard Business Review Press, 2016

Reillier, Laure Claire and Benoit Reillier, 《Platform strategy》 Routledge, 2017

Shapiro, Carl and Hal R. Varian, 《Information Rules》 Harvard Business School Press, 1998

〈논문〉

강서진, 〈글로벌 Big Tech 기업에 대한 규제 움직임〉, KB지식비타민(KB금융지주 경영연구소), 2019.02

금융연구원, 〈디지털 금융시대의 4가지 대표적 뱅킹비즈니스 모델〉, 2019.09

기획재정부, 보도자료 〈디지털세 국제 논의 최근 동향〉, 2019.10

김민식·이가희, 〈디지털 플랫폼과 인공지능(AI)의 이해〉, 정보통신방송정책 제29권 18호 통권 655호, 2017.10, pp.2-17

김병희, 〈옴니채널 마케팅: 온·오프라인을 유기적으로 연결하는 종합 플랫폼〉, 신문과 방송, 2018.12, pp.120-125

김빛마로, 〈디지털 경제의 특징과 시사점: 경쟁 및 조세정책을 중심으로〉, 재정포럼, 2018.07 pp.6-28

김상유, 〈IT공룡의 금융업 진출, 협력자인가? 경쟁자인가?〉, IBK경제연구소, 2018.06

김선우, 〈공유오피스 혁신? 기대만 앞섰던 위워크〉, DBR no.287, 2019.12

김창욱·강민영·강한수·윤영수·한일영, 〈기업 생태계와 플랫폼 전략〉, SERI연구보고서, 2012.02

문혜정, 〈온라인 플랫폼의 성장과 관련 규제 동향〉, 보험연구원 리포트, 2019.01

박지웅, 〈정보재 가치와 플랫폼: 양면시장을 고려한 정보재 가치논쟁의 검토〉, 경제학연구 59.1, 2011

벤저민 에델만, 〈디지털 비즈니스 플랫폼 구축하기〉, HBR코리아, 2015.04

신동윤, 〈유럽연합의 플랫폼노동 종사자 등 보호 사례〉, 국회입법조사처, 2020.03

앨스타인, 마셜 W. 반, J. G. 파커, S. P. 초더리, 〈플랫폼 생태계 부상에 따른 새로운 전략의 규칙〉, HBR코리아, 2016.04

앨스타인, 마셜 W. 반, 〈플랫폼이 제품을 항상 이긴다. 커뮤니티 키워 네트워크 효과 노려라〉, DBR 240호, 2018.01

이보미, 〈빅테크의 금융업 진출 현황 및 시사점〉, 금융연구원 금융포커스 29권 1호, 2019.12

이준배·김경훈, 〈빅테크의 금융 진출과 인터넷전문은행의 미래〉, KISDI Premium, 2019.12

전병유, 〈디지털 전환과 '착한' 플랫폼 기업〉, 재정포럼, 2018.12, pp.2-4

정대형, 〈디지털 전환을 위한 암묵적 지식의 전략적 가치〉, 산은조사월보 766호, 2019.9

정인숙, 〈플랫폼 춘추전국시대, 살려면 뭉쳐라〉, 신문과방송, 2019.10

주재우 · 이연준 · 조진서, 〈"짜장면을 스마트 폰으로 배달시키자" 키치 옷 입은 앱, 월 300만 건 신화 낳다〉, DBR 152호, 2014.05

최계영, 〈디지털 플랫폼의 경제학 I · II: 빅데이터 · 인공지능시대 디지털 시장의 경쟁 · 규제 이슈〉, 정보통신정책연구원 프리미엄 리포트, 2020.03

최기산 · 김수한, 〈글로벌 긱 경제(Gig Economy) 현황 및 시사점〉, 한국은행 국제경제리뷰, 2019.01

최지현, 〈글로벌 IT 기업의 조세회피에 대한 국제적 과세동향 및 시사점, 디지털세 도입 논의를 중심으로〉, 국회입법조사처, 2019.11

한국은행, 〈지급결제 및 화폐의 디지털화〉 2020.02

한국은행, 〈중앙은행 디지털화폐〉, 2019.01

〈외국 논문〉

Altman, Elizabeth J. and Michael L. Tushman, 〈Platforms, open/user innovation, and ecosystems: a strategic leadership perspective〉, HBS working paper 17-076, 2017

Beck, M., B. Libert, 〈A platform strategy won't work〉, HBR, 2018.05

Berman, Saul, Jamie Cattel, Edward Giesen, and Fidel Santos, 〈Capturing rewards of platform business models〉, IBM Institute for Business Value, 2019.08

Bossert, O., D. Desmet, 〈The platform play: How to operate like a tech company〉, McKinsey Digital, 2019.02

Bughin, J., N. v. Zeebroeck, 〈New evidence for the power of digital platforms〉, McKinsey Quarterly. 2017.08

Bughin, J., T. Catlin, M. Hirt, and P. Willmott, 〈Why digital strategies fail〉, McKinsey Quarterly, 2018.01

Bughin, J., T. Catlin, and M. Dietz, 〈The right digital platform strategy〉, McKinsey Quarterly, 2019.05

Butner, Karen, Manish Goyal, Julie Scanio, and Skip Snyder, 〈Six crucial strategies that define digital winners〉, IBM Institute for Business Value, 2019.09

Cennamo, C., 〈Building the value of next-generation platforms: the paradox of diminishing returns〉, Journal of Management, 2016.07

Cennamo, C., 〈Competing in digital markets: a platform-based perspective〉, Working Paper, 2019

Constantinides, P., O. Henfridsson, and G. G. Parker, 〈Platforms and infrastructures in the digital age〉, Information systems research, 2018, pp.1-20

Economist, 〈Big tech's 2 trillion dollars bull run〉, 2020.02

Economist, 〈How to tame the tech giants〉, 2018.01.18

Evans, D. S., R. Schmalensee, 〈The businesses that platforms are actually disrupting〉, Harvard Business Review, 2016.09

Evans, D. S., 〈Essential principles for the design of antitrust analysis for multi-sided platforms〉, Keynote address at the 2018 CRESSE conference, 2018.10

Farrell, D., F. Greig, and A. Hamoudi, 〈The Online Platform Economy in 2018: Drivers, Workers, Sellers, and Lessors〉, JPMorgan Chase & Co, 2019

FSB, 〈Fintech and market structure in financial services〉, 2019.02

FSB, 〈Bigtech in finance, Market development and potential financial stability implication〉, 2019.12

Ganchi, I., A. Anvari, 〈Driving Growth in Multi-sided Markets〉, Uber, 2018

Govindarajan, Vijay and Anup Srivastava, 〈No, WeWork isn't a tech company. Here's why that matters〉, HBR, 2019.08

Hagiu, Andrei and Julian Wright, 〈Multi-sided platforms〉, International Journal of Industrial Organization, 43, 2015

Iansiti, M., K. R. Lakhani, 〈Managing our hub economy〉, HBR, 2017.10

Kane, Gerald C., 〈A three-step process for scaling digital innovation〉, MIT Sloan Management Review, 2018.09

Lang, N., K. v. Szczepanski, and C. Wurzer, 〈The Emerging art of ecosystem management〉, BCG Henderson Institute, 2019.01

LeHong, H., C. Howard, D. Gaughan, and D. Logan, 〈Building a digital business technology platform〉, Gartner, 2019.01

Libert, B., M. Beck, and Y. Wind, 〈3 ways to get your own digital platform〉, HBR, 2016.07

Liu, M., E. Brynjolfsson, and J. Dowlatabadi, 〈Do digital platforms reduce moral hazard? the case of uber and taxis〉, NBER WP 25015, 2018.09

McIntyre, D., 〈Beyond a 'Winner-Takes-All' Strategy for Platforms〉, MIT Sloan Management Review, 2019.01

Parker, G., M. V. Alstyne, and P. Evans, 〈How Platform Strategies Continue to Create Value〉, 2018 MIT Platform Strategy Summit, 2018.09

Parker, Geoffrey and Marshall Van Alstyne, 〈Innovation, Openness, and Platform Control〉, Management Science 64(7):3015-3032, 2018

Ringel, M., F. Glassel, R. Baesa, D. Kennedy, M. Spira, and J. Manly, 'How platforms and ecosystems are changing innovation', 〈The Rise of AI, Platforms, and Ecosystems〉, BCG, 2019.03, pp.13-17

Sampler, J. L., 〈Platforms that grow are more than matchmakers〉, MIT Sloan Management Review, 2018.Fall

Shaughnessy, Haydn, 〈Is it the platform of is it the ecosystem?〉 DISRUPTION, 2019.06

Taneja, H., K. Maney, 〈The end of scale〉, MIT Sloan Management Review, 2018.02

Täuscher, Karl, 〈Business models in the digital economy〉, Fraunhofer CIMK, 2016

Täuscher, Karl , S. M. Laudien, 〈Understanding platform business models: A mixed methods study of marketplaces〉, 2019

Thomas, L. D W and E. Autio, 〈Innovation Ecosystems〉, Oxford Research Encyclopedia of

Business and Management, 2019.10

Wan, X., J. Cenamor, G. Parker, and M. V. Alstyne, 〈Unraveling platform strategies: a review from an organizational ambidexterity perspective〉, Sustainability MDPI, 2017.05

Weil, Henry Birdseye and Val Lee, 〈Achieving platform dominance〉, 2018

Yoffie, David B., Annabelle Gawer, and Michael A. Cusumano, 〈A study of more than 250 platforms reveals why most fail〉, HBR, 2019.05

Zhu, Feng and Marco Iansiti, 〈Why some platforms thrive and others don't〉, Harvard Business Review, 2019.01-02, pp.118-125

플랫폼 승자의 법칙

초판 1쇄 발행 2020년 6월 10일
　　3쇄 발행 2021년 4월 25일

지은이 홍기영
펴낸이 서정희 **펴낸곳** 매경출판㈜
책임편집 오수영
마케팅 강윤현 이진희 김예인

매경출판㈜
등 록 2003년 4월 24일(No. 2-3759)
주 소 (04557) 서울시 중구 충무로 2 (필동1가) 매일경제 별관 2층 매경출판㈜
홈페이지 www.mkbook.co.kr
전 화 02)2000-2642(기획편집) 02)2000-2636(마케팅) 02)2000-2606(구입 문의)
팩 스 02)2000-2609 **이메일** publish@mk.co.kr
인쇄·제본 ㈜M-print 031)8071-0961
ISBN 979-11-6484-128-8(03320)